RÉPERTOIRE ALPHABÉTIQUE

DES

PERSONNES ET DES CHOSES

DE

PORT-ROYAL

PAR

A. MAULVAULT

PARIS

HONORÉ CHAMPION, LIBRAIRE

9, Quai Voltaire, 9

—

1902

RÉPERTOIRE

DE

PORT-ROYAL

RÉPERTOIRE ALPHABÉTIQUE

DES

PERSONNES ET DES CHOSES

DE

PORT-ROYAL

PAR

A. MAULVAULT

PARIS

HONORÉ CHAMPION, LIBRAIRE

9, Quai Voltaire, 9

—

1902

Ce travail n'a pas la prétention d'être complet ; on espère néanmoins que, malgré ses lacunes, il pourra être utile à ceux qui s'intéressent à l'histoire de Port-Royal et à celle de son mouvement religieux.

L'ouvrage de Sainte-Beuve n'étant pas une source originale, ne pouvait entrer dans notre cadre. Il ne doit d'ailleurs être utilisé qu'avec une grande circonspection, l'esprit de Port-Royal n'y est pas. — Il en est de même des autres ouvrages modernes, notamment de celui intitulé : *Mémoires pour servir à l'histoire ecclésiastique pendant le dix-huitième siècle*, par M. Picot, que sa partialité prive de toute autorité historique. Cependant, des livres contemporains, nous avons cité ceux qui renferment des documents originaux et inédits.

Les « *Écrits* » mentionnés à la suite d'un nom, sont des pièces de circonstance, tels que notes, relations, lettres, qui n'ont pas été publiées isolément, et que l'on ne trouve que dans les Recueils et Mémoires auxquels on renvoie. Le présent Répertoire n'est pas une *Bibliographie* mais un simple inventaire alphabétique de Port-Royal. Nous faisons d'ailleurs précéder le

Répertoire de la liste alphabétique de tous les ouvrages qui y sont cités.

Dans les Actes, Mémoires, Journaux, Relations et autres documents de ce Monastère, les Religieuses ne sont désignées le plus souvent que par leurs noms de religion qui sont communs à plusieurs d'entre elles, de là une difficulté de les distinguer ; pour obvier à cet inconvénient, nous donnons à la fin de l'ouvrage, une table de leurs noms de famille.

ÉTUDE HISTORIQUE

PORT-ROYAL

I.

L'abbaye de Port-Royal fut fondée en 1204 par Mathilde de Garlande, femme de Matthieu Ier de Marly, cadet de la maison de Montmorency, et d'après les conseils de Odon de Sully, évêque de Paris, prince du sang royal et proche parent de Philippe-Auguste. Placée sous la direction des Religieux de l'ordre de Citeaux, elle reçut de divers papes des privilèges particuliers, celui par exemple de pouvoir continuer la célébration des offices, lors même que tout le pays eût été en interdit. La dédicace de son Eglise eut lieu le 25 juin 1230; on en célébrait l'anniversaire le premier dimanche de juillet de chaque année. Depuis cette époque jusqu'en l'an 1600, l'histoire de cette maison religieuse ne présente rien de bien saillant, la ferveur des premiers jours avait fait place au formalisme et à la mondanité. En 1602, on donna à ce monastère une abbesse de onze ans ; cet abus ne semblait pas devoir y faire rentrer la piété. C'était Jacqueline-Marie-Angélique Arnauld.

Six ans s'écoulèrent ; elle avait seize ans et demi (1608), lorsqu'un événement, bien ordinaire selon le monde, mais grand selon Dieu, se produisit dans son existence assombrie par le dégoût que lui inspirait la vie du cloître. Voici les circonstances qui y donnèrent lieu, et que nous rapportons d'après les *Relations* authentiques du temps (1).

Un soir du carême de l'année 1608, vers la fête de l'Annonciation, un capucin, nommé le père Basile, arriva au monastère comme on allait allumer les flambeaux et demanda à prêcher. La jeune abbesse, qui venait de se promener au jardin, trouva qu'il était bien tard. Changeant aussitôt d'avis, elle ordonna de sonner le sermon, et dit qu'il tiendrait lieu de la lecture qui, selon la règle de saint Benoît, se fait avant complies. Elle y assista par manière d'acquit, sans presque l'avoir voulu, quoiqu'elle

______

(1) Nous croyons bon de dire ici, que dans cette étude, nous n'avons eu recours qu'à des documents originaux.

aimât à entendre prêcher. Il y avait trente ou quarante ans qu'on n'avait prêché à Port-Royal lorsqu'Angélique y vint, excepté à quelques professions ; c'est d'elle-même qu'on tient ce détail d'après la relation écrite plus tard de sa main.

Ce père Basile était un pauvre personnage, ayant mené une vie de désordre en plusieurs monastères, et qui, depuis, se fit protestant à l'étranger. On prétend que plus tard il rentra dans l'Eglise romaine.

Néanmoins, ce soir-là, le père Basile parla avec une grande force ; il avait pris pour sujet les anéantissements et les humiliations du Fils de Dieu se faisant homme, naissant dans une étable et vivant dans la pauvreté, puis mourant au sein de la douleur. La jeune abbesse fut puissamment remuée et touchée ; on peut regarder ce moment comme celui où Dieu changea son cœur par la grâce de l'Esprit saint. « Dès ce moment, dit-elle elle-même, je me trouvai plus heureuse d'être Religieuse que je m'étais estimée malheureuse de l'être ; et je ne sais ce que je n'aurais pas voulu faire pour Dieu ». (1)

Désormais, cette âme régénérée par la grâce

---

(1) Relations écrites par la M. M. Angélique 1716, p. 14 ; Guilbert, *Mémoires historiques et chronologiques sur Port-Royal*, 1ʳᵉ partie, tome 1ᵉʳ, p. 314, 315.

s'éprend avec ardeur de tout ce qui peut contribuer à l'avancement du règne de Dieu. Les saintes Écritures deviennent sa nourriture de toutes les heures ; convertie à Jésus-Christ, elle s'est donnée à lui avec une sorte d'intrépidité, et ne se reprendra jamais. Sans doute que, pour quelques-uns, il y aura des surprises et comme des inquiétudes, au récit des austérités auxquelles cette religieuse se croit obligée après sa conversion ; mais ce qu'ils ne pourront qu'honorer c'est la sincérité, c'est la grandeur morale de ce dévouement, d'un cœur qui croit n'avoir jamais assez fait pour le Maître divin, à cause de la grâce qu'il a reçue de lui. Car, ce que la jeune abbesse vient d'éprouver, ce n'est pas une émotion passagère, un enthousiasme éphémère ; non, elle est bien entrée dans cette crise décisive de l'âme qui passe des ténèbres à la lumière ; elle soutient les luttes qu'ont connues tous ceux que la grâce a retirés de la mort du péché, pour les amener à la vie de la justice. « Je vis aussitôt, dit-elle, la nécessité de la vraie obéissance, du mépris de la chair, et de tous les plaisirs sensuels.... et Dieu me donna tant d'affection pour ces vertus, que je ne respirais que de trouver les moyens de les pouvoir pratiquer. Mais ma misère, ma légèreté, le peu de vraie assistance que j'avais eue pour correspondre à cette première grâce, quoique ma volonté soit demeurée ferme au fond de mon cœur pour chercher les moyens de la suivre, m'ont fait commettre de très grandes fautes et infidélités, dont j'avais très souvent des remords de conscience, qui me mettaient en d'extrêmes angoisses. Je demeurai fort touchée de servir Dieu, néanmoins avec très peu de lumières de ce que je devais faire pour ma conscience. Je priais seulement Dieu le plus et le mieux que je pouvais. » (1)

Angélique, en se réformant elle-même, souhaite avec ardeur de réformer son abbaye; elle ne peut supporter la pensée de voir la mondanité dominer dans une maison où doit régner la ferveur. Elle s'efforce de faire pénétrer dans ses Religieuses la vie nouvelle qu'elle vient de recevoir du ciel. Elle leur en parle, prie pour elles pendant des nuits, dans une cellule froide où les vents soufflent de toutes parts. Elle se refuse toutes les commodités de la vie, afin de donner l'exemple de la consécration à Dieu, avant d'y exhorter par les accents de sa parole suppliante accompagnée de « torrents de larmes ». Dieu bénit si bien cette conduite, dit un mémoire du temps, qu'elle gagna toutes ses Religieuses les unes après les

______

(1) *Mémoires pour servir à l'histoire de Port-Royal*, 1742, tome 1er, p. 345 ; GUILBERT, *Mémoires*, 1re partie, tome 1, p. 316.

autres : en moins de cinq ans, la piété selon l'Évangile régna dans toutes ces âmes, piété qui se traduisit avec une sorte d'héroïsme : communauté de bien, jeûne, abstinence, veille de la nuit, silence; s'il y avait exagération, il y avait aussi une intensité de foi, de vie religieuse, qui doit nous porter malgré tout au respect.

Cependant, notre abbesse n'en vint pas à toutes ces réformes sans rencontrer beaucoup d'obstacles, surtout de la part de sa famille. Son père, sa mère, quoique gens religieux, redoutaient pour leur fille une vie trop austère comme pouvant nuire à sa santé et même abréger sa vie.

Son père, M. Arnauld, avait coutume d'entrer dans l'intérieur du monastère avec sa famille, quand il venait voir sa fille. L'abbesse, ayant persuadé les Religieuses de la nécessité de rétablir la clôture qu'elles n'observaient plus depuis longtemps, ni pour elles, ni pour leurs parents, se décida à refuser l'entrée de la maison du dedans à son père et à sa mère. C'était en 1609, elle avait à peine dix-neuf ans: M. et Mme Arnauld, accompagnés de leurs enfants, arrivèrent à Port-Royal à l'heure du dîner. La mère Angélique, qui se préparait par la prière au moment décisif, était dans l'église quand le carrosse de son père arriva dans la cour extérieure. Elle court alors à la porte du monastère où l'on frappe déjà : l'abbesse en ouvre le guichet : son père se présente et demande qu'on lui ouvre. Elle le supplie alors de vouloir bien entrer dans son parloir ; il refuse d'y entrer, insiste, presse et commande qu'on lui ouvre ; sur le refus de sa fille, il se fâche, frappe plus fort. Mme Arnauld, parle à son tour, non sans dureté et avec hauteur. D'Andilly, qui n'avait alors que vingt ans, s'exprime en termes injurieux sur le compte de sa sœur. Il somme les Religieuses d'ouvrir à son père, mais les Religieuses qui approuvent leur abbesse, ne répondent pas à son appel.

M. Arnauld, avait alors dans la maison deux autres filles très jeunes, Agnès et Marie, il les redemande, on les lui rend par une porte de derrière. D'Andilly, va au-devant de sa sœur Agnès, en invectivant l'abbesse : mais la petite Agnès, défend sa sœur, en répondant qu'elle était obligée de faire ce qui était commandé par le concile de Trente. « Vraiment, nous en tenons », s'écrie le jeune homme, « en voici encore une qui cite les canons et les conciles ».

Le père fait remettre les chevaux au carrosse pour s'en retourner ; mais Angélique le prie avec tant d'instance d'entrer au parloir, qu'il y consent enfin. Elle y pénètre de son côté. M. Arnauld très ému et avec une expression de douleur profonde, lui dit que, « jusqu'ici elle avait eu en lui un père qui l'avait aimée, mais que sa conduite envers lui, l'empêcherait de lui donner à l'avenir les mêmes preuves de l'amour, qu'il conserverait pour elle : et qu'en lui déclarant qu'il ne la verrait plus, il lui faisait une dernière prière, qui était que pour l'amour de lui, elle voulût bien ne pas ruiner sa santé par des austérités indiscrètes. » (1)

La Mère Angélique avait pu affronter la colère : mais en voyant la souffrance peinte sur les traits d'un père chéri, en entendant l'expression poignante de son affection, de sa tendresse, les forces lui font défaut, elle tombe évanouie de douleur : le cœur succombait en obéissant à la conscience.

Le père croit que sa fille se meurt, il appelle au secours, il frappe de nouveau à la porte : les Religieuses fuient au lieu d'accourir. Heureusement, d'Andilly arrive à leur faire comprendre que leur abbesse est privée de connaissance et tombée à terre. On vient enfin, mais on a beaucoup de peine à faire revenir à elle la pauvre enfant. Quand elle ouvre de nouveau les yeux, elle aperçoit son père derrière la grille et le prie de rester à l'abbaye ; celui-ci le lui promet. On dresse un lit au parloir d'où

---

(1) *Mémoires pour servir à l'histoire de Port-Royal*, Utrecht, 1742, tome I, p. 47, 48 ; GUILBERT, *Mémoires*, Ire partie, tome I, p. 352.

elle expose alors à M. Arnauld, que les règles de la profession religieuse auxquelles elle est soumise, exigent l'inviolabilité de la clôture. Ce dernier comprend enfin la hauteur de vue de cette conscience consacrée au devoir, il devine les souffrances de ce cœur torturé par les mouvements d'une tendresse étouffée comme à regret, et se rend au désir de sa fille, avec laquelle il est désormais pleinement réconcilié ; les petites Agnès et Marie sont remises dans la maison, où le calme rentre avec la joie d'une grande victoire obtenue. Cette abbesse de dix-neuf ans a, par cet acte, commencé un mouvement de réforme qui va s'étendre sur toute la France, et qui exercera son influence sur l'Eglise entière pendant plus d'un demi-siècle. Telle fut cette « journée du guichet », si triste et si célèbre, diversement jugée sans doute, mais qui eut sa grandeur.

II

A partir de ce moment, Angélique prend possession d'elle-même, sa personne morale s'accentue avec une puissance auguste, elle se livre tout entière à la vie religieuse, son cœur est pris pour Dieu; changée, convertie, régénérée, elle se fortifie dans un christianisme austère qui repousse tout compromis avec la chair, et néanmoins sa piété n'a rien de sombre; dure pour elle-même, elle a pour ses Religieuses des attentions qui vont jusqu'à la tendresse. Elle est aimante, et cependant, quant aux démonstrations, elle demeure réservée : elle est sobre de paroles, simple, intérieure. Nous voulons éviter le panégyrique, il nous faut pourtant mentionner encore certains traits de son caractère, sa compassion pour les malades, son inépuisable générosité pour les pauvres, sa sympathie pour le malheur. Quant à passer la nuit auprès des moribonds, soigner les personnes atteintes de maladies contagieuses, c'étaient là des choses qu'elle considéra pendant toute sa vie, comme faisant partie de ses devoirs les plus élémentaires.

Une telle piété exerce généralement une grande influence, aussi voyons-nous l'abbesse attirer à Dieu cinq de ses sœurs qui viennent la rejoindre dans son monastère. C'est d'abord Agnès, qui sera plus tard cette mère Agnès si douce et si aimée, à la plume naïve et gracieuse, et dont les sept cents lettres, publiées de nos jours par le savant éditeur de Pascal, M. Prosper Faugère, sont dignes de figurer auprès de celles des grandes épistolières du siècle de Louis XIV.

C'est aussi Marie-Claire, une figure bien attachante au sein de ce monde sévère de notre abbaye. Ame brûlante et silencieuse, d'une nature séraphique, Marie-Claire est la Religieuse idéale, belle et timide, recueillie et discrète, d'une intelligence d'élite, vivant de prière et d'adoration, en s'imposant des austérités qu'elle cache à tous les regards, telle est cette figure devant laquelle on demeure comme interdit, tant est respectueuse et profonde l'admiration qu'elle inspire. Elle suffirait, à elle seule, à faire aimer cette société de femmes chrétiennes, et on comprendrait qu'un écrivain délicat, considérât comme une noble tâche de faire revivre cette suave personnalité.

Les trois autres sœurs d'Angélique, devenues ses compagnes de cloître, mériteraient sans doute d'être l'objet d'une étude attentive, notamment l'admirable Religieuse Anne-Eugénie, mais il faut savoir se borner.

La réforme entreprise par la Mère Angélique eut un grand retentissement. Beaucoup d'autres maisons religieuses l'embrassèrent, mais pour mieux la réaliser, elles demandèrent l'assistance de l'abbesse de Port-Royal et de ses Religieuses, qui eurent à se transporter dans ces monastères. Angélique, se rendit à Maubuisson, au Lys, à Saint-Aubin; la Mère Agnès et d'autres Religieuses, allèrent à Saint-Cyr, à Gomerfontaine, au Tard, aux Iles d'Auxerre et ailleurs, où elles furent accueillies comme des messagères du ciel; leur piété, l'exemple de leur vie retirée et méditative, leur activité dans le service de Dieu et la profonde humilité de leur conduite, eurent un grand effet pour le rétablissement de la discipline et la restauration du vrai christianisme dans chacun de ces établissements monastiques.

Toutefois, ces réformes ne s'opéraient pas sans difficultés. A Maubuisson, près Pontoise, lorsqu'en 1618 la Mère Angélique y arriva, elle trouva vingt-deux Religieuses qui, sous une abbesse indigne, Mme d'Estrées, y menaient une vie absolument mondaine; elle eut beaucoup à souffrir des résistances que lui opposa l'esprit d'indiscipline, mais grâce à sa sœur Marie-Claire, qui s'immola à l'œuvre de conversion de ses compagnes égarées, la piété finit par s'établir là, où jusqu'alors, avait régné une scandaleuse dissipation. Après cinq ans de travail à Maubuisson, Angélique retourna à son cher Port-Royal, accompagnée de trente Religieuses, sans aucune ressource; mais à Port-Royal on savait affronter la faim, pour recueillir les enfants de Dieu qu'on y aimait et recevait en son nom. Ces trente Religieuses qu'elle avait amenées à Dieu avec une puissance extraordinaire de direction, lui demeurèrent si attachées, qu'elles demandèrent à la suivre dans son propre monastère quand l'abbesse dut y revenir. Elles savaient pourtant, qu'en quittant la riche abbaye de Maubuisson, pour la maison de Port-Royal, elles échangeaient l'opulence contre la pauvreté; n'importe, la présence de leur mère spirituelle leur suffisait et passait, pour elles, avant tous les autres avantages. Deux traits distinctifs caractérisent Port-Royal ; tout d'abord, la pauvreté; ensuite, l'intensité des affections. Plus qu'ailleurs, on y fut pauvre, et l'on y sut aimer.

Quant à cette puissance de saintes amitiés qui fut si remarquable au-dedans et autour de notre monastère, pour n'en citer que deux exemples, pris entre beaucoup d'autres, c'est d'abord Nicolas Fontaine, arrêté et conduit à la Bastille, en même temps que son maître et ami M. de Sacy, et qui, enfermé à part, devient malade, non de la perte de la liberté, mais de ne plus voir celui qu'il regarde comme son père selon Dieu. On lui apprend que des amis s'emploient pour le faire rendre à la liberté : « Ma liberté, s'écrie-t-il, c'est d'être avec M. de Sacy. » Il montre la porte de sortie et la porte de la prison de M. Sacy, et ajoute : « Ouvrez-moi ces deux portes, et vous verrez à laquelle je courrai. Tout me sera une prison dès que je n'y verrai point M. de Sacy. Je serai libre où je le verrai ». On vient lui dire qu'on le réunit à son ami et qu'on va le conduire auprès de lui, Fontaine demeure

« comme pâmé » de joie, il perd connaissance et tombe à la renverse. (1)

L'autre fait, non moins touchant, c'est celui de la sœur Christine Briquet qui, à la mort du même M. de Sacy, semble transformée en statue de la douleur : rien ne transpire au dehors, elle a seulement mis sa main sur son cœur, en disant qu'elle y a entendu « une réponse de mort ». A partir de ce moment, elle s'impose la mission de réunir les lettres que son pasteur et conseiller avait écrites à diverses personnes; elle les recopie de sa main, les classe, les coordonne avec un soin pieux, et quand elle les a ainsi assemblées de manière à en former la matière de deux volumes in-octavo, elle pose la plume et meurt pendant qu'on les imprime.

Mais revenons à l'abbesse et aux trente pauvres filles qu'elle avait recueillies ; un ecclésiastique de marque, ami d'Arnauld d'Andilly, Jean du Verger de Hauranne, abbé de Saint-Cyran, ayant appris cet acte généreux de la mère Angélique, lui écrivit pour l'en féliciter; il alla ensuite la voir, prêcha à Port-Royal, en devint bientôt le directeur, et eut, comme tel, une influence considérable sur le monde religieux en relation avec cette abbaye.

____

(1) Fontaine, *Mémoires pour servir à l'histoire de Port-Royal*, tome 1, p. 337.

Savant, pieux, homme d'étude et de pensée, chrétien dans toute la force du terme, Saint-Cyran éprouva un sentiment de sainte révolte à l'endroit de la morale relâchée des Jésuites, et des abus qui en résultaient dans le culte de l'Eglise et dans les mœurs ; il conçut la pensée d'une réforme religieuse, et entreprit de ramener les âmes à la piété des premiers âges du Christianisme. Directeur des consciences, il les arrachait au monde, au convenu prétendu religieux qui régnait alors, et les poussait à la séparation, à l'isolement du siècle en les envoyant dans le silence de la retraite. Les lettres qu'il écrivit dans la suite à l'abbesse et à ses compagnes de cloître, constituent l'un des documents les plus intimes sur les mœurs religieuses, non-seulement du dix-septième siècle, mais de tout un monde spirituel que nous ne connaissons peut-être pas assez. Saint-Cyran écrivait mal, ne prenait aucun soin de son style, mais quelle science du cœur, quelle sûreté d'appréciation dans le discernement des esprits ! Quelle tendresse sous la rude et austère parole, de ce guide sérieux et expérimenté ! Il faut les lire, ces pages écrites au crayon du donjon de Vincennes où il fut renfermé plus tard par ordre de Richelieu ; on n'écrit plus guère comme cela, et on ne conçoit plus le saint ministère d'aussi haut.

Le nombre des Religieuses s'étant de beaucoup augmenté à Port-Royal — il y en avait alors quatre-vingts, — la maison était devenue trop étroite ; le lieu d'ailleurs était humide et fiévreux à cette époque, par le voisinage de l'étang qui depuis a été desséché ; Mme Arnauld acheta une vaste maison au faubourg Saint-Jacques de Paris, et on y transféra les Religieuses, en 1625. La maison « des Champs » fut donc évacuée ; elle conserva néanmoins le droit de paroisse, un chapelain y fut laissé pour y célébrer les offices ; le silence qui y règne à cette époque semble être comme un présage des grandes douleurs de l'avenir et du délaissement sans retour. C'est cette seconde maison qui devint le Port-Royal de Paris, et qui devait plus tard contribuer à la destruction du monastère des Champs. C'est aujourd'hui l'Hôpital de la Maternité. A peine la communauté y fut-elle installée que Mme Arnauld, devenue veuve, y entra comme novice et y devint Religieuse sous la conduite de sa fille. Il n'y a qu'à Port-Royal qu'on rencontre des faits semblables. Plus tard, c'est une autre mère, Mme Le Maistre, aussi devenue Religieuse, qui se confesse mourante à son fils, M. de Sacy, fait prêtre deux ans auparavant, et qui reçoit de sa main la suprême et dernière communion.

En 1627, la mère Angélique obtint que son

abbaye, placée jusqu'alors sous la juridiction de l'abbé de Citeaux, passât sous celle de l'archevêque de Paris, et que son titre d'abbesse perpétuelle fût changé en celui d'abbesse élective et triennale. Cet acte d'humilité, destiné à prévenir des abus dans l'avenir, devint par la suite une des causes de la ruine de son monastère.

III

Ce fut vers cette époque que les Religieuses de Port-Royal se consacrèrent d'une manière spéciale à la dévotion envers le Saint Sacrement, qu'un évêque de Langres, M. Zamet, voulait établir par leur moyen, avec appareils de belles parures dans le costume et de pompe dans les cérémonies. Mais la simplicité évangélique de ces femmes austères leur fit comprendre que l'évêque de cour n'était pas le guide qui leur convenait ; elles l'écartèrent pour s'attacher définitivement à M. de Saint-Cyran, que la rancune de l'évêque et les susceptibilités jalouses de Richelieu firent enfermer peu après à Vincennes, où il resta cinq ans, et d'où il ne sortit que pour mourir au bout de quelques mois.

Il faut exposer, ne serait-ce qu'en quelques mots, ce qu'était cette piété des Religieuses de

Port-Royal envers le saint sacrement de l'Eucharistie. Elle consistait en un culte permanent et ininterrompu envers Jésus-Christ, considéré comme présent dans ce sacrement; ce culte entraînait « une continuelle assistance » des Religieuses devant l'autel, « adorant d'une continuelle adoration », jour et nuit, les unes après les autres, et cela en toute saison, les nuits froides et glacées de l'hiver n'étaient point exceptées. Dans les *Constitutions de Port-Royal,* rédigées par la mère Agnès, voici ce que nous lisons sur ce point : « Que les Religieuses se servent seulement de quelques paroles qui soient comme une effusion de la plénitude de leur cœur, en disant à Jésus-Christ avec saint Pierre : « Seigneur, nous ne pouvons aller qu'à vous, parce que vous avez les paroles de la vie éternelle ». Et avec saint Thomas: « Vous êtes mon Seigneur et mon Dieu ». Et comme la Samaritaine : « Donnez-moi, Seigneur, votre eau divine ». L'heure de leur assistance étant passée, s'il arrive que les sœurs qui les doivent suivre ne soient point arrivées, elles demeureront pour les attendre. Enfin, la devise des Religieuses du Saint Sacrement doit être cette parole du Cantique: « Je dors et mon cœur veille (1) ».

----

(1) *Les Constitutions du Monastère de Port-Royal du Saint Sacrement,* pp. 6, 10, 11. Voir aussi la *Lettre intéres-*

Cette dévotion de Port-Royal envers l'Eucharistie a donné lieu à la publication d'un recueil de passages des Pères de l'Eglise sur cette matière, et qui présente sous un petit espace, la tradition historique de la pensée des écrivains de tous les siècles sur le sacrement de la communion. Les Religieuses récitaient ces morceaux dans l'office eucharistique qu'elles célébraient chaque jeudi en souvenir du jour où Jésus-Christ avait institué le sacrement de son corps et de son sang.

Ce fut pendant sa captivité à Vincennes que Saint-Cyran enfanta dans ses liens, pour ainsi dire, Antoine Arnauld, qu'il dirigeait par ses lettres et qui devint comme son fils spirituel. Arnauld fut l'Elisée qui recueillit le manteau de cet Elie enfermé sous les verroux. Mais avant et pendant sa captivité, Saint-Cyran avait peuplé les dehors de Port-Royal de solitaires ; hommes, pour la plupart distingués, avides de sainteté, ayant tout quitté, honneurs, fortune, faveurs du monde, pour se consacrer à la prière et à l'étude des saintes Ecritures, apparaissant comme un anachronisme dans ce siècle de grandeur mondaine, en face de cette société brillante et agitée de la Fronde. Leur piété méconnue, objet des

------

sante du père Vincent Comblat à un évêque sur le monastère de Port-Royal, pp. 18-20.

railleries de la cour et de la ville, attira néanmoins dans ce vallon des hommes de toutes les classes sociales ; évêques, magistrats, savants, hommes d'épée, personnes de condition et jusqu'aux simples gens de campagne, tous arrivaient dans ce coin de terre caché par les hauteurs boisées qui l'environnent, tous se donnaient à Dieu, et, venus quelquefois pour visiter, ils restaient et mouraient là où ils avaient trouvé la vie de leur âme. Il faut avouer qu'il n'y a pas beaucoup de lieux dans nos environs de Paris où nous pourrions rencontrer de pareils souvenirs. Souvenirs impérissables, car c'est là qu'ils ont vécu, prié, travaillé, adoré pendant de longs jours, qu'ils ont servi Dieu et chanté ses louanges dans le silence des nuits, ces hommes qui ont été l'honneur de leur siècle qu'ils fuyaient, pour méditer sur le siècle à venir. C'est dans cette vallée que les Le Maistre, les Arnauld, les Singlin, les Sacy et autres, ont traduit le Nouveau Testament, qu'ils ont respiré du côté du ciel, en butte aux colères d'une hiérarchie mondaine et cruelle.

Le premier en date de ces illustres solitaires, fut Antoine Le Maistre, neveu de la Mère Angélique, avocat au Parlement, qui, à l'âge de vingt-neuf ans, renonça au barreau, où il avait une réputation d'éloquence, et se fit aux célèbres petites écoles de Port-Royal, le professeur de notre poète Jean Racine. Il fut bientôt rejoint dans son désert par ses deux frères, MM. de Séricourt et de Sacy; ce dernier, si connu plus tard par les nombreux ouvrages dont il a enrichi la littérature chrétienne, venait se préparer dans la retraite, au sacerdoce, dont il fut l'un des modèles les plus accomplis. L'exemple de ceux-ci attira encore d'autres hommes de toutes les classes, tant ecclésiastiques que laïques, qui, comme eux, dégoûtés du monde, vinrent embrasser la vie humiliée de la pénitence et du recueillement. Pourtant ce n'était point une vie oisive, car ils s'employèrent à l'administration des biens de l'abbaye, cultivant les terres comme des gens de journée, réparant les bâtiments. C'est ainsi que vinrent successivement Arnauld d'Andilly, M. de Luzancy, son fils; M. Pallu, médecin converti par la lecture de la *Fréquente Communion* (1), que le Dr Antoine Arnauld avait publiée quelque temps auparavant; M. de la Petitière, gentilhomme et, disait-on, la première épée du royaume, qui apprit le métier de cordonnier et fit dès lors les souliers des Religieuses et des solitaires; M. de Pontis, vieux gentilhomme dont les Mémoires furent publiés dans la suite, et qui s'employa à

----

(1) Besoigne, *Histoire de l'abbaye de Port-Royal*, t. 1, p. 304.

défricher les terres ; M. Girout de Bessé, officier, devenu valet pour servir les ecclésiastiques et les personnes qui venaient visiter Port-Royal; M. Gibron, capitaine, qui devint cuisinier des gens de la ferme; M. de Pont-Château, établi à la ferme des Granges sous l'habit et les fonctions de jardinier; Nicole, le fécond écrivain et moraliste éclairé; Fontaine, le naïf et pieux auteur des Mémoires sur l'abbaye; Dufossé, le commentateur auquel on doit aussi des Mémoires pleins de détails curieux; Tillemont, Arnauld, Pascal, ce terrible esprit et ce génie effrayant dont la phrase merveilleuse a donné à notre langue un éclat sans précédent; M. Hamon, le médecin et le consolateur des Religieuses dans les mauvais jours ; M. Duchemin, ecclésiastique qui embrasse les durs travaux de la ferme; M. de la Rivière, M. de Beaumont, l'un et l'autre officiers; M. de Saint-Gilles, M. de Bascle, tous deux hommes de qualité, et beaucoup d'autres que nous ne pouvons énumérer et qui tous se dérobent au monde pour se consacrer à Dieu dans les exercices de la piété la plus humble et la plus sincère. N'oublions pas qu'à côté de ces travaux tout extérieurs, ces hommes remarquables trouvaient le temps de se livrer à l'étude et qu'ils produisirent des ouvrages savants et pleins de foi, connus par leur érudition et leur pureté de style.

La maison de Paris avait été progressivement aménagée pour les besoins de la communauté, son église terminée venait d'être consacrée (1648) (1) ; mais la mère Angélique, ne perdant pas de vue toutefois Port-Royal des Champs, se résolut à y faire retourner quelques-unes de ses filles. Plus tard, toute la communauté fidèle y retourna. Pendant l'absence des Religieuses, les solitaires avaient occupé l'abbaye, et en avaient entretenu les divers bâtiments, mais à leur retour, ils la quittèrent pour aller habiter la maison des Granges, située sur la hauteur. Néanmoins, l'année suivante (1649), les solitaires redescendirent dans les dehors de l'abbaye pour protéger la maison contre les incursions des soldats de la Fronde, et l'entourer de murs et de tours dont on peut encore voir les derniers vestiges.

Le livre de la *Fréquente communion* attira de violentes persécutions à son auteur, Antoine Arnauld ; les Jésuites, effrayés du succès des écoles de Port-Royal, succès qui menaçait la prospérité de leurs collèges ; envieux comme gens de lettres de la faveur avec laquelle le public accueillait les écrits des solitaires, suscitèrent, à l'occasion de ce livre, une persécution

---

(1) C'est la charmante construction qu'on peut voir encore aujourd'hui et qui sert de chapelle à l'Hôpital de la Maternité.

par laquelle ils espéraient amener la perte du monastère où Arnauld avait sa mère, plusieurs sœurs et plusieurs nièces. Mais cette première attaque n'eut pas les résultats qu'on en attendait.

On en tenta une seconde, voici à quelle occasion. En 1653 parut la bulle d'Innocent X, qui condamnait les cinq fameuses propositions que le Dr Cornet prétendait avoir trouvées dans l'ouvrage de Jansénius, évêque d'Ypres, intitulé: *Augustinus* ; les Jésuites dépeignirent à la cour les Religieuses de Port-Royal comme professant les erreurs condamnées et obtinrent qu'on leur enlevât leurs novices ainsi que les enfants confiés à leurs soins et qu'on exilât les solitaires. Au milieu de leurs tribulations, ces humbles chrétiennes étaient soutenues par le zèle et les exhortations d'un directeur plein de piété, Antoine Singlin, déjà distingué par l'œil clairvoyant de Saint-Cyran et qui était tout à fait dans son esprit. Homme modeste et plein de ferveur, Singlin fut un pasteur fidèle et dévoué. Ses *Instructions chrétiennes*, publiées à diverses reprises, sont substantielles, pleines de saveur scripturaire et demeurent un véritable trésor pour tous ceux qui ont l'amour de la Parole de Dieu, et surtout pour ceux qui ont la mission de la prêcher. Le jugement de Sainte-Beuve sur la valeur de ces *Instructions* ne doit pas nous empêcher de les lire, de les étudier même ; on comprend que l'ondoyant critique n'ait pas eu tout ce qu'il fallait pour apprécier un tel livre.

Deux ans après la bulle d'Innocent X, en 1655, se produisit un incident pénible qui devait avoir les plus graves conséquences. Un gentilhomme de haute lignée, M. le duc de Liancourt, homme pieux et universellement estimé à cause de son caractère aimable et doux, se présenta dans l'église Saint-Sulpice pour la confession ; le prêtre qui le reçut lui refusa l'absolution à cause des relations d'amitié que ce seigneur soutenait avec les solitaires de Port-Royal où sa petite-fille, Mlle de la Roche-Guyon, était élevée. L'outrage ne pouvait passer inaperçu ; Antoine Arnauld publia deux lettres pour justifier la religion du duc de Liancourt, mais ces lettres déférées à la Sorbonne, l'en firent exclure par les intrigues des Jésuites. Expulsé de la savante Compagnie, Arnauld voulut se défendre, mais son style terne et lourd, ne sembla pas concluant à ses amis ; c'est alors qu'on pria Pascal de prendre la plume pour plaider la cause du docteur persécuté. On sait de quelle manière Pascal s'acquitta de sa mission, dans les immortelles *Lettres provinciales*. Malheureusement ces *Lettres* amenèrent une recrudescence de mesures vexatoires et persécutrices à l'égard de Port-Royal, dont les célèbres écoles furent fermées.

IV

C'est à cette époque (1656) que se place un événement extraordinaire et qui produisit dans le monde d'alors, une impression profonde. Parmi les pensionnaires de Port-Royal (de Paris), il y en avait une âgée de dix à onze ans ; elle était fille de M. Périer, conseiller à la Cour des aides de Clermont et nièce de Pascal (1). Cette enfant était atteinte, depuis trois ans et demi, d'une fistule lacrymale dont les ravages l'avaient comme défigurée ; l'os du nez était carié, le palais perforé, les narines et les joues atteintes par l'inflammation ; nous passons les détails répugnants que donnent les documents contemporains. « On ne pouvait, dit l'un d'eux, la regarder sans une espèce d'horreur (2) » ; cet ulcère, d'après l'avis des chirurgiens, avait nécessité l'isolement de la jeune malade et sa séparation complète des autres pensionnaires. On n'avait cependant épargné aucun soin pour la guérir, les oculis-

____

(1) M. Périer avait épousé Gilberte Pascal.

(2) Mlle Poulain, de Nogent, *Histoire abrégée*, tome Ier, p. 103 et 104.

les et les médecins les plus célèbres avaient été consultés, mais les remèdes semblaient avoir plutôt irrité qu'adouci le mal. De l'avis des chirurgiens, il fut décidé qu'on aurait recours au moyen suprême, l'application du feu. On attendait l'arrivée de M. Périer à Paris, pour effectuer la redoutable opération, lorsqu'un ecclésiastique de Paris, M. l'abbé de la Potterie, grand-oncle des mères Arnauld, qui possédait plusieurs reliques, fit porter à Port-Royal un fragment provenant, disait-on, de la couronne d'épines. C'était le 24 mars 1656; les Religieuses ayant reçu cette sainte épine, la placèrent dans leur chœur, sur une sorte d'autel contre la grille. Après les vêpres, le chant des hymnes et les prières en rapport avec le mystère douloureux de la Passion, elles allèrent, chacune à leur tour, baiser la relique. Après elles vinrent les novices, puis les pensionnaires. Quand ce fut le tour de la petite Marguerite Périer, la sœur Flavie, maîtresse des pensionnaires, « qui s'était tenue debout, près de la grille, pour voir passer tout ce petit peuple, l'ayant aperçue, ne put la voir, défigurée comme elle était, sans une espèce de frissonnement mêlé de compassion, et elle lui dit : *Recommandez-vous à Dieu, ma fille, et faites toucher votre œil malade à la sainte épine.* La petite fille fit ce qu'on lui dit, et elle a depuis déclaré qu'elle ne douta point, sur la parole de sa maîtresse, que la sainte épine ne la guérit (1) ».

Rentrée dans sa chambre, l'enfant s'écria : « Ma sœur, je n'ai plus de mal, la sainte épine m'a guérie ». La sœur Flavie, s'étant approchée, trouva, en effet, l'œil parfaitement guéri ; toute trace d'ulcère avait disparu. Cependant on ne fit sur le moment aucun éclat dans la maison au sujet de ce merveilleux incident. Le soir même, le père de Marguerite, M. Périer, arriva, et le lendemain il vint à Port-Royal, accompagné de trois chirurgiens (2) pour l'opération. Entrés dans la chambre de la malade, les médecins préparèrent leurs instruments ; plusieurs Religieuses étaient présentes et gardaient le silence. Tout étant prêt, on tira le rideau du lit ; M. Dalencé et ses confrères, ne voyant encore la malade que dans une demi-obscurité, lui adressèrent quelques paroles de sympathie pour l'encourager, en l'exhortant à la patience. On fit apporter des oreillers, et les chirurgiens se mettant en état d'agir, l'enfant se plaça sur son séant. M. Dalencé,

----

(1) Mlle POULAIN, de Nogent, *Histoire abrégée de Port-Royal*, tome Ier, p. 106 et 107.

(2) C'étaient MM. Dalencé, Guillard et Cressé. — Bouvard, premier médecin du roi, le docteur Hamon et les deux Renaudot, trois semaines après, donnèrent en commun le certificat où était exposé leur appréciation de l'événement.

qui devait l'opérer, « regardant son œil et ne voyant plus de mal, fut dans une étrange surprise. Il l'examina encore, le pressa... regarda dans le palais..., et enfin, tout hors de lui d'avoir vu encore le jour précédent cet œil dans un état lamentable » et de le trouver si parfaitement guéri, qu'on avait peine à discerner lequel des deux avait été malade, il demanda ce que cela voulait dire. On lui avoua ingénument comment la chose s'était passée. Il contempla encore la petite fille, et regarda M. Périer, ainsi que tous ceux qui étaient présents, sans rien dire, « tant il était épouvanté ». Cependant, à la fin, bouleversé et comme suffoqué, il s'écria : « Messieurs, messieurs, il y a ici du divin ; il faut rendre témoignage à la vérité que nous voyons clairement de nos yeux (1) ».

Néanmoins, la maison garda une très sage réserve au sujet de cette circonstance, qui ne produisit son impression que sur la déclaration publique et authentique des médecins. Tel est ce « miracle de la sainte épine » auquel Pascal crut et, avec lui, la société de son temps. Diversement apprécié depuis, selon le point de vue où l'on se plaçait pour le juger,

------

(1) Mlle Poulain, de Nogent, *Histoire abrégée de Port-Royal*, tome 1ᵉʳ, p. 108-110.

il paraît difficile aujourd'hui d'en concevoir une opinion susceptible de satisfaire tous les esprits. Sainte-Beuve est obligé de modifier les documents originaux qu'il cite et d'en changer les termes pour justifier les réflexions sceptiques de son esprit railleur et enjoué. Sans doute, la crédulité de certains en matière pareille va beaucoup trop loin et prédispose les âmes sérieuses à la défiance, mais s'ensuit-il de là que toute créance doive être refusée à des faits semblables à celui qui nous occupe ? Un esprit religieux reconnaîtra facilement que tout n'est pas expliqué au moyen d'une négation frondeuse, inspirée par le parti-pris, et il se rappellera que l'Evangile promet au croyant un exaucement proportionné à sa foi. En se rappelant ce fait, qu'on a peut-être trop perdu de vue dans cette affaire de guérison, que la petite Marguerite Périer *ne douta point que la sainte épine ne la guérît*, on eût peut-être trouvé la meilleure explication du prodige qui s'opéra en elle ; c'est qu'il « lui a été fait selon qu'elle a cru. » (1)

Quand on lit sans esprit préconçu les documents contemporains, on est frappé de leur simplicité naïve ; on y chercherait en vain les indices d'un *arrangement* calculé ; rien de com-

---

(1) Mat. VIII, 13.

biné dans les récits des témoins oculaires, tout y porte l'empreinte d'une véracité absolue (1).

Cinq ans après ce miracle de la sainte épine, pendant de nouvelles contradictions et violences dont Port-Royal était l'objet, la Mère Angélique s'éteignit ; un mémoire du temps dit simplement : « Le 6 août 1661, elle se reposa en paix, dans le Seigneur, de tant de travaux si généreusement soutenus pour la gloire de son saint nom ». Elle avait deviné les persécutions qui devaient ruiner son œuvre ; elle les envisagea avec un calme plein de foi, y préparant ses filles par des exhortations à la fidélité. Humble et forte, douée d'un esprit supérieur, d'une simplicité touchante, ferme et d'une extrême sensibilité, ce fut un grand caractère et une noble figure.

Nous n'entrerons point dans les détails concernant les longs et fastidieux débats de l'affaire du « formulaire » ; il suffira de rappeler que, par ce formulaire, on déclarait que les cinq propositions condamnées étaient bien dans Jansénius. Il fallait signer cela pour demeurer

____

(1) Voir, en particulier : *Recueil de plusieurs pièces pour servir à l'Histoire de Port-Royal*, p. 283-304. *Lettres de la révérende Mère Angélique Arnauld*, tome III, p. 226-232 ; DU FOSSÉ. *Mémoires pour servir à l'Histoire de Port-Royal* ; édition de 1739 ; p. 192-204 ; FONTAINE. *Mémoires pour servir à l'Histoire de Port-Royal*, tome II, p. 132-137.

bon catholique aux yeux de la cour et de l'autorité ecclésiastique. Les Religieuses de Port-Royal, qui n'avaient jamais lu le gros volume in-folio de Jansénius, et cela pour le motif bien simple qu'il était écrit en latin, ne crurent pas pouvoir en conscience signer sur une chose qu'elles ignoraient; l'archevêque d'alors, M. de Péréfixe, les en châtia durement. Il les priva de sacrements, enleva seize d'entre elles qu'il fit emprisonner dans divers couvents, fit occuper leur monastère, par des archers, et les frappa de toutes les censures et sévérités dont ses pouvoirs lui permettaient de disposer; il alla même jusqu'à leur retirer les secours de M. Singlin et d'autres directeurs qui les soutenaient de leurs consolations. Rien n'est plus pénible à considérer que ce pasteur se livrant à de cruelles tracasseries poussées jusqu'au délire, envers de pauvres filles dont le seul crime était le respect de leur conscience.

Pendant ce temps de tribulations, M. de Sainte-Marthe, l'un de leurs directeurs, non content d'instruire les Religieuses de Port-Royal, de les fortifier par ses lettres et par ses écrits, alors qu'elles étaient gardées fort. à l'étroit par les archers dans leur maison des Champs, M. de Sainte-Marthe, par une touchante sollicitude envers elles, partait de Paris le soir, ou de Gif, qu'il habitait par moments, et, faisant le trajet à pied, il franchissait les murs du monastère et leur apportait la communion. Il venait parfois aussi à un endroit désigné d'avance, où il montait dans un arbre au pied duquel elles étaient réunies, et il leur faisait de là un sermon destiné à les consoler. Or, cela se passait en hiver.

Cet état de choses dura plusieurs années ; enfin, en 1669, ce qu'on a appelé la paix de Clément IX, leur donna quelque repos ; mais l'ennemi de toute vérité veillait, forgeant dans l'ombre de nouvelles armes, et celles-ci devaient frapper d'une blessure mortelle.

V

On avait commencé par accorder le titre d'abbaye royale à la maison déchue et mondanisée de Port-Royal de Paris qui, depuis un certain temps, était séparée de celle des Champs, lorsque, en 1701, le parti ultramontain souleva l'affaire du fameux « cas de conscience ». C'était une question agitée à la Sorbonne en ces termes : « Peut-on donner l'absolution à celui qui ne croit pas que les cinq propositions soient dans Jansénius, et qui ne croit pas que l'Eglise puisse en exiger la croyance? » Une bulle du pape Clément XI, *Vineam Domini* condamna l'interprétation

favorable des Jansénistes ; la cour, à l'instiga-
tion des Jésuites, exigea une signature de soumission à cette bulle ; les Religieuses de Port-
Royal la donnèrent en y ajoutant cette réserve,
que c'était « sans déroger à ce qui s'était passé
à leur égard à la paix de l'Eglise sous le pape
Clément IX ». Ces lignes ajoutées à leur signature, furent le prétexte des dernières violences
sous lesquelles elles succombèrent. Pendant
huit ans, les Religieuses de Port-Royal des
Champs, privées de sacrements même à la
mort, furent l'objet des procédés les plus
injustes et les plus vexatoires, des plus odieu-
ses persécutions. Les ennemis de Port-Royal
des Champs dépouillèrent ce monastère au
profit de Port-Royal de Paris, où, par leurs
intrigues, ils avaient fait entrer des personnes
sans vocation religieuse. Cette maison de
Paris n'était plus qu'un foyer de rivalités
mondaines et jalouses, d'où l'esprit de piété
s'était retiré ; il n'avait plus spirituellement
rien de commun avec Port-Royal des Champs.

Enfin, le 29 octobre 1709, à sept heures et
demie du matin, au moment où les Religieuses, venant d'assister à la messe et de réciter
les psaumes de Prime, étaient réunies au
chapitre pour régler ce qui regardait l'office
divin, le lieutenant de police d'Argenson,
accompagné de deux commissaires, d'un gref-
fier et de plusieurs exempts à cheval, envahit

l'abbaye au nom du roi. Trois cents archers arrêtés et comme cachés dans les bois d'alentour l'avaient suivi. En entrant, il se fit donner toutes les clefs de la maison, s'empara des papiers et des titres dont il remplit trois coffres sur lesquels il apposa les scellés. Il fit lire ensuite l'arrêt du Conseil d'Etat en vertu duquel il agissait. S'étant fait conduire au chapitre, il ordonna qu'on y fît venir toute la communauté. On sonna l'assemblée. Toutes les Religieuses se rendirent au chapitre avec leurs grands voiles baissés. Il les compta plusieurs fois : Il y en avait vingt-deux professes, quinze de chœur et sept converses. Se plaçant dans la chaire de l'abbesse, et ayant les commissaires à ses côtés, il déclara les volontés du roi qui les exilait de leur monastère et les dispersait dans divers couvents de son royaume. Les Religieuses, entendant sonner l'heure de tierce, s'en allèrent à l'Eglise, dans leur chœur, réciter les psaumes et les portions de l'Ecriture de cet office, sachant que c'était pour la dernière fois qu'elles chantaient les louanges de Dieu dans ce sanctuaire vénéré. Toutes elles étaient vieilles : une d'elles avait quatre-vingt-sept ans, une autre en avait quatre-vingt-cinq. La plus jeune était âgée de cinquante ans. On comprend ce qu'elles durent éprouver en se voyant arracher de ce monastère où elles avaient tant souffert, tant prié et où reposaient des cendres chères à leurs cœurs.

Rappelées de nouveau par M. d'Argenson, elles reçurent de lui l'ordre de se préparer au départ; il leur donna un demi-quart d'heure pour réunir les quelques vêtements indispensables à leur voyage. Ouvrant une cassette qu'il avait apportée, il en tira la liste des villes et des lieux d'exil, ainsi que l'argent des frais de voyage. Il remplit les lettres de cachet qui étaient en blanc, écrivant sur chacune le nom de la Religieuse qu'elle frappait et l'indication du lieu de son bannissement. Immobiles, sans dire un mot, les Religieuses écoutaient leur sentence et priaient intérieurement pour être soutenues de Dieu. Il y eut des détails navrants : une d'elles tomba presque évanouie; une autre, qui avait été saignée la veille, sentit que son bras s'était rouvert et qu'elle perdait son sang; il fallut la permission du lieutenant de police pour la faire sortir et lui donner des soins. Pendant tout ce temps, ces pauvres filles étaient à jeûn; on leur apporta du pain et du vin, mais leur émotion était si grande, leur douleur si profonde, qu'aucune n'y toucha. Enfin l'heure suprême était arrivée, les carrosses s'approchèrent, et le départ fut si précipité, que ces infortunées n'eurent même pas le temps de se faire de mutuels adieux. Chacune partit pour le lieu de son exil, où elle devait aller mourir seule, car à l'exil on avait ajouté l'isolement.

Si édifiant et si émouvant surtout que soit le récit des adieux, longuement raconté par divers historiens qui se sont plu à l'envi à en dramatiser les péripéties, nous nous sentons obligé de le rejeter comme absolument apocryphe. Ces voiles qui s'entremêlent, ces sanglots qui accompagnent des effusions poignantes, ces « Adieu, ma sœur, soyez fidèle ; demeurons fermes, la foi nous fera retrouver partout un petit Port-Royal », ces agenouillements au moment de la séparation suprême devant la prieure, qui donne des bénédictions successives à chaque départ d'une Religieuse, ne s'accordent guère avec les rigueurs de M. d'Argenson. L'auteur de l'*Histoire de la dernière persécution de Port-Royal*, l'abbé Pinault, est le seul qui rapporte ces détails, et le grand historien de notre monastère, dom Clémencet, n'ose pas les rapporter sans les accompagner d'un doute. Les « relations » du moment n'en font aucune mention, mais affirment tout le contraire. Guilbert, dans ses Mémoires, si intimes et toujours si précis dans leurs informations, nie positivement la scène classique des adieux. L'histoire vraie n'y perd rien, car ce qui subsiste, ce qui demeure, c'est cette brutalité atroce qui donne un demi-quart d'heure à ces martyres, pour quitter une maison et se séparer de compagnes avec lesquelles elles ont vécu depuis plus d'un demi-siècle.

Mais ce n'est pas tout : on procéda ensuite à la démolition du monastère. On y était autorisé par la dernière bulle, qui ordonnait que « ce nid d'erreur fût ruiné de fond en comble, *evellatur et eradicetur* ». En conformité de cette bulle, les ennemis de Port-Royal, par le crédit de Mme de Maintenon, obtinrent un arrêt, le 22 janvier 1710, qui ordonnait la démolition de cette maison, dont la construction avait coûté plus de 1.500.000 livres, somme énorme pour l'époque, et qui équivaudrait aujourd'hui à plus de 15 millions de francs. L'arrêt du Conseil qui ordonnait la démolition ne faisait pas mention de l'Eglise : il semble même qu'il supposait qu'elle subsisterait, puisqu'il réservait un petit bâtiment pour le logement du chapelain qui la desservirait. Cependant, sur la fin de 1710, il y eut un arrêt du Conseil pour sa destruction : on ne voulait rien laisser subsister d'un lieu dont on avait tant d'aversion. On eût souhaité en anéantir la mémoire, si la chose eût été possible. L'Eglise fut donc démolie l'année suivante, en 1711, et en 1712 on détruisit le cimetière, dont on exhuma les corps. Toutefois, avant cette exhumation, quelques familles obtinrent la permission de faire transporter décemment les corps de leurs parents en divers lieux de sépulture.

Quant à l'exhumation officielle, elle fut faite par des hommes grossiers, souvent en état d'ivresse, qui amoncelaient les ossements pêle-mêle, fendaient à coups de bêches les corps non consumés, pour les faire entrer dans des paniers avec lesquels on transportait le tout, pour le jeter dans un trou creusé à cet effet dans le cimetière de Saint-Lambert, paroisse voisine de Port-Royal, endroit désigné pour cet enfouissement. On vit même des chiens se repaissant de quelques-uns de ces corps dépecés d'une façon horrible. Les pierres tumulaires des Religieuses furent vendues et dispersées, plusieurs furent trouvées dans des auberges et des cabarets où elles servaient de pavé et même de table à boire.

En 1652, on avait rehaussé le pavé de l'église d'environ douze pieds (1), en sorte que les piliers étaient enterrés et leurs chapitaux n'étaient qu'à trois pieds du sol ; comme un grand nombre de corps y étaient enterrés, ils échappèrent à la profanation. On a calculé que depuis l'an 1204, époque de la fondation, en ne supposant que six morts par an, le ci-

____

(1) BESOIGNE dit six pieds. Voir son *Histoire de Port-Royal*, tome Ier, p. 334.

metière et l'église devaient contenir les débris d'au moins trois mille corps, ce qui fait qu'il y en a encore beaucoup qui reposent dans les ruines. (1)

« Ainsi périt, après cinq cent cinq ans d'existence, un monastère qui pouvait servir de modèle à tous les autres (2) ».

Malgré certaines lacunes de leurs doctrines, les Jansénistes combattaient les erreurs ultramontaines ; s'ils ont retenu certains dogmes erronés, en somme ils s'attachaient à l'essence même du christianisme, dédaignant les formes vaines et les pompes inutiles. C'est ce qui n'a pas échappé à un écrivain de notre temps, M. Prosper Faugère : dans sa Préface aux *Lettres de la Mère Agnès,* voici comment il s'exprime : « Ce qui constituait le caractère et les tendances de Port-Royal, dès les premiers temps où la Mère Angélique y introduisit les principes et, s'il est permis de le dire, le levain de la réforme, c'était un retour au christianisme pur et renouvelé par le secours de la prière et des livres saints ; c'était une régénération morale demandée avant tout, à l'inspiration directe de Celui dont l'Esprit souffle où il veut.

------

(1) GRÉGOIRE, *Ruines de Port-Royal,* nouvelle édition, 1809, p. 34.

(2) GRÉGOIRE, *ibid,* p. 41.

« Les religieuses et les solitaires de Port-Royal ne voulaient point, quoiqu'on l'ait prétendu, instituer comme une Eglise au sein de l'Eglise ; mais il est vrai qu'ils se montraient plus soucieux de l'esprit de la religion que des cérémonies ou des formes du culte. Leur ambition suprême était de retremper la morale et la foi à la source même : de retrouver dans la méditation de l'Ecriture et l'étude des saints Pères et surtout dans la contemplation et la prière et les pratiques austères, le christianisme des anciens jours ; de remonter jusqu'au Sauveur lui-même et de voir en lui, en quelque sorte, leur véritable directeur. Le culte extérieur, les pénitences corporelles, l'observation du silence ou le chant des offices, les prédications ou les conseils des directeurs, n'avaient de valeur à leurs yeux qu'autant qu'ils conduisaient les âmes aux pratiques plus difficiles de la vie spirituelle et du culte intérieur.

« Je crois, écrivait la Mère Agnès à une reli-
« gieuse, que vous n'avez guère besoin de la
« conduite du dehors ayant avec vous l'Esprit
« de vérité qui vous enseignera toutes choses.
« Il n'y a rien de plus rare maintenant que des
« directeurs qui nous mènent à Dieu, sans
« aucun mélanges de traditions humaines... Il
« faut être à Dieu, ma chère sœur, en esprit

« et en vérité, et ne pas s'arrêter à la superfi-
« cie des choses » (1).

VI

Quels sont les enseignements qui se déga-
gent pour nous de cette histoire ? Quelles
leçons pouvons-nous en tirer ? Nous allons
essayer de le dire aussi brièvement que possible.

Ce qui frappe dès l'abord chez les gens de
Port-Royal, c'est l'amour de la vérité ; cette
vérité, ils la cherchent avec passion; aussi
commencent-ils par l'étude de l'Ecriture sainte
dont ils se nourrissent le jour et la nuit. En
face de l'ultramontisme qui tue la conscience, qui supprime l'individualité morale, et
ne cherche qu'à parler aux sens par l'emploi
des pompes d'un cérémonial éblouissant, le
monde de Port-Royal fait au contraire consis-
ter la religion dans l'amélioration de l'état
moral par le moyen de la pénitence; il relève
l'individualité humaine en lui rappelant sa
responsabilité, et, loin d'agir sur les sens, il
les prive de tout ce qui pourrait les flatter et

---

(1) Prosper FAUGÈRE, *Introduction aux Lettres de la
Mère Agnès Arnauld*, p. XXIX et XXX.

les soumet au régime austère de la solitude et du jeûne. Port-Royal attache peu d'importance aux cérémonies, il ne recherche pas ce qui complaît aux yeux ou à l'oreille; ses temples seront pauvres; il dédaigne les ornements, les dorures; nous croyons même qu'au fond il les condamne. Des murs sobres de décoration, un autel de bois, un sanctuaire presque nu, voilà pour l'extérieur; mais, d'autre part, un culte où toute la personnalité adore en esprit et en vérité, où l'être entier se donne avec toutes ses aptitudes et ses facultés. Jamais peut-être, d'après les témoignages les plus sérieux de l'époque, les Psaumes n'ont été chantés avec autant d'expression que par les Religieuses de Port-Royal. Chaque mot de l'Ecriture était retenu par la pensée de ces solitaires et ils en vivaient pendant tout un jour; leur culte était donc continuel, et leur cœur y vibrait.

Mais si Port-Royal aima la Bible, la traduisit en français, la répandit, s'efforça de la mettre dans la main de chaque fidèle, il voulut aussi en faire connaître les commentateurs les plus autorisés. De là sont nées ces belles traductions des saints Pères et des meilleurs auteurs ecclésiastiques, qui n'étaient guère connus que dans l'enceinte de l'école, et que nos solitaires ont fait connaître au grand public en les faisant passer dans sa langue. Nous sommes grandement redevables à Port-Royal sous le rapport des études historiques concernant les premiers âges de l'Eglise ; il a produit une quantité d'ouvrages excellents sur l'antiquité chrétienne, notamment les savants *Mémoires* de Tillemont, si précieux pour tous ceux qui veulent se livrer à l'investigation des origines chrétiennes. Les ecclésiastiques formés sous l'influence de Port-Royal ont été des prêtres savants ; on est étonné de la force de leurs études et de l'étendue de leur érudition. Mais aussi, c'est que Port-Royal avait une haute conception du saint Ministère. Il faut lire les *Lettres* de Saint-Cyran, les *Traités* de M. de Sainte-Marthe, de Duguet et des autres docteurs de cette Maison, pour se faire une idée de la grandeur de leur appréciation des fonctions pastorales. Cette conception fut réalisée en chacun d'eux, dans les hommes qu'ils formèrent à leur école et qui furent, nous ne craignons pas de le dire, des hommes uniques ; où retrouver des prêtres comme Saint-Cyran, Singlin, Sacy, Sainte-Marthe ?...

Dans tout cela Port-Royal qui avait reçu de Dieu le baptême de feu, la grâce de l'Esprit saint qui donne la vie, Port-Royal cherchait à ressaisir la pureté de la doctrine, la puissance de la sainteté, sans sortir de l'Eglise romaine. Il ne voulait pas rompre avec elle, ni s'en séparer, il avait horreur du schisme et ché-

rissait l'unité. Port-Royal a donc été essen-
tiellement respectueux du passé de l'Eglise,
c'est ce qui expliquerait peut-être son impa-
tience et sa sévérité envers l'esprit huguenot
qu'il accusait de radicalisme.

Royer-Collard avait coutume de dire: « Qui
ne connaît pas Port-Royal, ne connaît pas
toute la nature humaine ». Ce mot si vrai a
suggéré à Victor Cousin la réflexion suivante,
qui n'est pas moins exacte : « Port-Royal,
dit-il, est peut-être le lieu du monde qui a
renfermé dans le plus petit espace, le plus de
vertu et de génie, tant d'hommes admirables
et de femmes dignes d'eux (1). Ce sont même
les femmes qui nous frappent surtout à Port-
Royal..., chez elles tant de fermeté, de cons-
tance, d'héroïsme, étonne et saisit davantage.
Il a été particulièrement donné à Port-Royal
d'élever les âmes, il les prépare aux luttes
de la vie; il enseigne à résister à l'oppression,
ou à la supporter avec courage, à tout braver
pour la justice, non-seulement les persécutions
de la puissance, la violence, la prison, l'exil,
mais les ruses de la calomnie et les égarements
ou les abattements de l'opinion (2). »

Mais on entend dire parfois : « Dieu n'a

______

(1) V. Cousin, *Du Vrai, du Beau, du Bien*, leçon X^e, de
l'*Art français*.

(2) V. Cousin, *Jacqueline Pascal*, p. 7, 8, 9.

pas donné raison à Port-Royal, il a disparu, le ciel n'a pas voulu qu'il subsistât ». Si le succès et la prospérité d'ici-bas sont une preuve de l'approbation du ciel, on est en droit de conclure ainsi. Mais à nos yeux, du moins, la ruine de Port-Royal doit être attribuée à sa doctrine de la grâce, qui plaçait l'homme dans la poussière pour attribuer toute puissance à Dieu, doctrine qui devait soulever contre lui toutes les haines de la nature humaine.

Il y a pourtant un caractère tout-à-fait intime qui a tristement distingué le Jansénisme, c'est son manque d'onction. Il est pénible d'avoir à l'avouer, mais, selon nous, il n'a pas su émouvoir; il est savant, érudit, consciencieux, austère, mais il ne sait pas toucher. En lisant ses écrits, on est intéressé, on s'instruit, mais on attend toujours la note émue qui ne vient jamais. Nous dirions volontiers que ces hommes qui priaient jour et nuit, n'ont pas su trouver la langue de la prière. Le culte de cette école est raide, d'une correction presque dure, il est certainement dépourvu de cette douceur pénétrante qu'on retrouve presque toujours dans la piété des Jésuites, ces charmeurs du sanctuaire; on comprend que Port-Royal ait été l'antagoniste du mysticisme; son tempérament, qui n'avait rien de cette tendance, devait le porter à la

combattre. Entre Saint-Cyran et Saint François de Sales, ce n'est pas une nuance qui
existe, c'est un abîme; ces deux esprits repré-
sentent deux écoles religieuses absolument op-
posées l'une à l'autre. Tout le monde connaît la
grâce aimable de l'auteur de la *Vie dévote*, grâce
qui va même jusqu'à l'afféterie, son style à
paillettes est une musique, mais s'il est effé-
miné, il a aussi de l'élévation et surtout de
l'émotion; il gagne le cœur, le touche et s'en
empare avec un charme irrésistible. Saint-
Cyran et ses amis, au contraire, s'adressent
avant tout à la conscience pour la terrasser
dans ses résistances et la jeter vaincue et
convaincue aux pieds de Dieu, mais ils ou-
blient trop le cœur qui, lui, a besoin de sympathie et de tendresse. C'est une chose singu-
lière et douloureuse à la fois de constater que
Port-Royal, qui était beaucoup plus avancé
dans la science de la vérité que l'école opposée,
n'a pas su, comme elle, employer pour prier
Dieu, ce chant doux et attendri qu'on rencontre
si fréquemment dans les mœurs et les habitudes de ses adversaires. Cette oraison, qui
est comme la respiration de l'âme ravie en
Dieu, il semble ne l'avoir pas connue; cette
prière où l'on sent la présence de l'extase et du
sanglot, qui est tout à la fois musique et
encens, montant du cœur vers le ciel, on la
cherche en vain dans la bibliothèque ascéti-

que du jansénisme. Les Jansénistes l'ont certainement pratiquée, mais ils ne nous ont rien laissé qui permette d'en entendre les échos.

Sans doute que plus d'un conclura de l'histoire de Port-Royal, que toute tentative de réforme au sein du catholicisme romain est impossible. Ce n'est pourtant pas la conclusion que nous en tirerons nous-même. Outre que cette possibilité ou cette impossibilité de régénération du catholicisme est le secret de Dieu, personne n'a le droit de « limiter le Saint d'Israël » (1) et de désespérer de sa puissance, surtout de sa puissance de grâce. A un jour sombre de son histoire, l'Eglise semble courbée sous la déplorable doctrine d'Arius, et cependant Dieu est intervenu pour l'en délivrer. Dieu est « magnifique en moyens », est-ce à nous de lui interdire les voies inconnues à notre intelligence, et que sa suprême sagesse peut découvrir pour le relèvement de son royaume? Nous ne le pensons pas; nous allons plus loin; en nous appuyant sur le dire de plusieurs auteurs ultramontains de nos jours, qui gémissent de ce que l'Eglise catholique de France est encore pénétrée de l'esprit janséniste, fait, je le répète, dont ils ne peuvent se consoler, qui nous dit que cet esprit ne se

______

(1) Ps. LXXVIII, 41.

réveillera pas un jour ? En effet, c'est que si l'on a pú renverser notre monastère, démolir son sanctuaire, on n'a pu jusqu'ici déraciner complètement l'esprit de Port-Royal du clergé catholique français. « Car il ne faut pas croire que l'œuvre de Port-Royal soit anéantie. Les hommes ont bien pu démolir les édifices extérieurs, profaner, fouler aux pieds, ensevelir dans la poussière des lieux consacrés par la présence du Seigneur, et par les plus étonnantes merveilles de son Esprit et de sa grâce; mais le plan de Dieu est resté sans atteinte » (1). La persistance inquiète avec laquelle le parti ultramontain s'efforce de flétrir le jansénisme, la vigilance qu'il apporte à en empêcher le retour, le soin jaloux et ombrageux qu'il met à détruire les écrits et les documents relatifs au mouvement réformateur de Port-Royal, tout cela n'indique-t-il pas que, malgré son triomphe de l'heure actuelle, il ne se sent qu'à moitié rassuré au souvenir de ce monastère, dont la mâle et profonde piété demeure comme une protestation en face de ses déviations erronées.

Il faudrait peut-être bien peu de chose pour réveiller le jansénisme des premiers jours. Dans plus d'un presbytère ignoré, nos

---

(1) *Exercices de piété à l'usage des Religieuses de Port-Royal*, 1787 ; Avertissement, p. vii.

solitaires sont encore lus et respectés ; leurs principes de piété et de rénovation morale, sont plus d'une fois évoqués comme le seul remède à opposer à l'athéisme brutal qui nous environne ; et, en voyant l'impuissance de l'ultramontanisme contemporain à enrayer l'incrédulité envahissante de nos jours, qui donc peut assurer que parmi les cinquante mille membres du clergé catholique français, et les millions de fidèles de cette même Eglise, il n'y aura pas un de ces jours, un ou plusieurs ouvriers de Dieu qui tourneront leurs regards vers ce monde religieux de Port-Royal, et qui, en en rappelant les souvenirs, viendront au sein de ses ruines retremper leur âme préparée pour renouveler la religion de l'avenir ?... Dieu le veuille ! Il est permis d'espérer que le Dieu des promesses ne laissera pas toujours cette vaste Eglise catholique sous la servitude de l'ultramontanisme, et qu'il se souviendra d'elle pour lui rendre la vie de la foi et de la vérité, qu'il réveillera dans son sein l'esprit et la piété de Port-Royal, pour faire triompher son Evangile éternel qui réunira toutes les brebis d'Israël sous un même pasteur,

Sans doute, les voiles de l'avenir sont impénétrables, mais il est permis de croire à l'heureuse possibilité d'un rapprochement pour les jours futurs entre tous ceux qui aiment Jésus-

Christ, et qui l'adorent comme leur Dieu Sauveur. En nous rappelant ceux qui dorment encore dans cette vallée de Port-Royal des Champs, où Dieu fut servi dans l'humilité et la foi, nous nous posons cette question : « Ces os revivront-ils » ? Et nous répondons : « Seigneur, Eternel, toi tu le sais ! » (1) *Et dixi : Domine Deus, tu nosti.*

----

(1) Ezéch. XXXVII ; 3.

LE JANSÉNISME

On désigne par ce nom un système théologique sur la grâce, le libre arbitre et d'autres doctrines religieuses ou ecclésiastiques, contenu dans un célèbre ouvrage intitulé: *Augustinus*, où son auteur, Cornelius Jansénius, évêque d'Ypres, le présenta comme l'expression fidèle des enseignements de saint Augustin. Nous ne traiterons ici que de l'histoire du Jansénisme ; pour l'étude critique de ses doctrines, nous renvoyons aux ouvrages spéciaux.

I

L'origine du Jansénisme remonte à Baïus, professeur à l'Université de Louvain, qui dans ses leçons et dans ses écrits, commentant les modernes scolastiques, enseignait, ainsi que Hessels, son ami, et professeur à la même Université, l'entière corruption de l'homme, son impuissance totale à faire le bien et la souveraineté de la grâce dans l'œuvre du salut. Versé dans la connaissance des Pères et en particulier de saint Augustin, qu'il avait lu neuf fois en entier, dit-on, il puisa dans les ouvrages de ce docteur des vues qui lui attirèrent les censures du parti opposé dont les Jésuites étaient les chefs. Malgré les différentes bulles dont elles furent l'objet, les doctrines de Baïus lui survécurent. Reprises, après lui, par Jacques Janson, également professeur de théologie à Louvain, elles furent enseignées par ce dernier avec tant de force et de science, qu'elles se répandirent de nouveau. Au nombre des élèves qui entouraient sa chaire, Janson en avait distingué un, dont le regard vif et pénétrant, le teint pâle, le front haut et méditatif, indiquaient un homme supérieur ; cet élève, qui devait être son disciple le plus illustre et l'interprète de ses pensées les plus chères, était Cornelius Jansénius. Ce dernier quitta bientôt Louvain pour se rendre à Paris afin d'y suivre les leçons des maîtres de la Sorbonne où il fut remarqué par plusieurs d'entre eux. Pendant son séjour à Paris, Jansénius vécut dans l'intimité d'un homme qui devait avoir sur lui une influence décisive, nous voulons parler du jeune Du Verger de Hauranne qui fut plus tard l'abbé de Saint-Cyran. Les deux jeunes théologiens, devenus amis, semblent désormais confondre leurs pensées dans une tendance commune, qu'ils ne formulent pas encore, mais dont ils ne tarderont pas à préciser l'objet. Tous deux éprouvent le besoin de se recueillir et d'approfondir par de sérieuses études, les idées qu'ils n'ont fait qu'entrevoir, mais dont les germes sont déjà profondément enracinés dans leur esprit. Vers 1611, ils quittèrent Paris pour se rendre aux environs de Bayonne, dans une terre appartenant à Mme de Hauranne. Là, les deux amis se plongèrent dans un travail sans relâche, ayant pour objet l'étude de l'antiquité chrétienne, notamment de saint Augustin. « Il s'agissait de retrouver à l'origine la doctrine perdue, de ressaisir la vraie science intérieure des sacrements et de la pénitence, de vérifier, en un mot, ce qu'ils concevaient et pressentaient, et de le rendre démontrable par des autorités à tous les catholiques. Que le dessein fût vague encore pour eux-mêmes, il flottait au moins dans leur esprit. »

Les deux amis passèrent cinq années dans cette retraite, après lesquelles on les retrouve à Paris où ils ne séjournèrent que peu de temps, puis ils se séparèrent ; de Hauranne se rendit à Poitiers auprès de M. de la Rocheposai, évêque de cette ville, et Jansénius retourna à Louvain. C'était en 1617 ; deux ans après, en 1619, il fut reçu docteur, fut nommé principal du collège de Sainte-Pulchérie et obtint une chaire d'Ecriture sainte à l'Université de Louvain. Nommé le 28 octobre 1635 par Philippe IV à l'évêché d'Ypres, il fut sacré en 1636 et mourut de la peste en 1638. De tous les ouvrages sortis de sa plume, nous ne parlerons que de celui qui a été comme le point de départ du Jansénisme et l'objet des discussions les plus ardentes, c'est-à-dire du livre intitulé *Augustinus.*— Les rudes travaux de Bayonne n'avaient point été interrompus, et l'infatigable théologien, ayant poursuivi ses recherches, les résuma dans un livre qui ne devait paraître qu'après sa mort, l'*Augustinus.* Comme Baïus, comme Janson et les autres grands théologiens de cette époque, l'évêque d'Ypres était un lecteur passionné de saint Augustin. Lancelot nous dit dans ses *Mémoires* que Jansénius « avait lu plus de dix fois saint Augustin, sans parler des autres Pères, et plus de trente fois ses ouvrages de la grâce contre les Pélagiens... Il avait travaillé plus de vingt ans à son ouvrage de la grâce. » (1)

Ce sont les ardentes discussions dont cet ouvrage fut l'objet qui donnèrent naissance au système dont il devint pour ainsi dire le code. Le nom de Jansénius a toujours

______

(1) Lancelot, *Mém.*, I, p. 104.

servi depuis à désigner le mouvement de doctrine augustienne qui s'est produit au sein du catholicisme à des époques différentes. Son livre parut pour la première fois à Louvain, en 1640 : on en a donné trois éditions in-folio, la première à Louvain, la seconde à Paris, la troisième à Rouen, en 1652. L'ouvrage était intitulé : *Augustinus Cornelii Jansenii Episcopi, seu doctrina sancti Augustini et humanæ naturæ sanitate ægritudine, medicinâ, adversus Pelagianos et Massilienses, tribus tomis comprehensa.*

II

A l'époque où parut l'*Augustinus*, de singulières doctrines s'étaient introduites dans l'enseignement théologique ; les plus étranges assertions avaient été mises en avant, et les casuistes remplissaient les chaires et les livres de leur morale relâchée. Lessius en Hollande et Molina en Espagne, tous deux jésuites, étaient devenus les oracles de l'école sous l'influence des religieux de leur compagnie. C'est pour réagir contre leur doctrine pélagienne et subtile, que Jansénius composa son *Augustinus* où, s'appuyant sur l'autorité du saint évêque d'Hippone, il combattait les propositions téméraires de ces nouveaux scolastiques. Le crédit de ces derniers était grand, soit auprès des princes, soit à la cour de Rome, et ils le prouvèrent par les condamnations, les prohibitions et autres mesures de rigueur qu'ils surent obtenir contre les partisans de Jansénius. En 1642, Urbain VIII rendit une sentence contre l'*Augustinus*, déclarant que ce livre renfermait des propositions déjà condamnées par ses prédécesseurs et qu'il renouvelait les erreurs du baïanisme. Les choses auraient pu en rester là, lorsque, en 1649, le 1er juillet, le docteur Cornet présenta à la faculté de la Sorbonne, dont il était alors le syndic, cinq propositions rédigées par lui et qui lui semblaient résumer la doctrine de l'*Augustinus*. La Sorbonne les condamna. A partir de ce moment, la lutte devient ardente, serrée, passionnée. Elle durera un siècle, elle engendrera des divisions profondes et fera couler bien des larmes. Sujet de tristesse pour les chrétiens, elle servira les calculs de l'incrédulité en discréditant les doctrines de la foi. Toute une époque va être agitée par cette question : les cinq propositions du docteur Cornet sont-elles dans le livre de Jansénius, ou n'y sont-elles pas ? Ceux qui affirment que les cinq propositions ne se trouvent pas dans le livre de l'évêque d'Ypres seront désignés, non sans amertume, sous le nom de Jansénistes ; tandis que ceux qui affirment le contraire, s'appelleront dédaigneusement des

Molinistes dans le langage de leurs adversaires. Voici maintenant ces cinq propositions si fameuses, et dont l'histoire est pour ainsi dire tout le jansénisme : « 1° Quelques commandements de Dieu sont impossibles à des hommes justes qui veulent les accomplir et qui font à cet effet des efforts selon les forces présentes qu'ils ont ; la grâce qui les leur rendrait possibles leur manque. 2° Dans l'état de nature tombée, on ne résiste jamais à la grâce intérieure. 3° Dans l'état de nature tombée, pour mériter ou démériter, l'on n'a pas besoin d'une nature exempte de nécessité ; il suffit d'avoir une liberté exempte de coaction ou de contrainte. 4° Les semipélagiens admettaient la nécessité d'une grâce prévenante pour toutes les bonnes œuvres, même pour le commencement de la foi ; mais ils étaient hérétiques en ce qu'ils pensaient que la volonté de l'homme pouvait s'y soumettre ou y résister. 5° C'est une erreur semi-pelagienne de dire que Jésus-Christ est mort et a répandu son sang pour tous les hommes ». — Quatre ans après, le 31 mai 1653, le pape Innocent X fit paraître une Constitution dans laquelle il condamnait ces cinq propositions. Les partisans du livre de Jansénius se soumirent à cette Constitution ; car, même avant sa promulgation, ils avaient reconnu, Arnauld le tout premier, que ces propositions étaient erronées, mais ils se hâtaient d'ajouter qu'elles ne se trouvaient pas dans Jansénius. Cette soumission des Jansénistes ne faisait pas l'affaire des Jésuites ; aussi travaillèrent-ils activement à faire décréter par les évêques de France, que ces cinq propositions condamnées étaient dans Jansénius. On intrigua à la Cour, on effraya Anne d'Autriche et le Cardinal Mazarin sur les tendances qu'on prêtait aux partisans de l'*Augustinus*. Finalement, on obtint en mai 1655, de quinze prélats réunis à cet effet, une résolution d'engager tous les évêques de France à recevoir la Constitution d'une manière officielle et authentique, en la faisant signer par tous les membres de leur clergé respectif. A partir de ce moment, il fallut que tous les ecclésiastiques, religieux, religieuses, signassent la Constitution, c'est-à-dire qu'ils reconnussent que les cinq propositions étaient erronées, et de plus, qu'elles étaient dans les pages de Jansénius, encore bien qu'ils n'eussent peut-être jamais lu ni les unes ni les autres. Voici la formule d'acceptation arrêtée par ces quinze évêques : « Je N. reconnais être obligé en conscience de condamner de cœur et de bouche la doctrine des cinq propositions de Cornelius Jansénius contenue dans son livre intitulé *Augustinus*, que le pape et les évêques ont condamnée, laquelle doctrine n'est point celle de saint Augustin, que Jansénius a mal expliquée contre le vrai sens de ce saint docteur ». Tel fut le premier « formulaire », on en fit d'autres l'année suivante et plus tard, mais toujours dans le sens de celui que nous venons de transcrire et qui avait été rédigé par M. de Marca, archevêque de Toulouse. — Le pape Alexandre VII, successeur d'Innocent X, accentua les sentences défavorables aux Jansénistes, il déclara nettement que les cinq propositions du docteur Cornet étaient dans l'*Augustinus*, et qu'en les condamnant, Rome avait entendu condamner la doctrine de l'évêque d'Ypres. Son prédécesseur avait dit le contraire, mais il faut s'accoutumer à ces contradictions dans cette guerre terrible qu'on nommait alors les « affaires de la grâce » ; les procédés souvent iniques, les intrigues, les diatribes passionnées et les violences se succèdent et s'entrecroisent avec une rapidité dont on n'a pas la moindre idée aujourd'hui. Nous ne pouvons entrer dans les détails de cette lutte qui a duré plus d'un siècle ; les bulles, les brefs, les ordonnances synodales, les mandements, les pamphlets, les lettres, les dissertations sont comme les projectiles de ce champ de bataille ; toutes ces pièces, au nombre de plusieurs mille, forment la vraie chaîne de l'histoire du Jansénisme ; presque toutes faisaient événement à leur apparition. On comprend que les bornes de cette étude ne nous permettent pas d'entrer dans les péripéties de ce combat sans merci, malgré tout l'intérêt qu'elles présentent d'ailleurs ; nous indiquerons seulement les faits généraux en les parcourant à tire d'aile.

III

Lorsqu'on étudie attentivement cette histoire du Jansénisme, on découvre bien vite le vrai motif que les Jésuites eurent pour susciter cette guerre dans laquelle, il faut bien le reconnaître, ils se montrèrent aussi habiles qu'impitoyables. Maîtres, depuis un certain temps, de la direction des études, par le grand nombre de colléges qu'ils possédaient dans les diverses provinces de France, ils s'alarmèrent en voyant grandir la maison de Port-Royal, où l'art de l'éducation et de la pédagogie atteignit une perfection inconnue jusqu'alors. Les Arnauld, les Sacy, les Lancelot, et tous les autres solitaires qui étaient venus se grouper autour du célèbre monastère, menaçaient d'éclipser par leur science et leur méthode large, la réputation des établissements de la Compagnie de Jésus ; aussi voyons-nous, à partir de ce moment, la redoutable Société travailler à la ruine de Port-Royal, en employant tous les moyens possibles, et en particulier celui de l'accusation d'hérésie janséniste. C'est ainsi qu'à l'occasion de deux lettres publiées en 1655, par le docteur Antoine Arnauld, sur la conduite d'un prêtre de la paroisse Saint-Sulpice, qui avait refusé l'absolution à M. le duc de Liancourt, les Jésuites obtinrent de la Sorbonne une condamnation de ces lettres, et peu de temps après, l'exclusion de leur auteur du sein de la Faculté, ainsi que la suppression des écoles de Port-Royal des Champs. C'est cette condamnation d'Arnauld, qui donna lieu à la composition des fameuses *Lettres Provinciales* de Pascal. Ici, apparaît une question autour de laquelle tous les évènements gravitent, question centrale qui soulèvera des tempêtes, qui engendrera des mesures de la dernière violence, c'est la question du *fait* et du *droit*. Nous ne sommes plus habitués à ces passions ardentes pour des questions de ce genre ; elles ne nous apparaissent plus que comme de vaines subtilités, mais alors, à la cour comme à la ville, en haut comme en bas, on ne parlait que de la distinction du fait et du droit. Ce que l'on appelait le droit, c'était de savoir et de déterminer si les cinq propositions étaient hérétiques. Ce que l'on appelait le fait, c'était de connaître et de démontrer si ces cinq propositions étaient dans le livre de Jansénius, si, en tous cas, dans ce livre, elles avaient un sens hérétique. — C'est à partir de

1660 et de 1661, que les ordres de la cour deviennent pressants, inéluctables, au sujet du formulaire. Le Père Annat, jésuite, était alors confesseur du roi, il ne lui fut pas difficile d'amener son auguste pénitent, à favoriser les desseins de sa Compagnie; or, ces desseins n'avaient pas d'autre but que l'anéantissement de Port-Royal. Sous l'influence de son confesseur, le roi ordonna que le formulaire serait signé par tous les ecclésiastiques, et même par les religieuses; on le présenta donc aux Religieuses de Port-Royal qui, après avoir signé d'abord avec des restrictions écrites de leur main, refusèrent ensuite de mettre leur signature aux formulaires successifs qu'on leur présenta. Plusieurs de ces Religieuses moururent d'appréhension ou de douleur, par la crainte où elles étaient de blesser leur conscience. C'est vers cette époque qu'eut lieu le miracle de la *Sainte Epine* qui s'opéra sur une nièce de Pascal, la jeune Marguerite Perier, pensionnaire de Port-Royal, miracle dont nous avons donné le récit dans la première partie de cette étude. Les Religieuses ne furent pas les seules à résister aux ordres de la Cour; quatre prélats : MM. Pavillon, évêque d'Alet; Caulet, évêque de Pamiers; Buzanval, évêque de Beauvais; Arnauld, évêque d'Angers, refusèrent de se soumettre au formulaire. La Cour était résolue aux mesures les plus rigoureuses à l'égard de ces derniers, lorsque dix-neuf archevêques et évêques écrivirent au roi et au pape Clément IX, qui avait succédé à Alexandre VII, pour prendre la défense de ces prélats ; des négociations furent entamées, et elles amenèrent un rapprochement entre les deux partis. En septembre 1668, les quatre évêques signèrent le formulaire pour la question de droit, promettant seulement de garder un silence respectueux sur la question de fait. C'est ce qui amena ce que l'on a appelé depuis « la paix de Clément IX ». Cette paix fut donnée en janvier 1669, au moyen d'un bref dans lequel le pape déclarait qu'on n'était pas obligé de croire que les cinq propositions fussent dans le livre de Jansénius. Cette paix s'était négociée à l'insu des Jésuites, dont elle entravait les projets. Le Père Annat, interprète des sentiments de sa Compagnie, laissa échapper ce mot terrible, en parlant au nonce, que « par une faiblesse d'un quart d'heure, il avait ruiné l'ouvrage de vingt ans ». Aussi voyons-nous ces Pères travailler sourdement, dès lors, à amoindrir les effets de cette paix, jusqu'au moment où ils parviendront à les anéantir complètement.

Il y eut toutefois, après cet événement, une période de tranquillité relative, pendant laquelle de grands travaux furent accomplis ; tels sont les ouvrages de pure édification comme la traduction de la Bible, avec les notes par de Sacy, Du Fossé et Tourneux ; et ceux de controverse comme la *Perpétuité de la Foi*, par Arnauld et Nicole. Ce dernier travail, véritable monument d'érudition et de patience, avait été composé pour combattre les protestants. C'est ici le moment de relever ce fait que les jansénistes, qui étaient protestants par plus d'un côté de leurs doctrines et de leurs sentiments, se sont toujours montrés hostiles aux protestants pour lesquels ils eussent dû éprouver, semble-t-il, une certaine sympathie. Ils voulaient racheter leur dissidence aux yeux de Rome en combattant ceux dont ils étaient peut-être plus rapprochés que de Rome elle-même ; leur zèle à poursuivre sans relâche et sans pitié ces protestants qui avaient déjà tant à souffrir d'un autre côté, est une tache ineffaçable dans l'histoire des jansénistes. Ces hommes, si grands d'ailleurs, si intéressants dans leur christianisme austère et vraiment élevé, ces hommes ont frappé à terre des persécutés qu'ils auraient dû tout au moins estimer, sinon aimer. Les jansénistes, c'est un des traits qui les ont toujours distingués, ont eu le triste courage de réserver leurs coups les plus rudes, leurs paroles les plus amères et les outrages les plus sanglants pour ces protestants dont ils ont été en tout temps les plus aimés.

Cette paix fut soudainement troublée en 1702 par la publication d'une décision de quarante docteurs de la Sorbonne et qu'on appela le « cas de conscience ». C'est à cette occasion que la guerre se ralluma. Il s'agissait de savoir si on pouvait donner l'absolution à une personne qui, tout en condamnant les cinq propositions comme étant hérétiques, refusait d'admettre qu'elles fussent dans l'ouvrage de Jansénius, et qui signait néanmoins le formulaire sans mentionner cette restriction. Le « cas de conscience » fut condamné par un bref de Clément XI en février 1703. Ce bref n'ayant pas été bien accueilli en France, on engagea Louis XIV à demander au Pape une bulle sur la question de savoir si le silence respectueux suffisait sur le fait de Jansénius. Clément XI donna en conséquence le 15 juillet 1705 la bulle *Vineam Domini* où il est dit que le silence respectueux ne suffit pas pour obéir aux constitutions données précédemment sur cette affaire ; la bulle se termine par une nouvelle condamnation de Jansénius dans les termes les plus énergiques qui vont jusqu'à fulminer l'anathème.

IV

Toutefois les choses auraient encore pu se pacifier par le besoin de repos qu'éprouvaient les deux partis après tant de luttes et de contestations, si les jésuites, toujours à l'affût d'un sujet de discorde pour anéantir leurs adversaires, n'eussent tout à coup suscité la dispute et appelé les foudres de Rome sur un livre plein de piété qu'on lisait partout avec admiration depuis plus de trente ans. Nous voulons parler des *Réflexions morales sur le Nouveau Testament,* par le Père Quesnel, ouvrage sur lequel il est indispensable de donner quelques détails rétrospectifs pour l'intelligence de ce qui suit. Le Père Quesnel avait fait paraître ces *Réflexions* pour la première fois en 1671, mais alors elles étaient loin de revêtir les proportions qu'elles devaient avoir plus tard. L'ouvrage, à sa première apparition de 1671, était intitulé : « *Abrégé de la morale de l'Evangile, ou pensées chrétiennes sur le texte des quatre évangélistes, pour en rendre la lecture et la méditation plus faciles à ceux qui commencent à s'y appliquer.* C'était un petit volume in-12, renfermant une traduction des quatre évangiles, accompagnée de très courtes réflexions sur chaque verset ; ce volume était revêtu de l'approbation de M. Félix Vialart de Herse, alors évêque de Châlons-sur-Marne. En 1679, c'est-à-dire huit ans après, parurent en un volume in-12 des réflexions très courtes aussi sur les autres parties du Nouveau Testament. Une autre édition augmentée d'un volume parut en 1687. Toutefois, ce ne fut qu'en 1693 que l'ouvrage, presque doublé d'étendue, parut en quatre forts volumes in-8°. Il serait superflu de noter toutes les éditions qui se succédèrent dès lors avec rapidité. Le successeur de M. Vialart à l'évêché de Châlons, M. Louis Antoine de Noailles qui fut plus tard archevêque de Paris et cardinal, approuva l'édition de 1695 et eut une grande part à celle de 1699 qui parut sous ce titre : *Le Nouveau Testament en français, avec des réflexions morales sur chaque verset, pour en rendre la lecture plus utile et la méditation plus aisée.* Dans son mandement pour l'édition de 1695, M. de Noailles avait invité son clergé à lire les *Réflexions* qu'il qualifiait de « saintes et savantes », et comme renfermant « ce que les saints Pères avaient écrit de plus beau et de plus touchant sur le Nouveau Testament ». Le Prélat ajoutait qu'en offrant ce livre à son clergé, il lui donnait un ouvrage « plein d'onction et de lumière,... où les vérités de la religion étaient traitées avec cette force et cette douceur du Saint-Esprit qui les fait goûter aux cœurs les plus durs. Vous y trouverez, disait l'évêque à ses prêtres, de quoi vous instruire et vous édifier........ Ce livre vous tiendra lieu d'une bibliothèque entière ». C'est ce livre, approuvé par deux évêques, par plusieurs docteurs de Sorbonne, et surtout sanctionné par l'usage

qu'en faisaient les âmes pieuses depuis plus
de vingt ans, c'est ce livre, disons-nous, que
l'animosité des jésuites attaqua avec la dernière violence. Des pamphlets parurent où il
était dénoncé comme une production hérétique, fausse, dangereuse et condamnable ; aussi
voyons-nous paraître, le 13 juillet 1708, un
bref de Clément XI qui le frappe d'anathème
et qui le condamne au feu. A partir de ce
moment les prohibitions et les condamnations
pleuvent sur les *Réflexions morales* ; suppri-
mées par arrêt du Conseil en 1711, proscri-
tes par le Cardinal de Noailles en 1713, elles
sont irrévocablement condamnées le 8 septembre de la même année par la trop fameuse
bulle *Unigenitus*. Dans cette bulle étaient
cent et une propositions tirées de l'ouvrage
de Quesnel, et chacune de ces propositions
était flétrie et condamnée comme fausse, per-
nicieuse, renfermant un « venin très caché,
semblable à un abcès dont la pourriture ne
peut sortir qu'après qu'on y a fait des inci-
sions » ; or la bulle, on le comprend, était le
scalpel salutaire opérant l'incision. La bulle
qualifie les cent et une propositions extraites
des *Réflexions morales* de « captieuses, mal-
sonnantes, téméraires, capables de blesser les
oreilles pieuses, scandaleuses, injurieuses à
l'Eglise et à ses usages, outrageantes, sédi-
tieuses, impies, blasphématoires, suspectes

d'hérésie, sentant l'hérésie, erronées, approchant de l'hérésie, souvent condamnées et hérétiques. » Or, veut-on savoir quelles étaient ces propositions stigmatisées avec tant de violence, nous n'en citerons que quelques-unes qui permettront de juger les autres :

2e *proposition condamnée* : « La grâce de Jésus-Christ, principe efficace de toute sorte de bien, est nécessaire pour toute bonne action. Sans elle non-seulement on ne fait rien, mais on ne peut rien faire ». 26e *proposition condamnée* : « Point de grâces que par la foi ». 27e *proposition condamnée* : « La foi est la première grâce et la source de toutes les autres ». 79e *proposition condamnée* : « Il est utile et nécessaire en tout temps, en tous lieux, à toutes sortes de personnes d'étudier l'Ecriture Sainte, et d'en connaître l'esprit, la piété et les mystères ». 80e *proposition condamnée* : « La lecture de l'Ecriture Sainte est pour tout le monde ». 81e *proposition condamnée* : « L'obscurité sainte dans la parole de Dieu n'est pas aux laïques une raison pour se dispenser de la lire ». 82e *proposition condamnée* : « Le dimanche doit être sanctifié par des lectures de piété, et surtout des saintes Ecritures. C'est le lait du chrétien, et que Dieu même qui connaît son œuvre lui a donné. Il est dangereux de l'en vouloir sevrer ». 84e *proposition condamnée* : « C'est fermer aux chrétiens la bouche de Jésus-Christ, que de leur arracher des mains le Livre saint du Nouveau Testament, ou de le leur tenir fermé, en leur ôtant le moyen de l'entendre ». 85ᵉ *proposition condamnée* : « Interdire la lecture de l'Ecriture sainte, et particulièrement de l'Evangile aux chrétiens, c'est interdire l'usage de la lumière aux enfants de la lumière, et leur faire souffrir une espèce d'excommunication ».

Telles sont ces propositions qualifiées de fausses et de scandaleuses contre lesquelles, comme on l'a vu plus haut, la bulle entasse les flétrissures et les condamnations.— Cependant la bulle n'en fut pas moins acceptée par les évêques et enregistrée en Sorbonne. Quelques prélats refusèrent pourtant de s'y soumettre, parmi lesquels les plus célèbres étaient La Broue, évêque de Mirepoix ; de Langle, évêque de Boulogne ; Colbert, évêque de Montpellier ; Soanen, évêque de Senez. Ces évêques en appelèrent de la bulle au prochain concile, et, avec eux, un grand nombre d'ecclésiastiques, tant du clergé séculier que du clergé régulier; de là le nom d'*Appelants* qui leur fut donné. Le cardinal de Noailles et quelques autres évêques qui avaient d'abord refusé de se soumettre à la Constitution *Unigenitus*, l'acceptèrent plus tard. Une minorité assez forte persista dans sa résistance jusqu'en 1720, époque à laquelle un accommodement eut lieu entre les deux partis, par suite des négociations entamées entre la Cour de Rome et les opposants, sous les auspices de Dubois, premier ministre du Régent et archevêque de Cambrai. Les ruses et les intrigues de ce dernier obtinrent ce résultat dont le chapeau de cardinal fut la récompense. Néanmoins, une dernière fraction de cette minorité refusa de se soumettre à la « Constitution », et persista dans son appel ; elle compose pour ainsi dire le bataillon sacré et comme la dernière réserve du jansénisme agonisant. Et à mesure que le nombre de ces « appelants » inébranlables diminuait, leur foi dans la justice de leur cause augmentait ; ils étaient opprimés et cependant ils ne cédaient pas ; ils s'exaltaient, en raison même de leur sincérité, en face de l'opposition qu'on leur faisait. Mourir sans s'être soumis à la bulle, persévérer dans l' « appel » jusqu'au dernier soupir, devint dès lors pour cette minorité ardente et convaincue, un signe de piété exceptionnelle, une preuve qu'on était mort en odeur de sainteté. Parmi ces fidèles « confesseurs de la vérité », fut le diacre Pâris qui mourut en 1727 et qui fut enterré dans le cimetière de Saint-Médard ; son tombeau, où les « appelants » se rendirent en foule, fut témoin de guérisons qu'on déclara miraculeuses. L'exaltation était arrivée à son comble et les convulsions des pèlerins au tombeau du pieux diacre achevèrent de compromettre le parti de l' « appel », et consommèrent la ruine du jansénisme.

Depuis cette époque, le jansénisme a cessé d'être un parti proprement dit ; pourtant, il est demeuré à l'état d'esprit et de tendance qui se sont fait longtemps sentir dans l'Eglise gallicane, dans le domaine des institutions liturgiques et des habitudes religieuses. Ce n'est plus qu'en Hollande qu'on le retrouve, quoique très affaibli, sous une forme officielle et organisée. Nous voulons parler de l'Eglise d'Utrecht. Tandis qu'en France le jansénisme était traqué jusque dans ses derniers retranchements et qu'il succombait sous les coups réitérés d'une cruelle oppression, il allait, chose remarquable, trouver un refuge dans le pays même où il avait pris naissance, dans les Pays-Bas. En 1699, l'archevêque d'Utrecht, Pierre Codde, dont le titre canonique était celui d'archevêque de Sébaste, fut accusé de jansénisme. Le Pape Innocent XII établit une congrégation de dix cardinaux pour examiner sa doctrine ; l'archevêque fut mandé à Rome où il fut sommé de se justifier. L'affaire traîna pendant près de trois ans, puis le 7 mai 1702, la congrégation le condamna, prononça sa suspension, et nomma pour le remplacer un certain Cock, à qui elle conféra le tire de vicaire par intérim. Mais l'autorité civile de la

Hollande défendit au nouveau vicaire d'exer-
cer ses fonctions. Le clergé et les fidèles sou-
tinrent leur archevêque, et, lorsque ce dernier
fut déposé par décret du Pape Clément XI, le
3 avril 1704, ils résistèrent à la décision pa-
pale ; c'est ainsi que, quoique entièrement
catholiques en toutes choses, ils se trouvèrent
dès lors indépendants du siège de Rome. L'E-
glise janséniste d'Utrecht ne compte plus que
5.000 personnes environ au nombre de ses
membres ; elle est gouvernée par trois prélats,
l'archevêque d'Utrecht, l'évêque de Harlem
et l'évêque de Deventer ; elle a un séminaire
à Amersfoort où son clergé est préparé avec
soin dans l'esprit de l'Eglise qu'il doit servir.
Les jansénistes de Hollande se distinguent
encore aujourd'hui par des mœurs austères,
une piété rigide et une intelligence profonde des
Saintes Ecritures, pour lesquelles ils ont un
attachement plein de respect et d'amour. En
France, depuis l'époque du Concordat le jansénisme n'apparaît plus que comme un faible
courant d'idées qui coule, il est vrai, dans le
même lit que le flot ultramontain, mais qui ne
se mêle jamais avec lui. C'est ainsi que, complètement anéanti comme force militante et
ostensible, il est demeuré dans le sein même
de l'Eglise qui le repoussait, à l'état de principe
latent qui s'est plus d'une fois manifesté par
une sourde résistance aux envahissements de

la curie romaine. Jusqu'à ces dernières années, il a eu des représents dans l'épiscopat, dans les hautes régions ecclésiastiques et dans le clergé nombreux des villes et des campagnes. Formant ainsi une petite Eglise dans la grande, sa minorité timide constituait une sorte de confrérie occulte dont les membres se recherchaient avec un soin jaloux et une sollicitude touchante, se sentant frères dans le sentiment d'une communauté de convictions et d'infortunes. Ceux qui faisaient partie de cette famille religieuse avaient leurs prêtres, leurs confesseurs particuliers, leurs livres spéciaux, toujours dus à la plume autorisée de quelque docteur janséniste. Les ruines de Port-Royal étaient le lieu favori où leur piété aimait à se retremper par la méditation et la prière. Opposés à toutes les dévotions nouvelles, sobres dans celles qui ont la Vierge Marie pour objet, ils s'efforçaient d'échapper aux regards de la hiérarchie ecclésiastique et d'éviter ses rigueurs. Il est encore à l'heure présente, dans plus d'une paroisse et dans plus d'un presbytère, des âmes qui gémissent sur ce qu'elles appellent « les maux de l'Eglise », et s'il est difficile de les compter, il est peut-être plus aisé de les reconnaître aux signes caractéristiques qui les distinguent : la vertu, la science, une religion exacte, une austérité allant parfois jusqu'au rigorisme, et une piété un peu sombre, mais devant le sérieux de laquelle on ne peut éprouver que du respect.

Outre les dix mille ouvrages de polémique sur les cinq propositions et sur la bulle *Unigenitus*, le jansénisme a produit toute une littérature religieuse de la plus grande richesse. Commentaires, traductions des Pères, histoire ecclésiastique, théologie pratique et ouvrages ascétiques, abondent dans les productions de cette école savante et profondément chrétienne. Depuis la grande bible de Port-Royal jusqu'aux lettres de Duguet, il y a là, pour l'étude et la méditation, une source d'enseignement aussi précieuse que féconde et trop peu fréquentée. Le jansénisme a eu le tempérament didactique, ce que l'on nomme l'onction semble lui avoir fait défaut ; un écrivain de nos jours, l'abbé Gerbet a pu dire : « le don de la prière lui a manqué ». La note tendre du mysticisme dont il a été l'ennemi, est absente de la phrase correcte de son rigide langage ; sous ce rapport, il a été incomplet, il faut l'avouer, mais il a été si grand, si sérieux à tant d'autres égards, qu'il reste une des formes les plus vraies et les plus augustes de la piété chrétienne.

LISTE ALPHABÉTIQUE

Ouvrages cités dans ce Répertoire [1]

ACTES (Divers). Lettres et Relations, voyez *Relations*. Nous les avons désignés sous le titre de « *Relations de 1724* ».

ARNAULD (La Rév. M. Marie-Angélique, Réformatrice de Port-Royal), – Mémoires et Relations sur ce qui s'est passé à Port-Royal des Champs, depuis le commencement de la Réforme. S. l., 1716, et quelquefois 1714 ; 1 vol. in-12.

ARNAULD (La Rév. M. Angélique de Saint-Jean), — Mémoires pour servir à la Vie de la R. Mère Marie-Angélique de Sainte Magdelaine Arnauld, Réformatrice de Port-Royal. S. l., 1737 ; in-12.

— Relation de la Captivité de la Mère Angélique de Saint-Jean, Religieuse de Port-Royal des Champs. S. l., 1711 ; in-12.

---

(1) Les Auteurs dont les noms sont mis entre crochets [ ], sont ceux qui ont gardé l'anonyme sur le titre de leurs ouvrages.

ARNAULD (La Rév. M. Angélique de Saint-Jean), — Relations sur la Vie de la Révérende Mère Angélique de Sainte Magdelaine Arnauld, ou Recueil de la Mère Angélique de Saint-Jean Arnauld d'Andilly, sur la Vie de sa tante la Mère Marie-Angélique de Sainte Magdelaine Arnauld et sur la réforme des Abbayes de Port-Royal, Maubuisson et autres, faite par cette sainte Abbesse. S. l., 1737 ; in-12.

ARNAULD (Antoine), Docteur de Sorbonne, - Œuvres de Messire Antoine Arnauld, Docteur de la Maison et Société de Sorbonne. A Paris et se vend à Lausanne, 1775-1781 ; quarante-deux tomes en 37 vol. in-4°.

BAILLET (Adrien), — Vie (La) de Godefroy Hermant, Docteur de la Maison et Société de Sorbonne, Chanoine de l'Eglise de Beauvais. Amsterdam, Pierre Mortier, 1717 ; in-12.

[BARBEAU DE LA BRUYÈRE (Jean Louis)], — Vie (La) de M. François de Pâris, Diacre. — *Consummatus in brevi.* — S. l., 1731 ; in-12.

[BARRAL (L'abbé Pierre)], — Appelans célèbres ou Abrégé de la Vie des personnes les plus recommandables entre ceux qui ont pris part à l'Appel interjeté contre la Bulle *Unigenitus* ; Avec un Discours sur l'Appel, où l'on expose sommairement l'Histoire des Disputes qui ont donné lieu à l'Appel ; et l'importance de la cause des Appelans. S. l., 1753 ; in-12. — Le Discours sur l'Appel est de Rondet.

[—], — Dictionnaire historique, littéraire et critique, contenant une idée abrégée de la Vie et des Ouvrages des Hommes illustres en tout genre, de tout temps et de tout pays. S. l., 1758-1759 ; 4 forts vol. in-8, quelquefois en huit volumes.

[BESOIGNE (Jérôme), Docteur de Sorbonne], — Histoire de l'Abbaye de Port-Royal. Cologne, 1752 ; 6 vol. in-12.

[—] Vies des Quatre Evêques engagés dans la cause de Port-Royal, M. d'Alet, M. d'Angers, M de Beauvais, M. de Pamiers, pour servir de supplément à l'Histoire de Port-Royal en six volumes. Cologne, 1756 ; 2 vol. in-12.

[BRÉGY (A la Sœur Eustoquie de)], — Modèle de foi et de patience dans toutes les traverses de la vie, et dans les grandes persécutions, ou Vie de la Mère Marie des Anges [Suireau], Abbesse de Maubuisson et de Port-Royal ; S. l., 1754 ; in-12.

[CHAUDON (l'abbé)]. Nouveau Dictionnaire historique. Caen et Lyon, 1789 ; 9 vol. in-8°.

CHÉTELAT (Paul), Etude sur Du Guet, suivie d'une Correspondance avec la Duchesse d'Epernon. Paris, Ernest Thorin, 1879 ; 1 vol. in-8°.

[CLÉMENCET (Dom Charles), Bénédictin de la Congrégation de Saint-Maur], — Histoire générale de Port-Royal, depuis la Réforme de l'Abbaye jusqu'à son entière destruction. Amsterdam, 1755-1757 ; 10 vol. in-12.

[—] Histoire littéraire de Port-Royal, publiée pour la première fois sur le manuscrit authentique par M. l'Abbé Guettée. Paris, 1868 ; tome 1er, seul paru, 1 vol. in-8°.

[—] Vie (Abrégé de la) de l'abbé Bonaventure Racine, en tête des Œuvres posthumes de cet ecclésiastique. Avignon, 1759 ; in-12.

[CERVEAU (L'abbé)], — Nécrologe des plus célèbres Défenseurs et Confesseurs de la Vérité des dix-septième et dix-huitième siècles. S. l., 1760-1778 ; 7 vol· in-12.

COUSIN (Victor), Jacqueline Pascal, septième édition. Paris, Didier, 1869 ; 1 vol. in-8°.

[DETTEY (L'abbé)], — Vie de M. de Caylus, Evêque d'Auxerre. Amsterdam, 1765 ; 2 vol. in-12.

DIVERS Actes, Lettres et Relations des Religieuses de Port-Royal du Saint-Sacrement, touchant la persécution et les violences qui leur ont été faites au sujet de la signature du Formulaire. S. l. n. d. [1724]. — Ce recueil est généralement désigné sous le titre de « Relations de 1724 » ; in-4°.

[DOYEN (Barthélemy), prêtre], — Vie du Bienheureux François de Pâris, Diacre du diocèse de Paris. Avec un Recueil de Pièces intéressantes. Nouvelle édition plus ample qu'aucune des précédentes. Utrecht, Aux dépens de la Compagnie, 1743 ; 1 vol. in-12.

DU PIN (Louis-Ellies), Nouvelle Bibliothèque des Auteurs Ecclésiastiques. Paris, Pralard, 1698-1704 ; 61 vol. in-8°.

[DU PRÉ], — Relation de la captivité de la Sœur Marguerite de Sainte Gertrude [Du Pré], Religieuse de Port-Royal, et de la Rétractation qu'elle a faite de ses deux signatures. S. l., 1718 ; 1 vol. in-12.

· ENCYCLOPÉDIE des Sciences religieuses, publiée sous la direction de M. F. Lichtenberger. Paris, 1877-1882 ; 13 vol. gr. in-8°. Ouvrage cité par exception pour deux ou trois noms sur lesquels les renseignements manquaient dans les sources spéciales.

FAUGÈRE (P.). Lettres de la Mère Agnès Arnauld, Abbesse de Port-Royal, publiées sur les textes authentiques, avec une Introduction par M. P. Faugère. Paris, Benjamin Duprat, 1858 ; 2 vol. in-8°.

— Lettres, Opuscules et Mémoires de Madame Périer et de Jacqueline, sœurs de Pascal, et de Marguerite Périer, sa nièce. Paris, Auguste Vaton, 1845 ; 1 vol. in-8°.

FONTAINE (Nicolas), - Mémoires pour servir à l'histoire de Port-Royal. Utrecht, 1736 ; 2 vol. in-12, ou Cologne, 1753 ; 4 vol. in-18.

FOSSÉ (Thomas Du), — Mémoires pour servir à l'histoire de Port-Royal. Utrecht, 1739 ; 1 vol. in-12.

— Mémoires de Pierre Thomas, Sieur du Fossé, publiés en entier pour la première fois d'après le manuscrit original, avec une introduction et des notes par F. Bouquet. Rouen, Ch. Métérie, 1876 ; 4 vol. in-8°.

[FOUILLOU (Jacques), Diacre, Licencié de Sorbonne], — Mémoires sur la Destruction de l'Abbaye de Port-Royal des Champs. S. l., 1711 ; 1 vol. in-12.

[GAUTHIER (J.-B.)], — Vie (La) et les Lettres de Messire Jean Soanen, Evêque de Senez. Cologne, 1750 ; 2 vol. in-4°, ou 1751 ; 8 vol. in-12.

[GAZAIGNES (L'abbé)], Manuel des Pèlerins de Port-Royal des Champs. Au Désert, l'an 1767 ; 1 vol. in-12.

[GERBERON (Dom Gabriel), Bénédictin], — Histoire générale du Jansénisme, contenant ce qui s'est passé en France, en Espagne, en Italie, dans les Pays-Bas, etc., au sujet du Livre intitulé *Augustinus Cornelii Candii Jansenii*, Par M. l'abbé****** (Gerberon). Enrichie de Portraits en taille douce. Amsterdam, 1700 ; 3 vol. in-16.

[GOUJET (l'abbé)], Bibliothèque des Auteurs Ecclésiastiques du XVIIIe siècle, pour servir de continuation
à celle de M. Du Pin. Paris, Pralard, 1736 ; 3 vol.
in-8º.

[—] Mémoires historiques et littéraires dans lesquels se
trouve une liste exacte de ses ouvrages. La Haye,
1767 ; 1 vol. in-12.

[—] Vie de M. Singlin, S. l. n. d., in-12, ou en tête des
« Instructions chrétiennes » de M. Singlin, des éditions de 1736 et de 1744.

[—] Vie (La) de Messire Vialart de Herse, Evêque et
Comte de Châlons en Champagne, Pair de France.
Nouvelle édition, revue, corrigée et augmentée.
Utrecht, 1739; in-12.

GRÉGOIRE (M.), Ancien Evêque de Blois, Ruines
(Les) de Port-Royal des Champs en 1809, année
séculaire de la destruction de ce Monastère, nouvelle
édition, considérablement augmentée. Paris, Leva-
cher, 1809 ; in-8º.

[GUELPHE (François), Clerc tonsuré], — Relation de
la retraite de M. Arnauld, dans les Pays-Bas, en 1679,
avec quelques Anecdotes qui ont précédé son départ
de France. Mons, Migeot fils, 1733, in-12.

[GUILBERT (L'abbé Pierre)], — Mémoires historiques
et chronologiques sur l'Abbaye de Port-Royal des
Champs. Depuis la fondation en 1204, jusqu'à la
mort des dernières Religieuses et Amis de ce monastère. 1re et 3e Parties (seules parues); Utrecht,
1755-1759 ; 9 vol. in-12.

HISTOIRE de l'Origine des Pénitents et Solitaires de
Port-Royal des Champs. Mons, Migeot fils, 1733,
in-12.

HISTOIRE des Persécutions des Religieuses de Port-Royal. Ecrites par elles-mêmes. A Ville-Franche, 1753 ; in-4º.

HISTOIRE du Cas de Conscience signé par quarante docteurs de Sorbonne, etc. [par M. Louail et Mademoiselle de Joncoux ; revue par le Père Quesnel, par le docteur Petitpied et par M. Fouillou]. Nancy (Hollande), Jos. Nicolaï, 1705 à 1711 ; 8 vol. in-12.

JOURNAUX de ce qui s'est passé à Port-Royal, depuis que la Communauté fut transférée à Port-Royal des Champs, jusques à la paix qui leur fut rendue en 1669 ; in-4º. [Publié en 1724]. Cité sous le titre « Relations de 1724 ».

[LABELLE (Le Père)], — Nécrologe des Appelants et des Opposants à la Bulle *Unigenitus* de l'un et de l'autre sexe, avec des Pratiques et des Prières à chaque article. S. l., 1755, in-12.

LANCELOT [(Dom Claude)], — Mémoires touchant la Vie de Monsieur de S. Cyran. Pour servir d'éclaircissement à l'histoire de Port-Royal. Cologne, 1738 ; 2 vol. in-12.

[LARRIÈRE (Noël Castera de)], — Vie de Messire Antoine Arnauld, Docteur de la Maison et Société de Sorbonne. Paris, et se vend à Lausanne, chez Sigismond d'Arnay et Cⁱᵉ, 1783, formant le 43ᵉ tome des Œuvres d'Antoine Arnauld ; in-4º.

[LE CLERC (Pierre), Sous-Diacre], Renversement de la Religion et des Loix divines et humaines, par toutes les Bulles et Brefs donnés depuis près de 200 ans, contre Baïus, Jansenius, les V Propositions, pour le Formulaire et contre le P. Quesnel, etc. Rome (Rouen), 1756 ; 2 vol. petit in-12.

[LE FEBVRE DE SAINT-MARC (Charles-Hugues)], –
Vie de Monsieur Pavillon, Evêque d'Alet. Utrecht,
1739 ; 3 vol. in-12.

LELONG (le Père Jacques). Bibliothèque historique de
la France, contenant le Catalogue des Ouvrages imprimés et manuscrits qui traitent de l'Histoire de ce
Royaume, ou qui y ont rapport ; avec des notes criti-
ques et historiques. Nouvelle édition, revue, corrigée
et considérablement augmentée par M. Févret de
Fontette, Conseiller au Parlement de Dijon. Paris,
Jean-Thomas Hérissant, 1768-1778 ; 5 vol. in-folio.

LETORS (Henri-Hubert), – Vie et ouvrages (lisez Lettres) M. Lazare-André Bocquillot, 1745 ; in-12.

[LOUAIL ET CADRY (Les abbés)], — Histoire du Livre
des Réflexions morales sur le Nouveau Testament et
de la Constitution *Unigenitus*. Pour servir de Préface
aux Hexaples. Amsterdam, Nicolas Potgieter, 1723-
1734 ; 4 vol. in-4°.

MÉMOIRES pour servir à l'Histoire de Port-Royal.
S. l., 1733-1734 ; 2 vol. in-12. [Avec une Préface de
l'abbé Goujet, ce qui fait que ces *Mémoires* lui ont été
attribués ; nous les indiquons sous son nom dans le
Répertoire, ils sont en réalité des Religieuses de Port-
Royal, notamment de la M. Angélique de Saint Jean
Arnauld d'Andilly].

MÉMOIRES pour servir à la Vie de la R. Mère Marie
Angélique de Sainte Magdeleine Arnauld, Réformatrice de Port-Royal. S. l., 1737 ; in-12.

MÉMOIRES pour servir à l'Histoire de Port-Royal, et
à la Vie de la Révérende Mère Marie-Angélique, de
Sainte Magdeleine Arnauld, Réformatrice de ce
Monastère. Utrecht, 1742 ; 3 vol. in-12.

[**MÉSENGUY** (François-Philippe)], — Idée de la Vie et de l'esprit de Messire Nicolas Choart de Buzanval, Evêque et Comte de Beauvais, Vidame de Gerberoy, Pair de France. Paris. François Barrois, 1717 ; in-12.

MIGNE, Encyclopédie théologique ; Dictionnairs des Jansénistes ; tome second du Dictionn. des Hérésies.

MORÉRI (Louis), — Grand (Le) Dictionnaire historique, ou Mélange curieux de l'Histoire sacrée et profane, qui contient en abrégé l'histoire fabuleuse des Dieux et des Héros de l'antiquité païenne : les Vies et les actions remarquables des Patriarches, des Empereurs, des Rois, etc., etc. Nouvelle édition dans laquelle on a refondu les suppléments de M. l'abbé Goujet. Le tout revu, corrigé et augmenté par M. Drouet. Paris, 1759 ; 10 vol. in-folio.

MORET (Ernest), Quinze ans du siècle de Louis XIV. Paris, Didier, 1859, 3 vol. in-8°.

MOULIN (H.), Port-Royal et ses Solitaires. — La Compagnie de Jésus et l'Université. —· La famille des Arnauld et son *Corpus Juris*. Paris, Charavay frères, 1883 ; brochure in-8° de 79 pages.

NÉCROLOGE de l'Abbaye de Notre-Dame de Port-Royal des Champs. Ordre de Citeaux, Institut du Saint Sacrement, qui contient les Eloges historiques avec les épitaphes des fondateurs et bienfaiteurs de ce Monastère, et des autres personnes de distinction, qui l'ont obligé par leurs services, honoré d'une affection particulière, illustré par la profession monastique, édifié par leur pénitence et leur piété, sanctifié par leur mort, ou par leur sépulture. Amsterdam, 1723, 1 vol. in-4° [Publié par Dom Rivet].

[NIVELLE (L'abbé Gabriel-Nicolas)], — Constitution (La) *Unigenitus* déférée à l'Eglise universelle, ou Recueil général des Actes d'appel interjetés au futur Concile général, de cette Constitution, et des Lettres pastorales *Officii*, par M. le Cardinal de Noailles, Archevêque de Paris, et beaucoup d'autres Evêques de France, par un grand nombre de Chanoines, d'Eglises Métropolitaines, Cathédrales et autres, d'Universités, de Facultés de Théologie, d'Abbayes, de Curés, de Clergés, de Communautés séculières et régulières et par une multitude de différents Particuliers de presque tous les diocèses : avec les arrêts et autres actes des Parlements du Royaume, qui ont rapport à ces objets. Cologne, 1757 ; 4 vol. in-folio.

NOUVELLES ECCLÉSIASTIQUES, ou Mémoires pour servir à l'histoire de la Constitution *Unigenitus*. — De 1713 à 1793 ; environ 40 volumes in-4° ; le nombre des volumes varie selon les exemplaires.

[PINAULT (L'abbé)], — Histoire abrégée de la dernière persécution de Port-Royal, suivie de la Vie édifiante des Domestiques de cette sainte maison. Edition royale. S. l., 1750 ; 3 vol. in-12.

[POULAIN (Mademoiselle), de Nogent-sur-Seine], — Nouvelle Histoire abrégée de l'Abbaye de Port-Royal, depuis sa fondation jusqu'à sa destruction : Accompagnée de Vies choisies et abrégées des Religieuses, et de quelques Dames bienfaitrices de la maison ; et des Messieurs qui ont été attachés à ce célèbre monastère, etc., etc. Paris, 1786, 4 vol. in-12.

QUESNEL (Pasquier), Prêtre de l'Oratoire. Correspondance sur les affaires politiques et religieuses de son temps, publiée avec des notes, par Mme Albert Le Roy. Paris, Perrin, 1900, 2 vol. in-8°.

[QUESNEL (Le Père Pasquier), Prêtre de l'Oratoire], — Histoire de la Vie et des ouvrages de Mr. Arnauld. Augmentée en cette édition d'un grand nombre de Pièces sur le même sujet. Liège, 1697, 1 vol. in-12.

[RACINE (L'abbé Bonaventure)], — Abrégé de l'Histoire Ecclésiastique, contenant les événements considérables de chaque siècle, avec des Réflexions. Nouvelle édition, revue par l'Auteur. Cologne (Paris), 1754-1762 ; 15 vol in-12. — Ou Cologne, 1762-1767 ; 13 vol in-4°. Cette dernière édition est augmentée de quelques Notes et Suppléments par Laurent-Etienne Rondet.

RACINE (Jean), — Abrégé de l'Histoire de Port-Royal. Nouvelle édition. Imprimée à Vienne, et se trouve à Paris, chez Lottin le jeune, 1770 ; in-12.

RECUEIL de plusieurs Pièces pour servir à l'Histoire de Port-Royal ; ou Supplément aux Mémoires de Messieurs Fontaine, Lancelot et Du Fossé [Publié par Barbeau de la Bruyère]. Utrecht, 1740 ; in-12.

RECUEIL de Pièces qui n'ont pas encore paru sur le Formulaire, les Bulles et les Constitutions des Papes dont on exige des Fidèles l'acceptation. A Avignon, chez Pierre Vérax, à l'Enseigne de la Sincérité, 1754 ; in-12.

RELATION de la Vie et de la Mort de la Révérende Mère [Claude Louise] de Ste Anastasie, Dernière Prieure de P.-R. des Champs. S. l. n. d., in-12.

RELATIONS sur la Vie de la Révérende Mère Marie des Anges, morte en 1658, Abbesse de Port-Royal. Et sur la conduite qu'elle a gardée dans la Réforme de Maubuisson, étant Abbesse de ce Monastère. S. l., 1737 ; in-12. — C'est la première édition de l'ouvrage indiqué plus haut sous le titre de : « Modèle de foi et de patience dans toutes les traverses de la vie ».

SÉCHÉ (Léon), Derniers Jansénistes (Les), depuis la ruine de Port-Royal jusqu'à nos jours (1710-1870). Paris, Perrin, 1891 ; 3 vol, in-8°.

SUPPLÉMENT au Nécrologe de l'Abbaye de Notre-Dame de Port-Royal des Champs, Ordre de Citeaux, Institut du Saint-Sacrement. Première Partie, [seule parue], contenant, outre de nouveaux Eloges, des Corrections et des Additions à la plupart des Articles des six premiers Mois du Nécrologe, avec un Recueil de Pièces intéressantes. S. l., 1735 ; in-4°. [Publié par Ch. Hugues Le Febvre de Saint Marc].

[TRONCHAY (Michel)], — Vie de M. Lenain de Tillemont, avec des Réflexions sur divers sujets de morale et quelques Lettres de piété. Cologne, 1711 ; in-12.

VIES intéressantes et édifiantes des Amis de Port-Royal. Pour servir de suite aux Vies intéressantes et édifiantes des Religieuses de cette Maison. Utrecht, 1751 ; in-12. — [Composées par l'abbé de la Croix, et publiées par l'abbé Le Clerc].

VIES intéressantes et édifiantes des Religieuses de Port-Royal, et de plusieurs personnes qui leur étaient attachées. Précédées de plusieurs Lettres et petits Traités qui ont été écrits pour consoler, soutenir et encourager ces Religieuses dans le temps de leur oppression, afin de servir à tous les fidèles qui se trouvent dans les temps de trouble. S. l., 1750 ; 1752 ; 4 vol. in-12. — [Publiées par l'abbé Le Clerc].

RÉPERTOIRE

ALPHABÉTIQUE

DES PERSONNES ET DES CHOSES

DE

PORT-ROYAL

A

ABB

BESSES DE PORT-ROYAL.

Liste des Abbesses titulaires
P.-R., depuis 1216 jusqu'en
30, que l'Abbaye devint élec-
ve ; dans Guilbert, Mém.
stor. et chronol., Ire P^{ie}, t. I,
. 169 à 184.

Liste de toutes les Abbesses
P.-R depuis sa fondation ;
dans Besoigne, Hist. de
bbaye de P.-R., t. I, pp. IX et
; et dans Clémencet, Hist
nér. de P.-R., t I, pp. cxxxix
clvj.

**NÈS DE LA MÈRE DE DIEU CHOUY
DE PENSIÈRES (Sœur).**

rits d'elle :

Interrogatoire (Son) ; — Hist
s Perséc., pp. 80 et 90.

AGN

**AGNÈS DE LA MÈRE DE DIEU CHOUY
DE PENSIÈRES (Sœur).**

Écrits d'elle : — (*Suite*).

Lettre de mes Sœurs Agnès
de la Mère de Dieu [Chouy de
Pensières] etc., exilées au Monastère de la Crêche, à la fin
de Mai 1665 ; – Dans les Relations in-4° de 1724, VIIIe Relat.,
p. 197.

Notice :

Cerveau, Nécrol. des pl. célèbres Défens., t. I, p. 241.

Besoigne, Hist. de l'Abbaye
de P.-R., t. II, pp. 254 à 262.

Clémencet, Hist. génér. de
P.-R., t. VIII, pp. 142 à 150.

Relation sur quelques Instructions de la Mère Angélique

AGN

AGNÈS DE LA MÈRE DE DIEU CHOUY DE PENSIÈRES (Sœur).

Notice : — (*Suite*).

à ses Filles, etc. ; — Dans les Mém. p. serv. à l'hist. de P.-R., 1742, t. III, pp. 176 à 179.

Relation [de sa captivité] ; — Dans les Relat. in-4° de 1724 ; 3ᵉ Rel., pp. 30 à 36.

AGNÈS DE ST-PAUL ARNAULD (La Rév. Mère Catherine), Abbesse.

Mémoires sur sa vie et ses vertus, dans les « Mém. p. serv. à l'hist. de Port-Royal », 1734 ; édition de l'abbé Goujet ; t. I, p. 319.

Relations ou Mémoires pour servir à la Vie de la Mère Catherine Agnès de Saint-Paul Arnauld, Coadjutrice de la M. Angélique sa sœur, puis Abbesse de Port-Royal ; — Dans les « Mém. p. serv. à l'hist. de P.-R », 1742 ; t. III, pp 201 à 274.

Mˡˡᵉ Poulain, Vies choisies des Relig. de P.-R., t. II, pp. 169 à 176.

Portrait de la M. Agnès ; — Dans D. Clémencet, Hist. gén. de P.-R., t. VII, pp. 471 à 483 ; — tiré des Mém de 1742, t. III, pp. 264 à 272, 241 à 250.

AGN

AGNÈS DE ST-PAUL ARNAULD (La Rév. Mère Catherine), Abbesse (*Suite*).

Relation de son enlèvement et de sa captivité ; — Dans les Relat. in-4° de 1724, 4ᵉ Relat., pp. 29 à 64, (par sa nièce).

Autre (p. elle-même) ; Ibid. ; — pp. 65 à 73.

Nécrol. de P.-R., pp. 83 à 93.

Supplém. au Nécrologe de P.-R , pp. 410 à 415.

Besoigne, Hist. de l'Abbaye de P.-R., t. II. pp. 166 à 171. 178 et 179 ; t. III, pp. 24 à 36.

Cerveau, Nécrologe des plus célèbres Défens., t. I, p. 125 ; t. IV, p. 202.

Clémencet, Hist. générale de P.-R., t. I, pp. 12 à 15, 54, 106, 156, 165.

Ibid., t. II, pp. 6 à 8, 12, 13.

Ibid., t. IV, pp. 43 à 46, 60 et 61, 192 à 200, 202 et 203, 379 à 383, 439 et 440, 456, 457, 459.

Ibid., t. V, pp. 367 et 368, 395 et 396, 424 à 426.

Ibid., t. VI, voir la table du volume.

Ibid., t. VII, pp. 9, 10, 24 à 38, 466 à 468, 471 à 483.

Relation abrégée de sa mort et de ce que M. Arnauld dit le lendemain de son enterrement, dans les « *Mémoires* », de 1742, t. III, pp. 260 à 263.

AGN

AGNÈS DE ST-PAUL ARNAULD (La Rév. Mère Catherine), Abbesse (*Suite*).

Relation sur les ouvrages composés par la M. Agnès, « *Mém.* » de 1742, t. III, pp. 241 à 250.

Son portrait, voir Lelong, Biblioth. histor. de la France, t. IV, p. 139 ; — un portait dans D. Gerberon, Histoire du Jansénisme, t. III, p. 118.

Écrits d'elle :

Relation sur la M. Angélique ; Dans les « Mém. p. serv. à l'histoire de Port-Royal », 1742, t. II, pp. 447 à 456

Sentiments qu'elle avait d'elle-même ; — dans les « Mém. p serv. à l'hist. de P.-R. », 1734, édition de l'abbé Goujet, t. I, p. 347. Reprod. d. les Mém. de 1742 t. III, pp. 250 et 251.

Lettres (dix-huit) à divers ; Dans les Vies intéressantes et édifiantes des Religieuses de P.-R., t. I, pp. 189 à 235.

Petit Traité de la Confession intérieure et spirituelle qui se fait au Prince des Prêtres Jésus-Christ Notre-Seigneur ; — Dans le même volume, pp. 235 à 243.

Lettre aux Religieuses de Port-Royal des Champs, septembre 1665 ; — Dans le même volume, pp. 243 à 249.

AGN

AGNÈS DE ST-PAUL-ARNAULD (La Rév. Mère Catherine).

Écrits d'elle : — (*Suite*).

Lettre à la Mère Renaudot, Supérieure des Religieuses de Liesse, au sujet de la maladie de la M. Marie Angélique ; — Dans les « Vies intér. et édif. des Relig. de P.-R. », t. III, p. 495.

Avis donnés aux Religieuses de Port-Royal ; — Dans les Relations, in-4° de 1724, pp. 73 à 91 ; — et dans l'Hist. des Perséc., Villefranche, pp. 310 à 323.

Lettres aux Sœurs (de Paris) ; — Dans les Relations in-4° de 1724, VIII° Relat., pp. 201, 202.

Relation de son enlèvement, Ibid., pp. 65 à 73.

Lettre à la Sœur Flavie ; — Dans Dom Clémencet, Histoire génér. de P.-R., t. VII, pp. 466 à 468.

Lettre à M. de Pont-Château, au sujet de sa lettre à M. de Péréfixe, en faveur de M. de Sacy de Port-Royal ; — dans les Vies intéressantes et édif. des Relig. de P.-R., t. IV, pp. 410 et 411.

Avis donnés sur la conduite que les Religieuses devaient garder, au cas qu'il arrivât du changement dans le gouvernement de la Maison ; — dans la Relation de la captivité de la

AGN

AGNÈS DE ST-PAUL ARNAULD (La Rév. Mère Catherine).

Écrits d'elle : — (*Suite*).

M. de Ste-Christine [Briquet], pp. 81 à 108 ; — dans les « Relations », in-4° de 1724, IVᶜ relation, pp. 73 à 91.

Lettres à M. Arnauld ; — dans le « Recueil de Pièces sur le Formulaire » 1754, pp. 447 à 449, 507 à 510.

Lettre à la Mère Magdelaine de Jésus, Religieuse du Tard, (6 août 1669) ; — Ibid., pp. 520 à 523.

Chapelet (Son) secret ; — dans les « Mém. histor. et chronol. » de Guilbert, Iʳᵉ Pⁱᵉ, t. II, pp. 392 à 396, 413 à 415, avait été publié isolément en 1633, in-12.

AGNÈS DE SAINTE-BLANDINE FORGET (Sœur), Converse.

Voir : Guilbert, Mém. historiq. et chronol., IIIᵉ Partie, t. VI, pp. 240 à 243.

Signature (Sa) ; — Dans le même volume, pp. 516 à 522.

Transport (Son) au Paraclet d'Amiens ; — Ibid., t. VII, pp. 200 à 202.

Sa mort ; — Ibid., ibid., pp. 538 et 539.

Cerveau, Nécrol. des pl. célèbres Défens., t. IV, p. 106.

AGN

AGNÈS DE SAINTE-BLANDINE FORGET (Sœur), Converse (*Suite*).

Clémencet, Histoire génér. de P.-R., t. IX, pp. 494, 500 et 501 ; — t. X, p. 290 et 291.

AGNÈS DE SAINTE THÈCLE RACINE (La Mère), Abbesse de Port-Royal.

Relation abrégée de sa vie ; — Dans les « Vies intéress. et édif. des Relig. de P.-R. », t. II, pp. 147 à 150.

Mˡˡᵉ Poulain, Vies choisies des Relig. de P.-R., t. II, pp. 287 à 289.

Nécrol. de P.-R., pp. 204 et 205.

Supplém. au Nécrol. de P.-R., p. 627.

Besoigne, Hist. de l'Abb. de P.-R., t. III, pp. 134 et 135.

Cerveau, Nécrol. des pl. célèb. Défens., t. I, p. 318.

Clémencet, Hist. génér. de P.-R., t. VIII, p. 161, 320, 399 à 401.

Ecrit d'elle :

Interrogatoire (Son) ; — Histoire des Perséc., pp. 110 à 112.

AKAKIA (Charles du Mont), Confesseur de Port-Royal.

Notice sur lui ; — Mˡˡᵉ Poulain, Vies choisies de MM. de P.-R., t. III, pp. 148 à 151.

AKA

AKAKIA (Charles du Mont), Confesseur de Port-Royal (*Suite*).

Besoigne, Hist. de l'Abbaye de P.-R., t. IV, pp. 218 à 220.

Nécrologe de P.-R., pp. 229 et 230.

Cerveau, Nécrol. des plus célèbres déf., t. I, p. 120.

Clémencet II, H. gén. de P.-R., t. VII, p. 14.

AKAKIA DE VAUX (Jean), frère du précédent.

Supplém. au Nécrol. de P.-R., p. 494.

AKAKIA DU LAC (François).

Supplém. au Nécrolog. de P.-R., p. 522.

AKAKIA, Voyez : Du Plessis.

ALENÇON (Toussaint d'), Confesseur de Port-Royal, quelquefois écrit Allençon (d').

Notice — Dans :

Besoigne, Hist. de l'Abbaye de P.-R., t. IV, pp. 209 et 210.

Nécrol. de P.-R., pp. 450 à 453.

Cerveau, Nécrol. des plus céèb. Défens., t. I, p. 102.

ALIGRE (d'), Abbé régulier de l'Abbaye de St-Jacques, de Provins.

Lettre sur sa vie et sa mort ; — Dans le Supplém. au Nécrol. de P.-R., t. III, pp. 265 à 267. — Ibid., pp. 335 à 340.

Cerveau, Nécrol. des pl. céèbres Défens., t. II, p. 27.

AME

AMELINE (Mr), Archidiacre de Paris.

Écrit de lui :

Lettre à la Mère Angélique de St-Jean sur sa seconde élection ; — Dans les « Vies intéress. et édif. des Relig. de P.-R. », t. IV, p. 528.

Notice :

Cerveau, Nécrol. des pl. célèbres Défens., t. IV, p. 33, 188.

ANGÉLIQUE ARNAULD (La Rév. Mère Jacqueline-Marie-Angélique de Ste-Magdelaine Arnauld), Réformatrice de Port-Royal.

Vie (Sa) ; consulter les « Mém. et Relations », de 1716 ;

« Mém. p. serv. à l'hist. de P.-R. », 3 vol. 1742 ;

Relations sur la vie de la R. M. M.-Angél. de Ste M. Arnaud ; « Recueil de M. Angél. de St-Jean », 1737.

Mém. pour serv. à la vie de la R. M. Marie-Angélique de Ste-Magdelaine Arnauld, Réformatrice de P.-R., s. l., 1737.

Enterrement de son cœur le 6 août 1672 ; — Dans les « Mém. histor. et chronol. » de Guilbert, IIIe Partie, t. I, pp. 524 à 526.

Vie (Sa) ; — Mlle Poulain, Vies choisies des Relig. de P.-R., t. II, pp. 1 à 35.

ANG

ANGÉLIQUE ARNAULD (La R. Mère Jacqueline-Marie-Angélique de Ste-Magdelaine Arnauld), Réformatrice de Port-Royal *(Suite)*.

Vie (Abrégé de sa) ; En-tête de ses « Entretiens et Conférences », 1757 ; pp. vij à xxxiv.

Nécrol. de P. R., pp. 302 à 312.

Cerveau, Nécrologe des plus célèbres Défens.. t. I. p. 76.

Clémencet, Hist. génér. de P.-R., tomes I à IV, voir la table de chacun de ces volumes.

Fontaine, Mémoires, t. I et II, voir la table de chaque volume.

Du Fossé, Mémoires, t. IV, voir la Table générale.

Portrait (Un) d'elle, dans Dom Gerberon, Histoire génér. du Jansénisme, t. II, p. 489, sans nom de graveur.

Son portrait, Voir Le Long (Le P.), Biblioth. histor. de la France, t. IV, p. 139.

Écrits d'elle :

Relation de ce qui s'est passé de plus considérable à Port-Royal depuis l'établissement de la réforme jusqu'en 1638 ; dans les « Mém. p. serv. à l'histoire de P.-R. », Utrecht, 1742, t. I, pp. 262 à 370 ; Reproduction des « Mém. », 1737.

ANG

ANGÉLIQUE ARNAULD (La Révérende Mère Jacqueline-Marie), Réformatrice de Port-Royal *(Suite)*.

Écrits d'elle : *(suite)*.

Relation contenant les raisons qui ont engagé la M. Marie Angélique à faire sortir son Monastère de la juridiction de l'Ordre de Citeaux. Mém. p. serv. à l'Hist. de P.-R. Utrecht, 1742, t. I, pp. 371 à 380.

Supplém. au Nécrol. de P.-R., pp. 174 à 177.

Relation de la conduite que M. Zamet, évêque de Langres, a tenue à l'égard du Monastère de Port-Royal, de M. l'abbé de Saint-Cyran et de la M. Marie-Angélique ; pour servir d'éclaircissement, etc.; — Mém. p. serv. à l'Hist de P.-R. Utrecht, 1742, t. I, pp. 474 à 495, et dans les « Mém. et Relat. », de 1716, pp. 103 à 122.

Lettres (quinze) ; — Dans les « Vies intéressantes et édifiantes des Relig de P.-R. », t. I, pp. 174 à 188.

Prière pour demander la grâce ; — dans les « Mémoires histor. et chronolog. » de Guilbert. 1re Partie, t. II, p. 468 ; — La même prière, dans l' « Histoire des Persécutions », Villefranche, p. 25.

Lettre à la Révér. M. Supérieure des Ursulines de Bazas,

ANG

ANGÉLIQUE ARNAULD (La Révérende Mère Jacqueline-Marie), Réformatrice de Port-Royal (*suite*).

Écrits d'elle : — (*Suite*).

du 26 juin 1655. Au sujet du legs de M. de Quincarnon, — dans le Supplément au Nécrologe de P.-R., pp. 30 et 31.

Lettres (trois) ; Ibid., pp. 31 et 32.

Lettres (deux) sur la mort de M. Le Maistre ; — dans le Supplément au Nécrol. de P.-R., pp. 167 et 168.

Petit Ecrit, marqué de guillemets, sur le silence et le recueillement ; — dans les Mémoires de Lancelot, t. II, pp. 464 à 466.

Cerveau, Nécrol. des pl. célèbres Défens., t. I, p. 176.

Clémencet. Hist. génér. de P.-R., t VII, pp. 299 et 300.

ANGÉLIQUE DE ST-ALEXIS D'HÉRAU-COURT DE CHARMONT (Sœur).

Écrits d'elle :

Deux Relations contenant les choses principales qui se sont passées à son égard depuis le 26 août 1664, jusqu'au 3 juillet 1665, ainsi qu'entre Monsieur Chamillard et elle ; — Dans les « Vies intéress. et édif. des Relig. de P.-R. », t. III, pp. 290 à 436.

ANG

ANGÉLIQUE DE ST-ALEXIS D'HÉRAU-COURT DE CHARMONT (Sœur) (*suite*).

Écrits d'elle : — (*Suite*).

Protestation contre la signature du Formulaire ; — Dans le même volume, pp. 437 à 440.

Interrogatoire (Son) ; — Histoire des Perséc., pp. 100 à 105.

Lettres ; — Dans les Relations in-4°, de 1724, VIIIe Relat., pp. 75, 138.

ANGÉLIQUE DE ST-JEAN ARNAULD D'ANDILLY (La Mère), Abbesse de Port-Royal.

Relations ou Mémoires (Recueil de) sur sa vie et ses vertus ; — Dans les « Mém. p. serv. à l'hist. de P.-R. », 1742, t. III, pp. 498 à 587.

Lettres sur sa mort ; — Dans les « Vies intéress. et édif. des Relig de P.-R. », t. IV, pp. 415 à 448.

Vie (Sa) ; — Mlle Poulain, Vies choisies des Relig. de P.-R., t. II. pp. 242 à 258.

Abrégé de sa vie, à la tête de ses « Conférences », t. I, pp. XV à XLI.

Relation abrégée de sa captivité ; Dans D. Clémencet, Hist. génér. de P. R., pp. 465 à 501.

Notice ; — Dans le Nécrologe de P.-R., pp. 48 à 57. — Supplém. au Nécrol. de P.-R., pp. 358 et 359.

ANG

ANGÉLIQUE DE ST-JEAN ARNAULD D'ANDILLY (La Mère), Abbesse de Port-Royal (*Suite*).

Besoigne, Hist. de l'Abbaye de P.-R., t. II, pp. 93 à 127, 563 à 566, t. III, pp. 104 à 117

Cerveau, Nécrol. des plus célèbres défenseurs, t. I, p. 202.

Lancelot, Mémoires, t. II, pp. 319 et 320 note, 451 à 471.

Clémencet, Hist. génér. de P.-R., t. IV, pp. 434 à 437, 458, 459.

Ibid., t. V, pp. 387 à 395.

Ibid., t. VI, VII et VIII, voir la table de chacun de ces volumes.

Son éloge par l'abbé Duguet, dans les Œuvres d'Antoine Arnauld, tome XXIV, pp. 122 à 126 ; déjà publ. dans le Nécrol. de P.-R., pp. 48 à 57 ; dans les Mém. p. serv. à l'Hist. de Port-Royal, 1742, t. III, p. 572 ; — dans les Lettres de M. Duguet, t. VI, p. 264 ; dans Dom Clémencet, Hist. gén. de P.-R., t. VIII, pp. 453 à 465.

Fontaine, Mémoires, t. II, pp. 155 à 157, 163 et 164, 323, 535 à 538.

Son portrait ; Voir Le Long (Le P.). Biblioth. histor. de la France, t. IV, p. 139.

Écrits d'elle :

Catalogue (Un) analytique de ses écrits, avec l'indication pré-

ANG

ANGÉLIQUE DE SAINT-JEAN ARNAULD D'ANDILLY (La Mère).

Écrits d'elle : — (*Suite*).

cise des endroits où ils se trouvent dans les divers recueils où on les a placés ; voir ses *Conférences sur les Constitutions du Monastère de Port-Royal*, tome III, pp. 329 à 437.

Interrogatoire (Son) ; — Histoire des Perséc., pp. 95 à 99. (En 1661).

Interrogatoire (Son), en 1664 ; — Dans les Relat. in-4º de 1724, 2ᵉ Relat., pp. 16 à 21.

Manuel des âmes religieuses ; — Dans ses « Conférences sur les Constitutions du Monastère de P.-R », t. III, pp. 161 à 190.

Portrait de la Mère Catherine Agnès ; Dans Clémencet. Hist. génér. de P.-R., t. VII, pp. 471 à 483. C'est le même écrit que celui paru précédemment sous le titre de : « Image de la Vertu de la Mère Catherine Agnès de Saint Paul », et inséré dans les « Mémoires pour servir à l'histoire de Port-Royal », 1742, t. III, pp. 264 à 272. — Seulement, en le reproduisant, Dom Clémencet y a ajouté quelques réflexions de lui.

ANGÉLIQUE DE STE-AGNÈS DE MARLE DE LA FALAIRE (Sœur).

Écrit d'elle :

Relation où elle rapporte tout

ANG

ANGÉLIQUE DE ST-AGNÈS DE MARLE DE LA FALAIRE (Sœur).

Écrit d'elle : — (*Suite*).

ce qu'elle a remarqué dans les voyages qu'elle a faits avec la Mère Angélique, au Lys, à Poissi et à Paris ; — dans les « Mém. p. serv. à l'histoire de Port-Royal », 1742, t. I, pp. 389 à 419.

ANNE DE SAINT-AUGUSTIN GARNIER (Sœur).

Écrits d'elle :

Relation sur la M. Angélique; - Dans les « Mém. pour serv. à l'histoire de P.-R. », 1742, t. II, pp. 424 à 438.

Relation sur la M. Angélique; dans le même volume, pp. 439 à 443.

ANNALES DE LA RELIGION, ou Mémoires pour servir à l'histoire du XVIIIe siècle, par une Société d'amis de la religion et de la paix.

Ces « amis » étaient Desbois de Rochefort (Eléonore-Marie), Grégoire et Royer.

D'après le prospectus qui parut en 1795, il fut aisé de prévoir que le nouveau journal ne serait guère que la suite des « Nouvelles Ecclésiastiques ». Du reste, l'abbé de Saint-Marc, ancien rédacteur de ce dernier recueil, y travailla en compa-

ANN

ANNALES DE LA RELIGION, ou Mémoires pour servir à l'histoire du XVIIIe siècle, par une Société d'amis de la religion et de la paix (*Suite*).

gnie de Servois, Daire, Pilet, Sauvigny, Minard et Grappin. Les Annales commencèrent en 1795 (on dit ailleurs en 1794), et durèrent jusqu'en 1803 ; elles forment dix-huit volumes in-8°. On les regarde comme la suite de la Gazette janséniste, car les rédacteurs étaient presque tous attachés à ce parti.

Cette publication eut une sorte de continuation dans la « Chronique religieuse » qui parut de 1818 à 1821 et dont la collection forme 6 volumes in-8°. Elle était dirigée par M. Grégoire, ancien Evêque de Blois, ceux qui y travaillaient sous lui étaient Debertier, ancien Evêque de l'Aveyron, le président Agier, le pair de France Lanjuinais, l'abbé Tabaraud et l'abbé Orange.

ANNE DE ST-PAUL ARNAULD (Sœur), cousine de la M. Angélique.

Nécrol. de P.-R., pp. 367 et 368.

Cerveau, Nécrol. des plus célèbr. Défens.. t. I, p. 18.

Clémencet. Hist. génér. de P.-R., t. I, pp. 183 et 184.

ANN

ANNE DE SAINTE-CÉCILE DE BOISCER-VOISE (Sœur).

Relation la concernant : Dans les « Mém. histor. et chronol. » de Guilbert, IIIe p^{tie}, t. VI, pp. 331 à 399.

Fouillou, Mém. sur la destruction de P.-R., pp. 182 à 192.

Clémencet, Hist. générale de P.-R., t. IX, pp. 502 à 506.

Ecrit d'elle :

Interrogatoire (Son) ; — Hist. des Perséc., pp. 128 et 129.

ANNE DE SAINTE CHRISTINE GRAILLET (Sœur).

Ecrits d'elle :

Relation sur les vertus de la Mère Angélique, principalement sur sa charité et son amour de la vérité. — Dans les « Mém. p. serv. à l'hist. de P.-R. », 1742, t. II, pp. 551 à 558.

Interrogatoire (Son) ; — Hist. des Perséc., pp. 166 et 167.

ANNE DE SAINTE EUGÉNIE DE BOULO-GNE (Madame de Saint-Ange).

Remarques sur sa vie et ses vertus. — Dans les Mémoires pour servir à l'Hist de Port-Royal, 1734, édition de l'abbé Goujet, t. II, p. 3. — Reproduites dans les « Vies intéress. et édif. des Relig. de P.-R. », t. II, pp. 400 à 435.

ANN

ANNE DE SAINTE EUGÉNIE DE BOULO-GNE (Madane de St-Ange) (*suite*).

Ces remarques avaient déjà été publiées dans les Relations in-4° de 1724. 4e Relat., pp. 1 à 15.

Mlle Poulain, Vies choisies des Relig. de P.-R., t. II, pp. 141 à 152.

Lancelot, Mém., t. I, pp. 325 à 327, note.

Nécrol. de P.-R., pp. 479 à 485.

Fontaine, Mém., t. II, pp. 436 à 440.

Besoigne, Hist. de l'Abbaye de P.-R., t. II, pp. 159 à 166, 387 à 395.

Clémencet, Hist. génér. de P.-R., t. VI, pp. 201 à 237, 245 à 251.

Fontaine, Mém., t. II, pp. 436 à 440.

Cerveau, Nécrol. des plus célèbres Défens. et Confess., t. I, p. 106.

Ecrits d'elle :

Relation sur la M. Angélique ; — Dans les « Mém. p. servir à l'hist. de) P.-R. », 1742, t. II, pp. 566 à 574.

Mémoire sur elle-même ; — Dans les « Mém. pour servir à l'hist. de P.-R. », 1734, édit. de l'abbé Goujet. t. II, pp. 13 à 20 ; — Reproduit dans les « Vies intéress. et édif. des Relig. de P.-R. », t. II, pp. 406 à 411.

ANN

ANNE DE SAINTE-EUGÉNIE DE BOU-LOGNE (Madame de Saint-Ange) (*suite*).

Interrogatoire (Son) ; — Hist. des Perséc., pp. 122 à 124.

Relation de sa captivité en forme de Lettre à la Sœur Angélique de S. Jean ; — Dans les Relat. in-4° de 1724, 4e Relat., pp. 15 à 28.

ANNE DE STE-EUGÉNIE DE L'INCAR-NATION ARNAULD (Sœur).

Mémoire sur sa vie ; — Dans les « Mém. p. serv. à l'Hist. de Port-Royal », 1734 ; éd de l'abbé Goujet, t. I, pp. 207, 209, 235, 259, 271. Le Mémoire allant de la page 209 à la page 233 a été écrit par elle-même ; ainsi que l'Extrait des pp. 335 et 336 ; voir ci-après la liste de ses écrits.

Détails la concernant ; — Dans les « Mém. histor. et chronol. », de Guilbert, Iʳᵉ Partie, t. II. pp. 41 à 59, 64, 65.

Vie (Sa) ; — Mˡˡᵉ Poulain, Vies choisies des Rel. de P.-R., t. II, pp. 92 à 107.

Notice : — Dans le Nécrologe de P.-R , pp. 1 à 3, et dans le Supplément au Nécrologe de P.-R., page 289 et 290.

Besoigne, Hist. de l'Abbaye de P.-R., t. I, pp. 80 à 84, 345 à 355.

ANNE DE STE-EUGÉNIE DE L'INCARNA-TION ARNAULD (Sœur) (*suite*).

Cerveau, Nécrol des pl. célèbres Défens , t. I, p. 53.

Clémencet, Hist. génér. de P.-R., t. I, pp 66 à 69, 119 ; — t. III, pp. 207 à 212.

Écrits d'elle :

Mémoire concernant sa propre conduite et celle de Port-Royal des Champs ; — dans les « Mém. p. servir à l'hist. de P.-R. », 1734, édition de l'abbé Goujet, t. I, pp. 209 à 233.

Reproduit dans les « Mémoires » de 1742, t. III, pp. 361 à 378.

Extrait des Remarques abrégées sur les vertus de la Mère Agnès, dans les Mém. p. serv. à l'Hist. de P.-R , 1734, édition de l'abbé Goujet, t. I, pp. 335, 336.

Relation de la maniere dont quelques Religieuses de P.-R. commencèrent à établir la réforme, dans l'Abbaye du Lys ; — dans les « Mém. p. servir à l'hist. de P.-R », Utrecht, 1742, t. I, pp. 381 à 388.

Relation de diverses circonstances de la vie de la Mère Agnès, avec quelques remarques sur ses vertus ; Mém. de 1742, t. III, pp. 223 à 228.

ANN

ANNE DE SAINTE-GERTRUDE ROBERT (Sœur).

Écrits d'elle :

Interrogatoire (Son) ; — Hist. des Perséc., pp. 112 et 113.

Lettre à la Sœur Euphrosine de Creil ; — Dans les Relations in-4º de 1724, VIIIᵉ Relat., p. 195.

ANNE GERTRUDE DE SAINT-AUGUSTIN GARNIER (Sœur).

Écrit d'elle :

Interrogatoire (Son) ; — Hist. des Perséc., p. 161.

ANNE DE STE-MARINE LAIMÉ *(Sœur)*, **Converse.**

Sa Signature ; — Dans les « Mém. histor. et chronol. », de Guilbert, IIIᵉ Partie, t. VI, pp. 431 à 436.

Mort (Sa) ; — Ibid., t. VII, p. 220.

Clémencet, Hist. génér. de P.-R., t. IX, pp. 494, 495, 496 et 497.

ANNE DE STE-RHINGARDE FERRIER, Religieuse de Port-Royal.

Clémencet, Hist. génér. de P.-R., t. IX, p 366 et 367.

ANNE DE STE-THÈCLE THOMAS (Sœur) ; *Voyez :* **Magdeleine de Ste-Melthilde Thomas (Sœur).**

ANN

ANNE-JULIE DE SAINTE SYNCLÉTIQUE DE REMICOURT (Sœur).

Sur elle, voir dans :

Guilbert, Mém. histor. et chronol., IIIᵉ Partie, t. VI, pp. 230 à 240.

Signature prétendue (Sa) ; — Ibid., t. VII, pp. 204 à 209.

Ne peut sortir de sa captivité ; — Ibid , ibid., pp. 258 à 279.

Mort (Sa) ; — Ibid., ibid., pp. 353 à 356.

Sur elle ; Pinault, Hist. de la dern. perséc., t. II, pp. 315 à 318 ; — Fouillou, Mém. sur la destruction de P.-R., p 195.

Supplém. au Nécrol. de P.-R., pp. 343 et 344.

Cerveau, Nécrol. des pl. célèbr. Défens., t. IV, p. 64.

Clémencet, Hist. génér. de P.-R., t. IX, pp 512 à 516. — T. X, pp. 90, 91, 199 à 206.

Ecrits d'elle :

Lettre à M. Eustace ; — Dans Pinault, Hist. de la dern. perséc., t. I, pp. 77 à 86.

Interrogatoire (Son) ; — Hist. des Perséc., pp. 150 et 151.

Lettres ; — Dans les Relations in-4º de 1724, VIIIᵉ Relat., pp. 4, 136.

Relation sur plusieurs discours de la M. Angélique ; — Dans les « Mém. p. serv. à l'hist. de P.-R. », 1742, t. III, pp. 187 à 191.

ANN

ANNE-MARIE DE STE-EUGÉNIE ARNAULD D'ANDILLY (Sœur).

Relation abrégée de sa Vie; — Dans les « Mém. p. servir à l'hist. de P.-R », 1742, t. III, pp. 595 à 601.

ANNE-MARIE DE SAINTE EUSTOQUIE DE FLÉCELLES DE BRÉGY (Sœur).

Relation de sa vie et de ses vertus; — Dans les « Vies intéress. et édif. des Relig. de P.-R. », t. II, pp. 439 à 448.

Mlle Poulain, Vies choisies des Relig. de P.-R., t. II, pp. 258 à 270.

Supplém. au Nécrol. de P.-R., pp. 509 à 521.

Besoigne, Hist. de l'Abbaye de P.-R., t. I, p. 572; t. II, pp. 127 à 143.

Cerveau, Nécrol. des plus célèbres défens., t. I, page 209.

Clémencet, Hist. génér. de P.-R , t. V, pp. 62, 73, 75, 76, 89, 115 à 117, 127 à 129, 168 à 170. — T. VI, pp. 117 à 120. - T. VIII, pp. 46 à 86, 502 à 506.

Écrits d'elle :

Relation sur les Instructions que la Mère Angélique donnait à ses Filles; — Dans les « Mém. p. serv. à l'hist. de P.-R. », 1742, t. II, pp. 574 à 582.

Lettre à M. Le Maître Docteur. — Sur les afflictions de

ANT

ANNE-MARIE DE SAINTE-EUSTOQUIE DE FLECELLES DE BRÉGY (Sœur) (*Suite*).

l'Eglise. Le 28 mai 1679 ; — Dans les « Vies intéress. et édif. des Relig. de P.-R. », t. I, pp. 361 à 363.

Lettre au même ; — Même volume, pp. 364 à 366.

Acte testamentaire ; — Dans D. Clémencet, Hist. génér. de P.-R., t. VIII, pp. 502 à 506.

Interrogatoire (Son) ; Hist. des Perséc., pp. 131 à 133.

Relation de sa captivité; Dans les Relations in-4º de 1724 ; — pp. 1 à 29 de la 3e Relat.

Lettres, dans les « Relations » in-4º de 1724, VIIIe Relation, pp. 1, 6, 7, 12, 16, 19, 21, 23, 24, 29, 30, 40, 46, 47, 60, 66, 73, 78, 80, 83, 89.

ANNE-MARIE JOHANNET (Sœur).

Mém. p. serv. à l'Hist. de P.-R., 1742, t. II, page 426.

Nécrol. de P.-R., pp. 150 et 151.

ANTOINETTE CATHERINE DE SAINT-JOSEPH DE SAINT-CYR BEAUCLAIR (Sœur).

Nécrol. de P.-R , p. 313.

Clémencet, Hist. génér. de P.-R., t. VI, pp. 477 et 478.

Écrit d'elle :

Interrogatoire (Son) ; — Hist. des Perséc., pp. 147 et 148.

ANT

ANTOINETTE DE SAINTE-FOI LE ROI (Sœur).

Relation la concernant ; — Dans les « Vies intéress. et édif. des Relig. de P.-R », t. III. pp. 190 à 209.

Nécrol. de P.-R., pp. 138 et 139.

ANTOINETTE-EUPHRASIE DE SAINT-AUGUSTIN LE GROS (Sœur).

Relation de ses vertus et de sa mort ; — Dans les « Vies intéress. et édif. », t. II, pp. 17 à 26.

Nécrol de P.-R., pp. 461 à 463.

Clémencet, Hist. génér. de P.-R., t. VI, pp. 137 à 144.

ARGENSON (Marc-René-Voyer d'), lieutenant-général de police.

Clémencet, Hist. génér. de P.-R, t. IX, voir la table. — T. X, pp. 6, 7.

ARISTE (Mr Jacques-Emmanuel), Docteur en théologie, Supérieur du Monastère de Liesse, à Paris.

Écrit de lui :

Lettre à la M. Angélique de St-Jean, sur la mort de M. de Sacy ; — Dans les « Vies intéress. et édif. des Relig. de P.-R. » t. IV, pp. 100 à 102.

ARN

ARNAULD (l'Abbé).

Écrit de lui :

Lettre à la M. Angélique de St-Jean, sur la mort de M. de Sacy ; — Dans les « Vies intéress. et édif. des Relig. de P.-R. » t. IV, p. 109.

Son portrait ; voir Le Long (Le P.), Biblioth. hist. de la France t. IV, p. 138.

ARNAULD (Antoine), Avocat, Père de la M. Angélique.

Vie (Sa) ; — Mlle Poulain, Vies choisies de MM. de P.-R., t. III. pp. 1 à 9.

Nécrol. de P.-R., pp. 493 et 494.

Cerveau, Nécrol. des pl. célèbres Défens., t. I, p. 6 ; t. IV, p. 189.

Clémencet ; Hist. génér. de P.-R., t. I, p. 105.

ARNAULD (Antoine), Docteur de Sorbonne, frère de la M. Angélique.

Notice sur lui ; — Mlle Poulain, Vies choisies de MM. de P.-R., t. IV, pp. 97 à 142.

Vie (Sa) très détaillée, dans Besoigne, Hist. de l'Abbaye de P.-R., t. V., pp. 337 à 591, et t. VI, pp. 3 à 206.

Vie (Sa) ; — Dans l'abbé Racine, Hist. ecclésiast, t. XI, pp. 186 à 238.

ARN

ARNAULD (Antoine), Docteur de Sorbonne ; frère de la Mère Angélique (*Suite*).

Lettre au P. Nicéron ou Justification de M. Arnauld, au sujet de M. Des Lyons ; — dans le supplém. au Nécrol. de P.-R , pp. 178 à 190 (par l'abbé Goujet).

Notice : Dans le Nécrol. de P.-R., pp. 314 à 331.

Cerveau, Nécrol. des plus célèbr. Défenseurs, t. I, p. 285 ; t. IV, p. 191.

Clémencet, Hist. génér. de P.-R., t. II, pp. 358 à 394 ; Ibid., t. III, V, VI, VII et VIII, voir la table de chaque volume.

Son portrait, voir Le Long (Le P.), Biblioth. histor. de la France, t. IV, p. 138. Un portrait dans Dom Gerberon, Hist. générale du Jansénisme, t. III, p. 241.

Fontaine, Mémoires, t. I, pp. 127 à 135 ; — Ibid., t. II, voir la table du volume.

Du Fossé, Mémoires, t. IV, voir la Table générale.

Du Pin, Bibliothèq. des Auteurs ecclésiast. du XVIIᵉ siècle, 3ᵉ partie, pp. 330 à 393.

[Quesnel (Le P.)], Histoire de a vie et des ouvrages de M. Arnauld, augmentée en cette édition d'un grand de nombre de Pièces sur le même sujet. Liège, Frédéric Massot, 1717 ; in-12.

ARN

ARNAULD (Antoine), Docteur de Sorbonne ; frère de la Mère Angélique. (*Suite*).

[Larrière (Noël Castera de)], Vie de Messire Antoine Arnauld, Docteur de la Maison et Société de Sorbonne. Paris, et se vend à Lausanne, 1783 ; in-4° et in-8°.

Écrits de lui :

Lettre (Une) ; — Dans les « Mém. p. serv. à l'hist. de P.-R. », 1734, édition de l'abbé Goujet, t. I, p. 105.

Relation sur le désintéressement de la Mère Angélique ; — Dans les « Mém. p. serv. à l'hist. de P.-R. », 1742, t. III, pp. 192 à 194.

Lettre sur la mort de M. de Sacy ; — Dans les « Vies intéress. et édif. des Relig. de Port-Royal » ; t. IV, pp. 129 et 130.

Lettre aux Religieuses de Port-Royal ; — Dans le même volume, pp. 344 à 346.

Lettre à M. d'Alet ; — Dans le « Recueil de pièces sur le Formulaire », 1754 ; pp. 296 à 309.

Lettre à M. Taignier, Docteur ; — Ibid., pp. 345 et 346.

Lettre aux Religieuses de Port-Royal (7 février 1669), dans le « Recueil de Pièces sur le Formulaire », 1754, pp. 517 à 519.

ARN

ARNAULD (Antoine), Docteur de Sorbonne ; frère de la Mère Angélique.

Écrits de lui : — (*Suite*).

Testament spirituel ; dans Besoigne, Hist. de l'Abbaye de P.-R., t. VI, pp. 303 à 316.

Petit Ecrit. dans le Supplément au Nécrol. de P.-R., p. 2.

ARNAULD (Henri), Evêque d'Angers, frère de la M. Angélique.

Notice sur lui ; — Mlle Poulain, Vies choisies de MM. de P.-R., t. IV, pp. 87 à 90.

Vie (Sa) ; — Dans les Vies des quatre évêques, par Besoigne, t. I, pp. 232 à 304.

Dans Racine (L'Abbé), Hist. ecclés., t. XII, pp. 460 à 465.

Nécrol. de P.-R., pp. 227 à à 229 ; — Supplém. au Nécrol. de P.-R., p. 643.

Cerveau, Nécrol. des plus célèbres Défens., t. I, p. 270.

Clémencet, Hist. génér. de P.-R., t. VIII, pp. 244 à 248.

Son portrait, voir Le Long (Le P.), Biblioth. histor. de la France, t. IV, p. 138. — Un portrait gravé par N. dans D. Gerberon, Hist. du Jans., t. II. p. 182.

ARN

ARNAULD (Henri), Evêque d'Angers, frère de la M. Angélique (*suite*).

Ecrits de lui :

Lettre sur la mort de la Sœur Gertrude [Du Pré] ; — Dans le « Recueil de Pièces sur le Formulaire », 1754 ; pp. 437 à 440.

Lettre à l'Archevêque de Paris sur l'injustice des préventions contre Port-Royal ; — Dans l'Histoire des Persécutions Villefranche, pp. 210 à 215.

ARNAULD D'ANDILLY (Robert).

Notice sur lui ; — Mlle Poulain, Vies choisies de MM. de P.-R., t. III, pp. 192 à 229.

Vie (Sa) ; Dans Besoigne, Hist. de l'Abbaye de P. R., t. IV, pp. 55 à 101 ; — Et dans :

Racine (l'abbé), Hist. ecclésiast., t. XI, pp. 289 à 299.

Nécrol. de P.-R., pp. 382 à 385.

Cerveau, Nécrol. des pl. célèb. Défens., t. I, p. 146 ; t. IV, p 189.

Clémencet, Hist. génér. de P.-R., t. IV, pp. 446, 457, 458 ; t. VII, p 155, 187 à 196.

Arnauld (Antoine). Œuvres, t. XXVI, pp. 61 à 72.

Fontaine, Mém., t. II, voir la table.

Du Fossé, Mém., t. IV, voir la table générale.

ARN

ARNAULD D'ANDILLY (Robert) *(Suite)*.

Son portrait. Voir le P. Le Long, Bibl. hist. de la France, t. IV, p. 138.

Guilbert, Mém. histor. et chronol., IIIe Partie. t. I, p. 575.

Du Pin, Bibliothèque des Auteurs ecclésiastiques du XVIIe siècle, 3e partie, pp. 271 à 279.

Écrits de lui :

Mémoires au sujet de Messire Jean du Verger de Hauranne, Abbé de St-Cyran ; — Dans les « Vies intéressantes et édif. des Relig. de P.-R. », t. I, pp. 15 à 44.

Lettre à une de ses filles de Port-Royal, sur la Persécution de Port-Royal et sur le bonheur des Religieuses de cette maison d'être appelées à ces souffran-ces. Le 23 janvier 1668 ; — Dans le même volume, pp. 358 à 360.

Remarques sur la vie et les vertus de ma sœur Anne de Sainte-Eugénie (de Boulogne), dite dans le monde, Madame de St-Ange ; — Dans les « Mém. à serv. à l'hist. de P.-R. », 1734, édit. de l'abbé Goujet, t. II, pp. 3 à 12 ; — Reproduites dans les « Vies intér. et édif. des Relig. de P.-R. », t. II, pp. 400 à 405.

Extrait de son Epître dédica-toire aux Archevêques et Evê-

ARN

ARNAULD D'ANDILLY (Robert) *(suite)*.

Écrits de lui : — *(suite)*.

ques de France, des Lettres de M. de S. Cyran ; — Dans les Mémoires de Lancelot, t. I, pp. 442 à 447.

Lettre à la Sœur Angélique de Saint-Jean, 18 juin 1664 ; — Dans l'Histoire des Persécu-tions, p. 253.

ARNAULD de LUZANCY (Charles-Henri), Solitaire à Port-Royal, fils d'Arnauld d'Andilly et frère de la Mère Angéli-que de Saint-Jean.

Notice sur lui ; — Mlle Pou-lain, Vies choisies de MM. de P.-R., t. IV, pp. 30 à 34.

Besoigne, Hist. de l'Abb. de P.-R. t. IV. pp. 3 à 7.

Nécrol. de P.-R., pp. 71 à 76. — Supplém. au Nécrol. de P.-R , pp 399 à 401.

Cerveau, Nécrol. des pl. célèb. Défens., t. I, p. 205.

Lancelot, Mémoires, t. I, p. 339, à la note.

Clémencet, Hist. génér. de P.-R, t. VIII, pp. 31 à 40.

Fontaine, Mém., t. I. pp. 122 à 126 ; t. II, pp. 112, 338 à 343.

Écrits de lui :

Lettre sur les dernières an-nées de la vie de M. de Sacy, son cousin ; — Dans les « Vies intéress. et édif. des Relig. de P.-R. », t. IV, pp. 75 et 76.

ARN

ARNAULD de LUZANCY (Charles-Henri), Solitaire à Port-Royal, fils d'Arnauld d'Andilly et frère de la Mère Angélique de Saint-Jean (*suite*).

Écrits de lui : — (*suite*).

Lettre sur la mort de la Mère Angélique de St-Jean ; — Dans le même volume, pp. 418 et 419.

ARNAULD (Simon), Marquis de Pomponne, Conseiller et Secrétaire d'État.

Notice sur lui ; — Mlle Poulain, Vies choisies de MM. de P.-R., t. IV, pp. 211 à 214.

Clémencet, Hist. génér. de P.-R., t. VII, pp. 45 à 48, 349 et la note 28. — T. X, pp. 11 et 12.

Fontaine, Mém., t. II, pp. 383 et 384.

Du Fossé, Mém., t. IV, voir la table générale.

Son portrait, voir Le Long, Biblioth. histor. de la France, t. IV, p. 138.

Écrit de lui :

Lettre à la M Angélique de St-Jean, sur la mort de M. de Sacy ; — Dans les « Vies intéress. et édif. des Relig. de P.-R. », t. IV, pp. 97 et 98.

ARNAULD de VILLENEUVE (Jules), fils d'Arnauld d'Andilly.

Notice (très-courte) sur lui ; dans Besoigne, Hist. de l'Abbaye de P.-R., t. IV, p. 417.

ATO

ARNAULD de VILLENEUVE (Jules), fils d'Arnauld d'Andilly (*suite*).

Lancelot, Mém., t. I, pp. 339 et 340, note.

Du Fossé, Mém., t. IV, voir la table générale.

ARNAULD (Généalogie des), se trouve dans :

Mémoires p. servir à l'hist. de Port-Royal, Utrecht, 1742 ; en tête du tome I, p. VI.

Mém. histor. et chronolog. sur l'Abbaye de P.-R. des Champs, (par Guilbert), Ire Partie, tome I, pp. lix à lxxxiv (très détaillée) ; pp. 246 et 247.

Arbre généalogique de la famille des Arnauld, — Besoigne, Hist. de l'abbaye de P.-R., t. I, p. x, et t. IV, p. 56.

Histoire abrégée de la famille des Arnauld en forme de Généalogie ; — Dans Clémencet (Dom), Hist. Générale de P.-R., t. I, pp. 293 à 308.

ARTICLES (Les Cinq).

Dans Besoigne, Hist. de l'Abbaye de P.-R., t. VI, p. 293 à 302.

ATOLS (M^r).

Écrit de lui :

Lettre à Mr de Boucey ; — Consolation contre les persécutions, au sujet de celle de P.-R.

ATO

ATOLS (M^r) (*suite*).

Écrit de lui : — (*suite*).

Le 20 juin 1666 ; — Dans les
Vies intéress. et édif. des
Relig. de P.-R. », t. I, pp. 351
357.

UBENTON (d') ou Daubenton (Le P.
Guillaume), Jésuite.

Écrit de lui :

Lettre au P. Croiset, Jésuite
'Avignon, écrite de Rome, le
septembre 1713 sur la Cons-
tution *Unigenitus*, etc. ; —
Dans Pinault, Hist. abrégée de
dern. perséc. de P.-R., t. I,
p. 3 à 10.

UDIBERT (Jean-André), curé de
Saint-Sauveur, à Aix, en Provence.

Cerveau, Nécrol. des plus
célèbres Défens. et Confess. t.
I, p. 97.

BAI

AUDIBERT (Jean-André), curé de St-
Sauveur, à Aix, en Provence (*suite*).

Relation historique, très cu-
rieuse et très intéressante, de
la vie et de la mort de Messire
Jean-André Audibert, curé de
la Métropole Saint-Sauveur de
la ville d'Aix en Provence. En
France, 1780, 1 vol. in-12.

AUMONT (La Marquise d').

Vie (Sa) ; — Mlle Poulain,
Vies choisies des Relig. de
P.-R.; t. II, p. 123 à 126.

Nécrol. de P.-R , pp. 487 à
489.

Cerveau, Nécrol. des plus
célèbres Défenseurs, t. I, p. 65.
Clémencet, Hist. génér. de
P.-R., t. III, pp. 547 à 553.

Fontaine. Mém. t. I, p. 330.

B

BAG

AGNOLS (Guillaume Du Gué de) ;
Voyez : Du Gué de Bagnols.

AILLET (Adrien), Prêtre.

Supplém. au Nécrol. de P.-R.,
328 à 335.
Cerveau, Nécrol. des plus
célèbr. Défens., t. II, p. 10 ;
IV, p. 203.

BAI

BAILLET (Adrien), Prêtre (*suite*).

Du Pin, Biblioth. des Auteurs
Ecclés. du XVIIe siècle, 4e partie, pp. 383 à 419.

Son portrait, voir Le Long,
Biblioth. histor. de la France,
t. IV, p. 141.

BAL

BALZAC (Jean-Louis-Guez de), Littérateur.

Écrit de lui :

Lettre à M. l'abbé de S. Cyran ; — Dans Besoigne. Hist. de l'Abb. de P.-R., t. VI, p 213 à 216.

BARCOS (Martin de), Abbé de S.-Cyran.

Notice sur lui ; — Mlle Poulain, Vies choisies de MM. de P.-R., t. III, pp. 238 à 241.

Vie (Sa) ; — Besoigne Hist. de l'Abbaye de P.-R., t. IV, pp. 220 à 245.

Lettres (Deux) de M... sur sa mort ; — Dans le Supplém. au Nécrol. de P.-R., pp. 236 à 239.

Nécrol. de P.-R., pp. 345 et 346.

Cerveau. Nécrol. des plus célèbr. Défens., t. I, p. 172 ; t. IV, p. 204.

Clémencet, Hist. génér. de P.-R., t. VII, pp. 290 à 292.

Fontaine, Mém., t. I ct II, voir la table de chaque volume.

Du Fossé, Mém , t. IV, voir la table générale.

Son portrait, voir Le Long (Le P.), Biblioth. histor. de la France, t. IV, p. 142.

Ecrit de lui :

Lettre à la Mère Abbesse de Port-Royal ; — Dans les « Vies

BAS

BARCOS (Martin de), Abbé de S.-Cyran (suite).

Écrit de lui : — (suite).

intéress. et édif. des Relig. de Port-Royal », t. I, pp. 329 à 331. — Clémencet. Hist. génér. de P.-R., t. IV, pp. 109 à 114.

BASCLE (Etienne de), Solitaire de P.-R.

Histoire (Son), écrite par M. Le Maître ; — Dans le « Recueil de Pièces », 1740 ; pp. 173 à 189.

Notice sur lui ; — Mlle Poulain, Vies choisies de MM. de P -R., t. III, pp. 102 à 108.

Besoigne, Hist. de l'Abbaye de P.-R., t. III, pp. 553 à 559.

Nécrol. de P.-R., pp. 183 et 184.

Supplém au Nécrol. de P.-R., p. 595.

Cerveau, Nécrol. des pl. célèbres Défens., t. I, p. 75.

Clémencet, Hist. génér. de P.-R., t. IV, pp. 129 à 136.

Du Fossé, Mém., t. IV. Voir la table générale.

BASILE (S.).

Lettre à des Solitaires qui avaient été persécutés par les Ariens ; — Dans les Mém. histor. et chronol. de Guilbert, IIIᵉ partie, t. I, pp. xxxiij à xxxvj.

BAU

BAUDRI de ST-GILLES D'ASSON (Antoine), Solitaire de P.-R.

Voir dans :

Guilbert, Mém. histor. et chronol., IIIe partie, t. I, pp. 230 à 236.

Mlle Poulain, Vies choisies de MM. de P.-R., t. III, pp. 136 à 139.

Besoigne, Hist. de l'Abbaye de P.-R., t. IV, pp. 105 à 114.

Nécrol. de P.-R., pp. 496 à 498.

Supplém. au Nécrol. de P.-R., pp. 68 à 78.

Cerveau, Nécrol. des plus cél. Défens., t. I, p. 110 ; t. IV, p. 205.

Clémencet, Hist. génér. de P.-R., t. VI, pp, 487 à 489.

Fontaine, Mém., t. II, pp. 352 à 355.

Du Fossé, Mém. T. IV. Voir la table générale.

BAYON (André), Solitaire à Port-Royal.

Fontaine, Mém., t. I, pp. 297 à 301.

BAZIN (Vincent-François), Prêtre, ancien Supérieur de la Communauté de St-Hilaire, célèbre prédicateur.

Cerveau, Nécrol. des plus célèbres Défens. et Confess., t. IV, p. 248.

Son portrait, voir Le Long (Le P.), Biblioth. histor. de la France, t. IV, p. 144.

BER

BEAUBRUN (Henri-Charles de), Clerc tonsuré.

Courte notice sur lui ; — Dans Guilbert, Mém. histor. et chronol. IIIe partie, t. VII, p. 416.

Notice ; — Besoigne, Hist. de l'Abbaye de P.-R., t. V, pp. 143 à 146.

Supplém. au Nécrol. de P.-R., pp. 588 à 590.

Cerveau, Nécrol. des pl. célèbres Défens., t. II, p. 80 ; t. IV, p. 206.

Labelle, Nécrol. des Appelants et Oppos., p. 201.

BEL-AIR (Jean-Bernard de), Solitaire de Port-Royal.

Notice (courte) sur lui ; — Dans Besoigne, Hist. de l'Abbaye de P.-R., t. IV, pp. 122 et 123.

Nécrol. de P.-R., pp. 460 et 461.

Cerveau, Nécrol. des plus célèbres Défens., t. I, p. 70.

BERNARD (Mlle Catherine), Novice à Port-Royal, sœur de la Sr Marie de St-Louis Bernard, q. v.

Relation, dans les Vies intéress. et édif. des Relig. de P.-R., t. II, pp. 139 à 146 : — la Relation commence à la page 130.

BER

BERNARD (Mlle Catherine), Novice à Port-Royal, sœur de la Sʳ Marie de St.-Louis Bernard, q. v. *(Suite).*

Nécrol. de P.-R., pp. 58 et 59.

Supplém. au Nécrol. de P.-R., p. 359.

Cerveau, Nécrol. des plus célèbr. Défens. t. I, p. 23.

BERNARD (Les Demoiselles). *Voyez :* **MARIE de Sᵗ-LOUIS BERNARD (Sœur).**

BERNIÈRES (de). *Voyez :* **MAIGNART DE BERNIÈRES.**

BERTHIER (Messire Jean, Récollet, Evêque d'Aulonne) (*)

Ecrit de lui :

Lettre à la Communauté de Port-Royal-des-Champs (26 février 1669) ; — Dans le « Recueil de Pièces sur le Formulaire », 1754 ; pp. 523 et 524. — Reproduite dans les « Mém. hist. et chronol. » de Guilbert, avec la réponse de la Communauté, IIIᵉ Partie, t. I, pp. 272 à 276.

Notice :

Cerveau, Nécrol. des pl. célèbr. Défens., t. I, p. 259.

(*) C'était un Récollet Evêque *in partibus*, que M. de Châlons [M. Vialart] avait près de lui pour le seconder. (Guilbert), Mém., IIIᵉ Partie, t. I, p. 272, note marg.

BIL

BESSON (Mʳ), Curé de Magny.

Notice (courte) sur lui ; — Mlle Poulain, Vies choisies de MM. de P.-R., t. IV, pp. 214 et 215.

Besoigne, Hist. de l'Abbaye de P.-R., t. V, p. 134.

Supplém. au Nécrol. de P.-R., p. 539 et 540.

Cerveau, Nécrol. des plus célèbres Défens., t. IV, p. 8.

Clémencet, Hist. génér. de P.-R., t. VII. p. 456 et note 61.

BEUZELIN (Madeleine), femme de M. Gentien Thomas Du Fossé, mère de Pierre Du Fossé, l'auteur des « Mémoires ».

Du Fossé, Mém., t. IV, voir la table générale.

BIGNON (Jérôme), Avocat Général au Parlement de Paris, Conseiller d'Etat.

Cerveau, Nécrol. des plus célèbres Défens. et Confess., t. I.. p. 55 ; ibid, t. IV, p. 206.

Son portrait, voir Le Long, Biblioth. histor. de la France, t. IV, p. 149.

BILLY (Jean de), Prêtre, sacristain de Port-Royal.

Clémencet, Hist. génér. de P.-R., t. X, p. 176, note 2.

BOC

BOCQUILLOT (Lazare-André), Chanoine d'Avallon, Confesseur de Port-Royal

Voir dans :

Guilbert, Mém. histor. et chron., IIIᵉ Partie, t. III, pp. 18, 19.

Besoigne, Hist. de l'Abbaye de P.-R., t. V, pp. 120 à 122.

Racine (L'Abbé). Hist. ecclés., t. XII, pp. 245 à 250.

Cerveau, Nécrol. des plus célèbr. Défenseurs, t. II p. 120 ; t. IV. p. 207.

Labelle, Nécrol. des Appelants et Oppos., p. 362.

Clémencet, Hist. génér. de P.-R, t. XIII, pp. 104 à 108.

Du Pin, Biblioth. des Auteurs ecclés. du XVIIᵉ siècle. tome VII, pp. 67 à 75.

Goujet (l'abbé). Bibliothèque des Auteurs Ecclésiastiques du XVIIIᵉ siècle, t. I, pp. 179 à 184.

BOILEAU (Jean-Jacques) (*), Docteur de Sorbonne, Chanoine de Saint-Honoré.

Notice :

Cerveau, Nécrol. des pl. célèbres Défens., t. II, p. 256 ; t. IV, p. 208.

(*) Ne pas le confondre avec le frère du poète satyrique, l'abbé Jacques Boileau, chanoine de Sens, né en 1635, mort en 1706.

BOI

BOILEAU (Jean-Jacques), Docteur de Sorbonne, Chanoine de Saint-Honoré (*Suite*).

Notice : — (*suite*).

Cerveau, Nécrol. des plus célèbres Défenseurs, t. II, p. 256 ; t. IV, p. 208.

Barral (l'Abbé), Appelants célèbr., pp. 99 à 103

Moréri. Gᵈ Dictionn. historique, édition de 1759 ; tome II.

Écrits de lui :

Lettre sur la mort de M. de Sacy ; — Dans les « Vies intéress. et édif. des Relig. de P.-R », t. IV, pp. 91 et 92, 105 et 106.

Lettre à Mademoiselle des Vertus, sur le même sujet ; — dans le même volume, pp. 92 à 94.

Lettre sur la mort de M. de Sacy et de la M. Angélique de St-Jean ; — Dans le même volume, pp. 422 à 426.

BOISBUISON (Pierre de), prêtre de S. Nicolas du Chardonnet, Confesseur de Port-Royal.

Notice sur lui ; — Mˡˡᵉ Poulain, Vies choisies de MM. de P.-R., t. III, pp. 242 à 245 ; — et dans :

Besoigne, Hist de l'Abbaye de P.-R., t. V, pp. 11 à 14.

Nécrol. de P. R., p. 231 ; — Supplém. au Nécrol. de P.-R., p. 643.

BOI

BOISBUISSON (Pierre de), prêtre de S. Nicolas du Chardonnet, Confesseur de Port-Royal (*Suite*).

Cerveau, Nécrol. des plus célèbr. Défens., t. I, p. 191.

Clémencet, Hist. génér. de P.-R., t. V, pp. 112 à 114.

BOONEN (Jacques), Archevêque de Malines.

Vie (Sa) et ses écrits ; — Dom Clémencet, Hist. littér. de P.-R., t. I, pp. 100 à 107.

BOREL (Pierre), Confesseur des Religieuses et Chapelain de Port-Royal.

Notice (courte) sur lui ; — Dans Besoigne, Hist. de l'Abbaye de P.-R., t. IV, pp. 51 et 52.

Nécrol. de P.-R., pp. 45 à 48.

Supplém. au Nécrol. de P.-R., pp. 347 et 348.

Cerveau, Nécrol. des pl. célèbres Défens., t. I, p. 234.

Clémencet, Hist. génér. de P.-R., t. VIII, pp. 124 à 127.

Fontaine, Mém., t. II, pp. 153 et 154.

BOSSUET (La Lettre de) et le Cardinal de Noailles.

Dans les « Mém. histor. et chronol. » de Guilbert, IIIᵉ partie, t. V, pp. 438 à 531.

Dans Pinault, Hist. de la

BOU

BOSSUET (La Lettre de) et le Cardina de Noaille (*Suite*).

dern. perséc., t. II, pp. 88 à 195.

Dans D. Clémencet, Hist. génér. de P.-R., t. IX, p. 552.

Notice et Catalogue raisonné de ses ouvrages ; — Dans Racine (L'Abbé), Hist. ecclésiast., t. XII, pp. 334 à 419.

Cerveau, Nécrol, des pl. célèbres Défens., t. II, p. 7 ; t. IV, p. 210.

BOUCHIER (Pierre), Jardinier de Port-Royal-des-Champs (dit le grand Pierre).

Mort (Sa) ; — Dans Guilbert, Mém. histor. et chronol., IIIᵉ partie, t. VII, p. 396.

Vie (Sa) ; — Ibid., pp. 397 à 403.

Pinault, Hist de la dern. perséc., t. III, pp. 312 à 322.

Cerveau, Nécrol. des pl. célèbres Défens., t. IV, p. 70.

Clémencet, Hist. génér. de P.-R., t. X, pp. 293 à 300.

BOUILLY (François), Chanoine d'Abbeville, Jardinier de Port-Royal.

Relation de sa mort ; — Pinault, Hist. de la dern. perséc., t. III, pp. 389 à 404.

Notice sur lui ; — Mlle Poulain ; Vies choisies de MM. de

BOU

BOUILLY (François), Chanoine d'Abbeville, Jardinier de P.-R. (*suite*).

P.-R., t. III, pp. 133 à 136 ; — Et dans :

Besoigne, Hist. de l'Abbaye de P.-R., t. IV, pp. 101 à 103.

Nécrol. de P.-R., pp. 144 à 146.

Supplément. au Nécrol. de P. R., pp. 541 et 542.

Cerveau, Nécrol. des pl. célèbres Défens., t. I, p. 109

Fontaine, Mém., t. II, pp. 350 et 549.

BOURGEOIS (Jean), Prêtre, Docteur en Théologie, Abbé de la Merci-Dieu.

Notice (Courte) sur lui ; — Dans Besoigne, Hist. de l'Abbaye de P.-R., t. V, pp. 20 et 21 ; Ibid., t. IV, p. 121.

Cerveau, Nécrol. des pl. célèbres Défens., t. I, p. 239 ; t. IV, p. 212.

Clémencet, Hist. génér. de P. R., t VIII, pp. 142 et 143.

Écrit de lui :

Lettre à la M. Angélique de St-Jean, sur sa seconde élection ; — Dans les « Vies intéress. et édif. des Relig. de Port-Royal », t. IV, pp. 533 à 536.

BRE

BOURNEAU (Elisabeth), Tourière de Port-Royal.

Nécrol. de P.-R., pp. 289 à 292 ; reproduit dans Cerveau, Nécrol., t. I, p. 122.

Clémencet, Hist. génér. de P.-R , t. VII, pp. 18 à 20.

BOURSIER (Laurent-François), Prêtre, Docteur de Sorbonne.

Cerveau, Nécrol. des pl. célèbres Défens. et Confess., t. III, p. 199 ; — Ibid, t. IV, p. 212.

Son portrait, voir le P. Lelong, Bibliothèque histor. de la France, t. IV, p. 157.

BREUIL (le P. Jean-Baptiste, du), de l'Oratoire.

Note sur lui ; — Dans les « Vies intéress. et édif. des Relig. de P.-R. », t. I, p. 397. Et dans le :

Supplément au Nécrologe de P.-R., pp, 4 à 14.

Cerveau, Nécrol. des pl. célèbres Défens , t. I, p. 314.

Écrit de lui :

Extrait de lettre ; — Dans le Supplément au Nécrologe de P.-R., p. 15.

BRI

BRISACIER (Le P.), *Voyez* : Gondy (François de).

BROUE (de la). *Voyez* : La Broue (de).

BULLE « *Unigenitus* ».

Se trouve dans :

Abrégé chronologique des principaux événements qui ont précédé la Constitution *Unigenitus*, Utrecht, 1730, in-32, pp. 43 à 96.

Abrégé chronologique des principaux événements, in-12 de 1732 ; — Ecrit de 41 pages.

Bulle (La) *Unigenitus* avec des Remarques, par Gudver, volume spécial, q. v.

La même Bulle, dans le Nécrologe des principaux Défenseurs de la Vérité, par Cerveau, t. V, pp. 175 à 194.

[Nivelle], La Constitution *Unigenitus* déférée à l'Eglise universelle, t. I, p. 3.

BULLE « *Vineam* » DE CLÉMENT XI.

Dans Guilbert, Mém. histor. et chronol., IIIe Partie, t. III, pp 366 à 373.

Dans Cerveau, Nécrologe des plus célèbres Défens. et Confess., t. V, p. 138.

BURLUGUAI (Jean), Docteur en Théologie, Chanoine et Théologal de Sens.

Notice (courte) sur lui ; —

BUZ

BURLUGUAI (Jean), Docteur en Théologie, Chanoine et Théologal de Sens (*Suite*).

Besoigne, Hist. de l'Abbaye de P.-R., t. IV, pp, 428 à 430.

Supplém. au Nécrol. de P.-R., pp. 314 et 315.

Cerveau, Nécrol. des pl. célèbres Défens., t. IV, p. 5.

Clémencet, Hist. génér. de P.-R., t. VII, p. 417, note 44.

Son portrait a été gravé par Habert in-4º.

Écrits de lui :

Lettre à la M. Angélique de St-Jean, sur la mort de M. de Sacy ; — Dans les « Vies intéress. et édif. des Relig. de P.-R. », t. IV, pp. 126 à 128.

Lettre à Dom Claude Lancelot ; — Dans le Supplém. au Nécrol. de P.-R., pp. 133 à 136.

BUZANVAL (Madame Choart de), quelquefois écrit Buzenval, née Madeleine Potier, mère de l'Evêque de Beauvais.

Guilbert, Mém. histor. et chronol., IIIe partie, t. I, p. 538.

Cerveau, Nécrol. des plus célèbres Défens. et Confess., t. I, p. 130.

BUZANVAL (Nicolas Choart de), Evêque de Beauvais.

Vie (Sa) ; — Dans les Vies des quatre Evêques, par Besoigne, t. II, pp. 1 à 113.

BUZ

BUZANVAL (Nicolas Choart de), Evêque de Beauvais (*Suite*).

Notice sur lui ; — Dans Racine (l'Abbé), Hist. ecclés., t. XII, pp. 448 à 459.

Nécrol. de P.-R., p. 279.

Cerveau, Nécrol. des plus célèbres Défens., t. I, p. 181.

Lancelot, Mémoires, t. II, pp. 240 et 241, note.

Clémencet, Hist. génér. de P.-R., t. VII, p. 270, note 59.

CAL

BUZANVAL (Nicolas Choart de), Evêque de Beauvais (*Suite*).

Son portrait, voir le P. Lelong, Biblioth. histor. de la France, t. IV, p. 169.

[Mésenguy (Fr.-Ph.)], Idée de la Vie et de l'esprit de Messire Nicolas Choart de Buzanval, Evêque et Comte de Beauvais, Paris, François Barrois, 1717 ; in-12.

C

CAL

CALENDRIER ecclésiastique.

Calendrier ecclésiastique avec le Nécrologe des personnes qui depuis un siècle se sont le plus distinguées par leur piété, par leur attachement à Port-Royal, et par leur amour pour les vérités combattues. Utrecht, 1741 ; in-32.

Calendrier des principaux amis de la Vérité ; – Dans le Nécrologe des plus célèbres Défenseurs et Confesseurs de la Vérité, par Cerveau, au commencement du tome IV.

Nécrologe (en forme de Calendrier), des principales Abbesses, Prieures et Religieuses

CAL

CALENDRIER ecclésiastique (*Suite*).

de P.-R. des Champs, des Dames et Pensionnaires, des Confesseurs et des Solitaires qui ont peuplé ce saint désert, et de tous ceux qui ont été attachés à cette Maison ; — En tête du « Manuel des Pèlerins de P.-R. des Champs », par Gazaigne, pp. 28 à 38 après l'Avertissement.

CALLAGHAN (Jean), Prêtre, Curé au diocèse de Blois.

Notice (courte) sur lui ; — Besoigne. Hist. de l'Abbaye de P.-R., t. IV. pp. 383 et 384.

CAM

CAMBRAI (Mademoiselle de).

Écrit d'elle :

Lettre à la M. Angélique de St-Jean, sur la mort de M. de Sacy ; — Dans les « Vies intéress. et édif. des Relig. de P.-R. », t. IV, pp. 90 et 91.

CANDIDE, — *Voyez :* **MAGDELEINE DE SAINTE CANDIDE LE CERF.**

CAS DE CONSCIENCE (Abrégé de son histoire).

Clémencet, Hist. génér. de P.-R., t. IX, pp. 7 à 33.

Du Pin, Histoire ecclésiastique du XVIIe siecle, t. IV, voir à la table.

[Louail (Mr Jean), prêtre, et Mlle de Joncoux], Histoire du Cas de Conscience. Nancy (Hollande), Jos. Nicolaï, 1705 à 1711 ; 8 vol. in-12

CATALOGUE des principaux Ouvrages de piété, composés par MM. de Port-Royal.

Dans le « Manuel des Pèlerins de P.-R. d. Ch », pp. 59 à 64.

CATHERINE AGNÈS DE SAINT-PAUL-ARNAULD ; — *Voyez :* **AGNÈS DE SAINT-PAUL-ARNAULD.**

CATHERINE DE SAINT-JEAN-ARNAULD (Sœur), appelée dans le monde Madame Le Maistre.

Relation de sa vie et de ses vertus ; dans les « Mémoires p. serv. à l'histoire de Port-Royal »,

CAT

CATHERINE DE SAINT-JEAN ARNAULD (Sœur), appelée dans le monde Madame Le Maistre (*Suite*).

1734, édition de l'abbé Goujet, t. I, pp. 49 à 97. — Reproduite avec des additions et augmentations dans les « Mémoires », de 1742, t. III, pp. 313 à 359. — Mlle Poulain, Vies choisies des Relig. de P.-R., t. II, pp. 74 à 80.

Nécrol. de P.-R., pp. 37 à 40.

Besoigne, Hist. de l'Abbaye de P.-R., t. I, pp. 304 à 312.

Cerveau, Nécrol. des pl. célèbr. Défens, t. I, p. 50.

Clémencet, Hist. génér. de P.-R., t. II, pp. 196 à 206 ; t. III, pp. 113 à 129.

Fontaine, Mém., t. I, pp. 30, 31, 34, 41, 38, 112, 113 à 115, 360, 372, 400 à 406.

Ecrits d'elle :

Lettre à Mlle de Longueville ; — Dans les « Mém. p. serv. à l'hist. de P.-R. », 1734, édition de l'abbé Goujet. t. I, p. 98.

Relation de ce qui a précédé l'établissement du Monastère du S. Sacrement, et de ce qui est arrivé depuis jusqu'en 1636. — Dans les « Mém. p. serv. à l'histoire de P.-R. », 1742, t. I, pp. 419 à 455.

Relation de la Vie et des vertus de Madame Arnauld, Religieuse de Port-Royal, sous le nom de Catherine de Sainte Félicité ; — Dans les « Mém. p servir à l'hist. de P.-R. », 1742, t. III, p. 275 à 313.

CAT

CATHERINE DE SAINT PAUL GOULAS (Sœur).

Relation de sa Vie et de ses vertus ; — Dans les « Vies intéress.et édif.des Relig.de P.-R. », t. II, pp. 248 à 252.

Nécrol. de P.-R , pp. 211 à 213 ; et supplém. au Nécrol. de P.-R., p. 631.

Cerveau, Nécrol. des pl. célèbres Défens., t. I, p. 105.

Clémencet, Hist. génér. de P.-R , t. VI, pp. 178 à 188.

Écrits d'elle :

Rétractation de la signature du Formulaire ; — Dans les « Vies intéress. et édif. des Relig. de P.-R. », t. II, pp. 476 à 478.

Interrogatoire (Son) ; – Hist. des Perséc., p. 86.

CATHERINE DE SAINTE-AGNÈS ARNAULD D'ANDILLY (Sœur).

Relation de sa vie et de sa vertu ; — Dans « les Mém. pour serv. à l'hist. de P.-R. », 1742, t. III, pp. 489 à 498. de P.-R., p. 491.

Nécrol. de P.-R., p. 491.

Lancelot, Mémoires, t. II, pp. 178 à 180.

Besoigne, Hist. de l'Abb. de P. R., t. I, p. x, à l'arbre généalogique de la famille des Arnauld, où il est dit que c'est elle qui recopia les lettres de M. de S. Cyran.

CATHERINE DE SAINTE AGNÈS ARNAULD D'ANDILLY (Sœur) (Suite).

Cerveau, Nécrol. des plus célèbres Défenseurs, t. I, p. 34.

Clémencet, Hist. génér. de P.-R., t. II, pp. 352 à 358.

CATHERINE DE SAINTE-EUGÉNIE GUELLARD (Sœur), Converse.

Interrogatoire (Son) ; — Hist. des Perséc., pp. 177 et 178.

Nécrol. de P.-R., pp. 59 à 61.

CATHERINE DE SAINTE FÉLICITÉ MARION, veuve de Mr Arnauld.

Relation de sa vie et de ses vertus ; — dans les « Mémoires pour servir à l'histoire de Port-Royal », (donnés par l'abbé Goujet), 1734 ; t. I. pp. 3 à 47. — Reproduite dans les « Mémoires », de 1742, t. III, pp. 275 à 313.

Vie (Sa) ; — Mlle Poulain, Vies choisies d. Relig. de P.-R.,t. II. pp. 36 à 41.

Nécrol.de P.-R.,pp 101 à 103.

Suppl. au Nécrol. de P.-R., p. 446.

Lancelot, Mémoires, t. I, p. 322, à la note.

Besoigne, Hist. de l'Abbaye de P.-R., t. I, pp. 207 à 211.

Cerveau, Nécrol. des pl. célèbres Défens., t. I, p. 24.

Clémencet, Hist. génér. de P.-R , t. II, pp 206 à 220.

Fontaine, Mém., t. I, pp. 115 et 116.

CAT

CATHERINE de SAINTE-FLAVIE PASSART (Sœur).

Vie (Sa) ; — Dans Besoigne, Hist. de l'Abb. de P.-R., t. I, pp. 559 et 560, 593, 597, 598, 601 à 605 ; t. II, pp. 22 à 28.

Dans Dom Clémencet, Histoire génér. de P.-R., t. V, pp. 40 à 48 78, 81 à 85 ; t. VI, pp. 4 à 12, 17, 18 ; t. VII, 6 à 12, 468. Une lettre adressée à elle, 466 à 468.

Dans le « Recueil de Pièces », 1740 ; pp. 518 à 524.

Dans les « Mém. histor. et chronolog. » de Guilbert, IIIᵉ pⁱᵉ, t. I, pp. 476 à 486.

Dans les Œuvres d'Ant. Arnauld, t. XXIII, pp. 183, 184. Ibid., XXIV, pp. 526, 529. Ibid., XXI, pp. cxxxviii et cxxxix.

Besoigne, Hist. de l'Abbaye de P.-R., t. I, pp. 559 et 560, 574 à 576, 597 et 598, 601 à 605 ; t II, pp. 22 à 28.

Clémencet, Hist. génér. de P.-R., t. V, pp. 40 et 41, 78, 81. — T. VI, pp 4 à 13, 17, 18. — T. VII, pp. 6 à 13.

Du Fossé, Mém., t. II, p. 85 ; t. III, pp. 46, 47, 63 à 65.

Écrits d'elle :

Relation sur la charité de la M. Angélique pour diverses personnes ; — Dans les « Mém.

CAT

CATHERINE DE STE-FLAVIE PASSART (Sœur) (suite).

Écrits d'elle : — (Suite).

p. serv. à l'hist. de P.-R. », 1742, t. II, pp. 596 à 601.

Relation de la manière dont la sœur Suzanne de St-Paul des Moulins a été reçue à Port-Royal et y a vécu ; — Dans les « Vies intéress. et édif. des Relig. de P.-R. », t. II, pp. 306 à 311.

Réponse supposée d'elle, à la Mère Agnès ; — Dans D. Clémencet, Hist. gén. de P.-R., t. VII, pp. 468 à 470, tirée du Recueil de pièces de 1740, pp. 521 à 523.

Clémencet, Hist. génér. de P.-R., t. VII, pp. 468 à 470.

Interrogatoire (Son) ; — Histoire des Perséc., pp. 94 et 95.

CATHERINE DE SAINTE-HILDEGARDE FONTAINE (Sœur).

Écrit d'elle :

Interrogatoire (Son) ; — Hist. des Perséc., pp. 144 et 145.

CATHERINE DE STE-PÉLAGIE HAMELIN (Sœur).

Écrit d'elle :

Interrogatoire (Son) ; — Hist. des Perséc., pp. 134 et 135.

CAT

CATHERINE DE SAINTE-SUZANNE CHAMPAGNE (Sœur).

Relation d'un miracle attribué aux prières de la Mère Agnès, écrite par la Sœur Catherine de Ste-Suzanne Champagne ; — Dans les « Mémoires pour servir à l'Histoire de P.-R. », 1734, édition de l'Abbé Gouget, t. I, pp. 336 à 345 ; — Reproduite dans les « Mém. p. serv à l'Hist. de P.-R. », 1742, t. III., pp. 252 à 259. — Reproduite dans les « Mémoires histor et chronolog. » de Guilbert. IIIe partie, tome III, pp. 33 à 41. — Reproduite dans « l'Histoire des Persécutions », pp. 73 à 76.

Supplém. au Nécrol de P.-R., pp. 467, 468.

Besoigne, Hist. de l'Abbaye de P.-R., t. I, pp. 380, 381.

Cerveau, Nécrol. des plus célèbres Défens., t. I, p. 221.

Clémencet, Hist. génér. de P.-R., t. IV, pp. 228, 229.

Ecrits d'elle :

Lettre sur le miracle que Dieu a opéré sur elle ; — Dans l'Hist. des Persécutions (Villefranche), pp. 75 et 76.

Interrogatoire (Son) ; — Hist. des Perséc., pp 130 et 131.

Lettre à son Père ; Dans les Relations in-4º de 1724, VIIIe Relat., p. 196.

CAU

CATHERINE DE Ste-THARSILE DAFLON (Sœur) ; Clémencet écrit d'Afflon.

Sur elle, voir : Guilbert, Mém. histor. et chronol., IIIe partie, t. VI, pp. 244 et 245.

Signature (Sa), Ibid., t. VII, pp. 42 à 47.

Entrée (Son) à la Malnoue ; — Ibid , t. VII, p 324 à 326.

Mort (Sa) ; — Ibid., ibid., pp. 395 et 396.

Clémencet, Hist. génér. de P.-R., t. IX, pp. 494 et 495, 500.

CATHERINE DE SAINTE - THÉODORE CORBILLON (Sœur), Converse.

Interrogatoire (Son) ; — Hist. des Perséc., pp. 182 et 183.

CATHERINE-EULALIE VALLART (Sœur).

Interrogatoire (Son) ; — Hist. des Perséc., pp. 174 et 175.

CATHERINE-HENRIETTE DE St-AUGUSTIN DE LORRAINE D'ELBEUF (Sœur) ; *Voyez :* Elbeuf (Mlle d').

CAULET (Etienne-François de), Evêque de Pamiers.

Vie (Sa) ; – Dans les Vies des quatre Evêques. par Besoigne, t. II, pp. 114 à 318.

Cerveau, Nécrol. des pl. célèbr. Défens., t. I, p. 186.

CAU

CAULET (Etienne-François de), Evêque de Pamiers (*Suite*).

Clémencet, Hist. génér. de P.-R.. t. VII, p. 396, note 40.

Son portrait, voir le P. Lelong, Biblioth. histor. de la France, t. IV, p. 164.

CAYLUS (Daniel-Charles-Gabriel), Evêque d'Auxerre.

[Barral (l'Abbé Pierre)]. Dictionn. historique, littér. et critiq., t. I, pp. 737 à 739.

Cerveau, Nécrol. des plus célèbr. Défens. et Conf., t. III, pp. 305 et 306.

Dettey (l'abbé), Vie de M. de Caylus, Evêque d'Auxerre, Amsterdam, 1765 ; 2 vol. in-12.

CERF (Le) ; *Voyez :* Le Cerf.

C HAPELET SECRET : *Voyez :* Catherine Agnès de St-Paul Arnauld.

Voir aussi dans :

Guilbert, « Mém. histor. et chronol. » ; Ire partie, t. II, pp. 389 à 418 ; le texte même, pp. 392 à 396.

Nicole (Guillaume Wendrock), Note II sur la XVIe Lettre provinciale, t. III, pp. 268 à 274.

Lancelot, Mém., t. I, pp. 389 à 401.

Clémencet, Hist. génér. de P.-R., t. I, pp. 187 à 210.

CHE

CHARLOTTE DE SAINT-BERNARD DE SAINT-SIMON (Sœur).

Ecrits d'elle :

Relation sur la M. Angélique ; — Dans les « Mém. p. serv. à l'Hist. de P.-R. », 1742, t. III, pp. 147 à 157.

Interrogatoire (Son) ; — Histoire des Perséc., pp. 163 à 165.

Entretien (Son) avec M. de Péréfixe ; — Ibid., pp. 454 à 456. Relations in-4, de 1724, 9e Relation, pp. 10 et 11.

CHATEAU-RENAULD (Madame de).

Voir dans :

Guilbert, Mém. historiq. et chronol. IIIe partie, t. III, pp. 535, 536 à 541, 543 à 555.

Besoigne, Hist. de l'Abb. de P.-R., t. III, pp. 151 et 152, 189 à 192, 213 et 223.

Clémencet, Hist. génér. de P.-R., t. IX et t. X, voir la table de chaque volume.

CHERTEMPS (Antoine), Prêtre, Chanoine de S. Thomas du Louvre.

Notice sur lui ; — Dans Besoigne, Hist. de l'Abbaye de P.-R., t. V, pp. 128 à 130.

Supplém. au Nécrol. de P.-R., pp 544 et 545.

Cerveau, Nécrol. des pl. célèbr. Défens., t. II, p. 29.

CHE

CHERTEMPS (Antoine), Prêtre, Chanoine de S. Thomas du Louvre (*suite*).

Écrit de lui :

Lettre à la M. Angélique de St-Jean, sur la mort de M. de Sacy ; — Dans les « Vies intéess. et édif. des Relig. de P R. », t. IV, pp. 83 à 85.

CHOART DE BUZANVAL, *Voyez :* Buzanval.

CHOISNEL ou CHOYNEL, Chapelain de Port-Royal des Champs.

Du Fossé, Mémoires, édition de 1739, pp. 46 et 47, et note.

CHRONOLOGIE. — Voyez aussi : Calendrier.

Abrégé chronologique des principaux événements qui ont précédé la Constitution *Unigenitus*, qui y ont donné lieu, ou qui en sont les suites. Utrecht, 1730, in-32.

Abrégé chronologique des principaux événements qui ont rapport à la Constitution *Unigenitus* ou à l'Appel, et qui ont précédé ou suivi ce décret. Utrecht, 1741, in-32.

Etrennes curieuses et édifiantes pour l'année 1735 ; — tout ce qui précède est ordinairement réuni en 1 vol. in-32 sous le titre d'Etrennes curieuses.

CHR

CHRONOLOGIE. — *Voyez* aussi : Calendrier (*Suite*).

Annales pour servir d'étrennes aux Amis de la Vérité (de 1540 à 1713). S. l. n. d., 1 vol. in-32.

Abrégé chronologique des principaux événements qui ont précédé la Constitution *Unigenitus*, qui y ont donné lieu ou qui en sont les suites, avec les CI Propositions du P. Quesnel mises en parallèle avec l'Ecriture et la Tradition. S. l., 1732 (allant de 1073 à 1732) ; 1 vol. in-12.

CHRONOLOGIE des Principaux événements de P.-R

Besoigne, Hist. de l'Abbaye de P.-R., t. I, pp. xi à xiij.

Table chronologique des principaux événements de l'Histoire ecclésiastique des XVIIe et XVIIIe siècles ; — Dans Cerveau, Nécrologe des principaux Défenseurs et Confesseurs de la Vérité, t. I, pp. xiij à lij.

Ibid., suite ; t. IV, pp. liij à lxxiij.

Ibid., suite ; t. VI, pp. lxxvij à lxxxiv.

Abrégé chronol. de l'Hist. de Port-Royal des Champs depuis sa réforme jusqu'à la destruction de cette sainte maison ; — Dans le « Manuel des Pélerins de P.-R. des C. », pp. 39 à 58.

CIB

CIBO (Le Cardinal).

Écrit de lui :

Lettre écrite par ordre de N. S. P. le Pape Innocent XI à M. Antoine Arnauld, Docteur de Sorbonne ; — Dans les « Mémoires » de Du Fossé, édition de 1739. pp. 520 à 523.

CLAIRE MARTINE PINOT (Sœur).

Relation de sa vie ; dans les « Mémoires p. serv. à l'Hist. de P.-R. », 1734, Edit. de l'abbé Goujet, t. I, p. 291 ; — Reproduite dans les « Vies intéress. et édif. des Relig. de P.-R. », t. II, pp. 252 à 256.

Besoigne, Hist. de l'Abbaye de P.-R., t. I, pp. 121 et 122.

Mém. p. serv. à l'Hist. de P.-R., 1742, t. II, pp. 403 à 405.

CLAUDE LOUISE de STE-ANASTASIE du MESNIL de COURTIAUX (La Révérende Mère), dernière Prieure de Port-Royal.

Relation (*) de sa vie et de sa mort ; écrit de 39 pages, placé ordinairement à la fin dans le vol. des « Mém. et Relations », de 1716, ou dans celui de la « Relation de la captivité de la M. Angélique de Saint-Jean »,

_____

(*) Dans cette Relation, à la page 18, cette Religieuse est appelée du Mesnil de Courtiaux. Guilbert, *Mémoires*, IIIe partie, VII, 256, affirme qu'elle ne s'appelait pas de Courtiaux.

CLA

CLAUDE LOUISE de STE-ANASTASIE du MESNIL de COURTIAUX (La Révérende Mère), dernière Prieure de P.-R. (*Suite*).

1711. Les pp. 18 à 22 de cette Relation se trouvent reproduites dans le Suppl. au Nécrol., pp. 3 et 4.

Sur sa captivité ; — Dans les « Mém. histor. et chronol. » de Guilbert, IIIe partie, t. VI, pp. 195 à 204.

Mort (Sa) ; — Ibid., t. VII, pp. 235 à 257, 326 et 327.

Diverses paroles et actions d'elle. — Dans Pinault. Hist. de la dern. perséc., t. II, pp. 326 à 331.

Histoire abrégée de sa vie et de sa captivité, de sa maladie et de sa mort ; — Ibid., t. III, pp. 206 à 228.

Relation de la vie et de la mort de la Révérende Mère de Ste-Anastasie, dernière Prieure de P.-R. des Champs.

Courte notice sur elle :

Mlle Poulain, Vies choisies des Relig. de P.-R., t. II, pp. 302 à 306.

Note (Une) la concernant ; dans les « Vies intéress. et édif. des Religieuses de P.-R. », t. III, p. 441.

Relation plus correcte de la mort de la Mère Louise de Ste Anastasie du Mesnil de Courtiaux, dernière Prieure de P.-R. des Champs ; — dans le Supplément au Nécrologe de P.-R., pp. 136 et 137.

CLA

CLAUDE LOUISE DE SAINTE ANASTASIE DU MESNIL DE COURTIAUX (La Révérende Mère), dernière Prieure de Port-Royal (*Suite*).

Notice : — (*suite*).

Nécrologe de P.-R., pp. 121 à 123.

Supplément au Nécrol. de P.-R., pp. 474 à 479.

Besoigne, Hist. de l'Abbaye de Port-Royal, t. III, pp. 232 à 238.

Cerveau, Nécrol. des plus célèbres Défens. et Confess., t. IV, p. 58.

Clémencet, Hist. génér. de P.-R., t. IX et X, voir la table de chacun de ces volumes.

Son portrait, sans nom de graveur, in-4°.

Écrits d'elle :

Relation de la vie et des vertus de la Sœur Françoise Magdeleine de Ste Julie Baudrand ; — Dans les « Vies intéress. et édif. des Relig. de P.-R. », t. III, pp. 65 à 69.

Lettre au Cardinal de Noailles ; — Dans les « Mém. histor. et chronol. » de Guilbert, IIIe Pie, t. VII, pp. 37 à 41.

CLÉMENT (Mme Hippolyte Antoinette), Tourière de Port-Royal.

Clémencet, Hist. génér. de P.-R., t. VIII, p. 11 à la note 6.

COL

CLÉMENT (Mme Hippolyte Antoinette), Tourière de P.-R. (*Suite*).

Guilbert, Mém. histor. et chronol., 3e Partie, t. III, pp. 130 à 134.

Fontaine, Mém., t. II, pp. 526 et 527.

CLÉMENT IX (Le Pape).

Cerveau, Nécrol. des plus célèbres Défens. et Confess., t. I, p. 118.

Racine (l'abbé), Abrégé de l'Hist. Ecclés., t. X, pp. 40 à 43

COBBAERT (Pierre), Prémontré.

Notice (courte) sur lui ; — Dans Clémencet, Hist. littér. de P.-R., t. I, pp. 154 et 155.

CODDE (Pierre), Archevêque de Sébaste.

Notices sur lui ; — Dans : Racine (L'Abbé), Hist. ecclésiast., t. XIII, pp 348 à 355.

Cerveau, Nécrol des plus célèbr. Défens., t. II, p. 23.

Son portrait, H. Pothoven del.; I. Folkéma sculp., in-4.

COLBERT (Charles-Joachim), Évêque de Montpellier.

Notices :

Cerveau, Nécrol. des pl. célèbres Défens., t. II, p. 329.

Barral, Appelants célèbres, p. lviij .

COL

COLBERT (Charles-Joachim), Évêque de Montpellier (*Suite*).

Notices : — *(suite)*.

Son portrait, voir le P. Lelong, Biblioth. histor. de la France, t. IV, p. 172.

Écrits de lui :

Extrait de sa troisième Lettre à M. l'Evêque de Marseille (Belzunce) ;

— Dans les « Mémoires » de Lancelot, t. II, pp. 472 à 493.

COMPAGNON (François), vigneron.

Vie (Sa) ; — Dans Pinault, Hist. de la dern. perséc., t. III, pp. 350 à 367.

Cerveau, Nécrol. des plus célèbr. Défens., t. IV, p. 45.

Clémencet, Hist. génér. de P.-R., t. X, p. 310, note 49, p. 315, note 51.

CONFESSEURS DE PORT-ROYAL (Sur les)

Voir dans :

Guilbert, Mémoir. histor. et chronol. IIIᵉ partie, t. II, pp. 460 à 466.

Liste des Confesseurs de P.-R. d. C. depuis que le Monastère fut mis sous la juridiction de l'Ordinaire ; — Dans le « Manuel des Pèlerins de Port-Royal

CON

CONFESSEURS de P. - R. (Sur les). (*suite*).

Voir dans :

des Champs », p. 15 de l'Avertissement.

Mémoire sur les Confesseurs qui ont été envoyés par M. Chamillard à P.-R., depuis la persécution ; — Supplément au Nécrol. de P.-R., pp. 91 à 95.

CONFLANS D'ARMENTIÈRES (Mlle Marie de), que Besoigne appelle Sœur Marie de S. Augustin, et morte à l'âge de 14 ans.

Besoigne, Hist. de l'Abbaye de P.-R., t. I, pp. 141 à 145.

Relation de sa vie et de ses vertus ; — Dans les « Vies intéress. et édif. d. Relig. de P.-R.», t. III, pp. 124 à 181.

Cerveau, Nécrol. des pl. célèbr. Défens., t. I, p. 17.

CONRIUS (Florent).

Vie (Sa) et ses écrits ; — Dom Clémencet. Hist. littér. de P.-R., t. I, pp. 83 à 96.

CONTI (Armaud de Bourbon, Prince de).

Notices sur lui :

Mlle Poulain, Vies choisies de MM. de P.-R., t. III, pp. 124 à 129 ;

CON

CONTI (Armand de Bourbon, Prince de) *(Suite)*.

Notices sur lui : — *(Suite)*.

Besoigne, Hist. de l'Abbaye de P.-R., t. III, pp. 36 à 41.

Supplém. au Nécrol. de P.-R., pp. 416 à 418.

Voir les préfaces des Œuvres du P. Surin que le Prince de Conti fit imprimer.

Cerveau, Nécrol. des plus célèbres Défens. t. I, p. 95.

Lancelot, Mémoires, t. II, pp. 378 et 379 note.

Clémencet, Hist. génér. de P.-R., t. VII, pp. 119 à 126.

Fontaine, Mém. t. II, pp. 267 à 269, 472.

Son portrait, voir le P. Le-long, Biblioth. histor. de la France, t. IV, p. 155, 1re colonne.

CONTI (Anne-Marie-Martinozzi, Princesse de).

Vie (Sa) :

Mlle Poulain, Vies choisies des Relig. de P.-R., t. II, pp. 176 à 189.

Nécrol. de P.-R., pp. 65 à 67.

Supplém. au Nécrol. de P.-R., pp. 384 à 394.

Besoigne, Hist. de l'Abbaye de P.-R., t. III, pp. 36 à 49.

Clémencet, Hist. génér. de P.-R., t. VII, pp 143 et 144.

CRO

CONTI (Anne-Marie Martinozzi, Princesse de) *(suite)*.

Fontaine, Mém. t. II, pp. 266 et 267, 471 à 475, 481, 484 à 486.

Cerveau, Nécrol. des plus célèbres Défens. et Confess., t. I, p. 132.

Son portrait, voir le P. Le-long, Biblioth. histor. de la France, t. IV, p. 155, 2e colonne.

CONTRITION (Eclaircissement historique sur la).

Dans les « Mémoires de Lancelot », t. I, pp. 448 à 508.

CORPS exhumés de Port-Royal des Champs.

Voyez :

Exhumation des corps.

Lieux et endroits où furent, etc.

COURCELLES (Mademoiselle de).

Ecrit d'elle :

Lettre à la Révérende Mère Supérieure de Port-Royal des Champs Angélique [de St-Jean] Arnauld d'Andilly ; — Dans les « Vies intéress. et édif. des Relig. de P.-R. », t. IV, pp. 490 à 492.

CROISET (Le P.), Jésuite ; voir Aubenton (d').

CUR

CURÉ DE SAINT-ETIENNE (Le).

Écrit de lui :

Lettre sur la mort de M. de Sacy et de la Mère Angélique de St-Jean ; — Dans les « Vies intéress. et édif. des Relig. de P.-R. », t. IV, pp. 420 et 421.

DEN

CURÉS de MAGNY.

Dans Besoigne, Hist. de l'Abbaye de P.-R., t. V, pp. 131 à 134.

D

DEL

DELAUNE (Simon-Jean), Prêtre, Bachelier en Théologie de la Faculté de Paris.

Cerveau, Nécrol, des plus célèbres Défens.et Confess.,t.VII, p. 166, etc.

DENISE de Ste-ANNE COSSART de FLAN (Sœur).

Notice sur elle :

Interrogatoire(Son) ; — Hist. des Perséc., p. 169.

Entretien (Son) avec M. de Péréfixe ; — Ibid., pp. 456 et 457.

Relat. in-4 de 1724, 9° Relat., pp. 11 et 12.

Écrits d'elle :

Guilbert, Mém. histor. et chronol. de P.-R., t.III, p. 162.

Cerveau, Nécrol, des plus célèbres Défens. et Confess., t. I, p. 280.

DEN

DENISE de Ste-BASILISSE NOISEUX (Sœur), Converse.

Sur elle ; Voir : Guilbert, Mém. histor. et chronol., III° partie, t. VI, pp. 245 à 249.

Signature (Sa) ; — Dans le même volume, pp. 508 à 516.

Arrivée (Son) à la Malnoue ; — Ibid., t. VII, pp. 323 et 324.

Lettre collective avec les Sœurs Couturier et Le Juge ; Ibid., ibid., pp. 339 à 343.

Mort (Sa) ; — Ibid., ibid., pp. 462 et 463.

Pinault, Hist. de la dern. perséc., t. III, pp. 304, 305.

Cerveau, Nécrol. des pl. célèbres Défens., t. IV, p. 81.

Clémencet Hist. génér. de P.-R., t IX, pp. 494, 498 à 500.

DES

ES CHAMPS des LANDES (Charles), Solitaire de Port-Royal.

Notices sur lui :

Dans Besoigne, Hist. de l'Abbaye de P.-R., t. IV, pp. 128 et 29.

Nécrol. de P.-R., pp. 162 et 63 ; reproduit dans Cerveau, écrol., I,109.

Fontaine, Mém.,t. II, p. 351.

SCRIPTION de l'Abbaye de Port-Royal des Champs.

Dans les « Mém. histor. et aronol. » de Guilbert, Iʳᵉ pare, t. II, pp. 505 à 525.

Fouillou, Mém. sur la desuction de P.-R., pp. 202 à 224.

Besoigne, Hist. de l'Abbaye e P.-R., t. III, pp. 320 à 338.

Clémencet (Dom). Hist. génér. e P.-R., t. I, pp. 274 à 292.

Description de l'Eglise ; — inault, Hist. de la dernière erséc., t. II, pp. 423 à 443. — eproduite dans Besoigne, Hist. e l'Abbaye de P.-R., t. III, pp. 20 à 338.

Descript. de Port-Royal des hamps dans son état actuel 767) ; — Dans le « Manuel des èlerins de P.-R. d. C. », pp. 19 24.

Lettre intéressante du P. Vinent Comblat à un Evêque, sur e Monastère de Port-Royal.

DES

DES ESSARTS (N.), Prêtre de Valogne, mort en 1727 ; s'écrit quelquefois DESESSARTS.

Notice (courte) sur lui ;

Mˡˡᵉ Poulain, Vies choisies de MM. de P.-R., t. IV, pp. 248 et 249.

Et dans :

Besoigne, Hist. de l'Abbaye de P.-R., t. V, pp. 126 à 128.

Cerveau, Nécrol. des pl. célèbr. Défenseurs, t. II, pp. 108 et 109.

Clémencet, Hist. génér. de P.-R., t. X, p. 329, note 57 et page 330, note 58.

Guilbert, Mém. histor. et chronol., t. VII, pp. 470 et 471.

DESESSARTS (Marc-Antoine), Sous-Diacre.

Cerveau, Nécrol. des pl. célèbres Défens. et Confess., t. III, p. 109.

DESESSARTS (Jean-Baptiste), dit PONCET, Diacre du diocèse de Paris, frère d'Alexis.

Cerveau, Nécrol. des pl. célèbres Défens. et Confess., t. IV, p. 340, et t. VI, p. 171.

DES

DESESSARTS (Alexis), Prêtre.

Cerveau, Nécrol. des plus célèbres Défenseurs et Confess., t. VII, p. 132. (*)

DESLOGES (Mr), pseudonyme de FONTAINE, q. v.

DES-LYONS (Mr), Doyen de Senlis.

Notice :

Cerveau, Nécrol. des pl. célèbres Défens., t. IV, pp. 185 et 226.

Écrit de lui :

Lettre (Extrait d'une) à M. Chassebras, Docteur en théologie, du 29 juin 1681 ; – Dans le Suppl. au Nécrol. de P.-R., p. 191 ; suivie de cinq pièces relatives à M. des Lyons et à M. Arnauld, pp. 192 à 196. — Voir aussi dans le même volume une lettre touchant l'affaire de Mlle Des Lyons, pp. 283 à 286.

DESMARES (Le P. Toussaint-Guy-Joseph), prêtre de l'Oratoire.

Caractère (Son) et Abrégé de sa Vie ; — Dans les « Vies intéress. et édif. des Relig. de P.-R. », t. I, pp. 457 à 496.

(*) « Il avait quatre frères, tous « ecclésiastiques et jansénistes ; l'un « d'eux est fort connu sous le nom de « Poncet. » (Encyclop. Migne. *Dict. des* « *Jansénistes*, art. Desessarts (Alexis).

DES

DESMARES (Le P. Toussaint-Guy-Joseph), prêtre de l'Oratoire (*suite*).

Racine (L'Abbé). Hist. ecclés., t. XII, pp. 236 à 243.

Lettre de M. de Bridieu, Archidiacre de Beauvais, sur les derniers moments du P. Desmares ; — Dans le Supplém. au Nécrol., pp. 206 à 208.

Supplém. au Nécrol. de P.-R., pp. 316 à 326.

Cerveau, Nécrol. des pl. célèbres Défens., t. I, p. 231 ; t. IV, p. 226.

Clémencet, Hist. génér. de P.-R., t. VIII, pp. 120 à 124.

Écrit de lui :

Discours prononcé devant le Pape, le 19 mai 1653 ; – Dans Le Clerc, Renversement de la Religion, t. I, pp. 96 à 138.

DESTRUCTION de P.-Royal des Champs.

Démolition du monastère ; — Guilbert, Mém. historiq. et chronolog., IIIe partie, t. VI, pp. 260 à 274.

Lettre sur la destruction de Port-Royal ; -- Fouillou, Mém. sur la destruction de Port-Royal, pp. 446 à 456 ; — Reproduite dans Guilbert, Mém. histor. et chronol., IIIe partie, t. VI, pp. 609 à 624.

Démolition de l'Eglise ; — Guilbert, Mém. histor. et chronol., IIIe pie, t. VII, pp. 135 à 145.

DIS

DISPERSION des Religieuses de P.-R.

Dispersion des Religieuses ; — Guilbert, Mém. histor. et chronol., IIIe partie, t. VI, pp. 66 à 80.

Lieux des exils des Religieuses ; — Ibid., ibid., pp. 80 à 111.

Captivité, besoins intimes, indigence des Religieuses ; — Ibid., ibid., pp. 162 à 195.

DOAMLUP (Jean), Sous-Diacre, Sacristain de Port-Royal.

Notice (courte) sur lui dans : Besoigne, Hist. de l'Abbaye de P.-R., t. IV, pp. 50 et 51.

Nécrol. de P.-R., pp. 233 à 236.

Supplém. au Nécrol. de P.-R., pp. 669 et 670.

Guilbert, Mém. histor. et chronolog., IIIe partie, t. I, p. 537.

Cerveau, Nécrol. des plus célèbres Défens. et Confess., t. I, p. 129.

DOMAT (Jean), Avocat au Présidial de Clermont en Auvergne.

Notice (courte) sur lui ; — Dans Besoigne, Hist. de l'Abbaye de P.-R., t. IV, pp. 463 à 466.

Supplém. au Nécrol. de P.-R., pp. 459 à 462.

Clémencet, Hist. génér. de P.-R., t. III, pp. 438 et 439 ; — t. VIII, pp. 327 à 330.

DUC

DOROTHÉE PERDREAU ; Voyez : Marie de Ste-Dorothée Perdreau.

DU BOIS (M^r), Curé d'Halluyn, au diocèse de Beauvais.

Mémoire touchant sa sortie de la Bastille ; — Supplém. au Nécrol. de P.-R., pp. 99 et 100.

Cerveau, Nécrol. des plus célèbres Défens. et Confess. de la Vérité, t. I, p. 301.

Son portrait gravé par N., dans Dom Gerberon, Histoire générale du Jansénisme, t. III. p. 9.

DU BREUIL et DUBREUIL, *Voyez :* BREUIL (Du).

DU CHEMIN (Charles), Solitaire de Port-Royal.

Notices sur lui :

Mlle Poulain, Vies choisies de MM. de P.-R., t. IV, pp. 50 à 54.

Et dans :

Besoigne, Hist. de l'Abbaye de P.-R., t. IV, pp. 117 à 120.

Nécrol. de P.-R., pp. 140 à 143, et Supplém. au Nécrol. de P.-R., pp. 538 et 539.

Cerveau, Nécrol. des pl. célèbr. Défens., t. I, p. 236.

Clémencet, Hist. génér. de P.-R., t. VIII, pp. 137 à 141.

Son portrait, gravé par N., in-folio.

DUF

DU FOSSÉ (Gentien Thomas), le père.

Notice (courte) sur lui ; — Mlle Poulain, Vies de MM. de P.-R., t. III, pp. 121 à 123 ; Et dans :

Besoigne, Hist. de l'Abbaye de P.-R., t. IV, pp. 295 à 298.

Abrégé de sa vie ; D. Clémencet, Hist. littér. de P.-R., t. I, pp. 423 à 430.

Clémencet, Hist. génér. de P.-R., t. II, pp. 294 à 301.

Fontaine, Mém., t. II, pp. 174 et 175.

Du Fossé, Mém., t. IV, voir la table générale.

DU FOSSÉ (Pierre Thomas), le fils.

Vie (Sa), à la tête de ses « Mémoires pour servir à l'histoire de P.-R. », édition de 1739, pp. XV à XL.

Notice (courte) sur lui : Mlle Poulain, Vies choisies de MM. de P.-R., t. IV, pp. 186 à 194

Vie (Sa) ; — Dans l'Hist. de l'Abbaye de P.-R., par Besoigne, t. IV, pp. 298 à 339.

Et dans :

Racine (l'abbé), Hist. ecclésiast., t. XII, pp. 172 à 180.

Vie (Sa) et ses écrits ; — Dom Clémencet, Hist littér. de P.-R., t. I, pp. 431 à 456.

DUF

DU FOSSÉ (Pierre Thomas), le fils (*Suite*).

Nécrol. de P.-R., pp. 420 et 421.

Cerveau, Nécrol. des pl. célèbres Défens., t. I, p. 306 ; t. IV, p. 294.

Fontaine, Mém. t. II, pp. 174 à 183, 290, 313 et 314, 325, 326, 334.

Du Fossé, Mém. t. IV, voir à la table générale, p. 77, aux mots Bastille, Thomas (Pierre) Du Fossé.

Du Pin, Biblioth. des Auteurs ecclésiast. du XVIIe siècle, 4e partie, p. 305.

Ecrits de lui :

Lettre contenant le récit d'une apparition de la Mère Angélique à Port-Royal de Paris peu avant la mort de la sœur Marie-Dorothée Perdreau, première Abbesse intruse de la maison de Paris. — Dans les « Relations sur la vie de la Révérende Mère Angélique de Sainte-Magdeleine Arnauld, ou Recueil de la M. Angélique de St-Jean », 1737, pp. 289 à 291. — Reproduite dans les « Mém pour serv. à l'histoire de P.-R. », 1742, t. II, pp. 229 à 232, et dans les « Mémoires » de Du Fossé, pp. 515 à 517.

Mémoire sur le caractère et les vertus de la M. Angélique de St-Jean ; — Dans les « Mé-

DUF

DU FOSSÉ (Pierre Thomas) (*suite*).

Écrits de lui : — (*suite*).

moires p. serv. à l'hist. de P.-R.», 1742, t. III, pp. 550 à 559.

Lettre à M. de Luzanci, sur la mort de M. de Sacy ; — Dans les « Vies intéress. et édif. des Relig. de P.-R. », t. IV, pp. 135 à 137.

Lettre à M. Bocquillot ; où il le remercie du présent qu'il lui avait fait de ses « *Homélies* », et se plaint en ami de ce qu'il semble avoir dit à son sujet dans « *l'Avertissement* » ; — dans le « Recueil de Pièces ». 1740, pp. 549 à 555.

DU FOSSÉ (Mme Gentien Thomas), Mère de Pierre Du Fossé, l'auteur des « *Mémoires* », Voyez : Beuzelin (Madeleine).

Du Fossé, Mém. t. IV, voir la table générale au nom de Beuzelin.

DU GUÉ de BAGNOLS (Guillaume), Maî-tre des Requêtes.

Notice sur lui :

Mlle Poulain, Vies choisies de MM. de P.-R., t. III, pp. 33 à 38. Et dans :

Besoigne, Hist. de l'Abbaye de P.-R., t. IV, pp. 134 à 143.

Nécrol. de P.-R., pp. 199 à 202.

DUG

DU GUÉ de BAGNOLS (Guillaume), Maî-tre des Requêtes (*suite*).

Notices sur lui : — (*suite*).

Supplém. au Nécrol. de P.-R., pp. 616 à 622.

Clémencet, Hist. génér. de P.-R., t. III, pp. 497 à 520.

Fontaine, Mém., t. II, pp. 116, 143 à 162, 497 et 498.

Cerveau, Nécrol. des plus célèbr. Défens. et Confess. t. I, p. 57.

DUGUET (L'abbé Jacques-Joseph), Ora-torien.

Notices :

Barral, Appelants célèbres, p. 59.

Du Pin, Biblioth. des Auteurs Ecclésiast. du XVIIe siècle, t. VII, pp. 146 à 160.

Moréri, G^d Dict. histor., éd. de 1759.

Cerveau, Nécrologe des plus célèbres Défens. et Confess., t II, p. 214

Chételat, Etude sur Du Guet. Paris, Thorin, 1879.

Goujet (l'Abbé), Vie de M. Duguet, en tête de son *Institution d'un prince*, et en in-12 isolé.

Ecrits de lui :

Eloge de la M. Angélique de Saint-Jean Arnauld ; — Dans

DUG

DUGUET (L'abbé Jacques-Joseph), Oratorien (*Suite*).

Écrits de lui : — (*Suite*).

les « Mém. pour serv. à l'hist. de P.-R., 1742, t. III, pp. 574 à 587 ; et dans Arnauld (Ant), Œuvres, t. XXIV, pp. 122 à 126.

Clémencet, Hist. génér. de P.-R., t. VIII, pp. 453 à 465.

Lettres (trois) au P. du Breuil, prêtre de l'Oratoire, exilé dans l'île d'Oléron. De 1687, 1690, 1691 ; — Dans les « Vies intéress. et édif. des Religieuses de Port-Royal », t. I, pp. 398 à 410.

Lettres à Madame la Duchesse d'Epernon, dans l'Etude sur Du Guet, par M. Paul Chételat.

DU HAMEL (Charles), curé de S. Merry (Le P. Lelong lui donne le prénom de Henri, dans la liste des portraits).

Notices sur lui :

Mlle Poulain, Vies choisies de MM. de P.-R., t. III, pp. 245 à 251.

Lancelot, Mémoires, t. I, pp. 332 à 335, où il dit que M. du Hamel se nommait Henri.

Fontaine, Mém., t. I, pp. 12 à 14.

[Treuvé], Histoire de M. Du Hamel, Curé de Saint-Merri, 1697, in-12.

Son portrait, voir le P. Lelong, Biblioth. histor. de la France, t. IV, p. 208.

DUV

DU PLESSIS AKAKIA (M^r),

Écrit de lui :

Relation sur le désintéressement de la M. Angélique ; — Dans les « Mém. p. serv. à l'hist. de P.-R. », 1742, t. III, pp. 194 à 196.

DU VERGER de **HAURANNE** (Jean), **Abbé de St-Cyran.**

Vie (Sa) ; à consulter sur sa vie, sur son caractère et ses ouvrages :

Lancelot, « Mémoires touchant la vie de M. S.-Cyran », 2 vol. in-12 ; partout.

Fontaine, « Mémoires pour servir à l'histoire de P.-R. », 2 vol. in-12 ; voir aux tables de chaq. vol.

Interrogatoire que M. Lescot fit subir à M. l'abbé de S.-Cyran au bois de Vincennes dans le cours du mois de mai 1639 ; — Dans le « Recueil de Pièces », 1740 ; pp. 17 à 149.

Indication des personnes à qui sont adressées les Lettres de M. de S.-Cyran ; — Dans le « Recueil de pièces » 1740 ; pp. 150 à 166 ; et dans Clémencet (Dom), Hist. littér. de Port-Royal, t. I, pp. 320 à 354, à l'article Jean Du Vergier de Hauranne.

Courte notice sur lui ; — Mlle Poulain, Vies choisies de MM. de P.-R., t. III, pp. 10 à 18.

Besoigne, Hist de l'Abbaye de P.-R., t. III, pp. 343 à 504.

DUV

DU VERGER de HAURANNE (Jean),
Abbé de St-Cyran (*suite*).

Généalogie de M. Du Verger de Hauranne, abbé de S.-Cyran ; — Dans Clémencet, Hist. génér. de P.-R., t. I, pp. 309 à 317.

Vie abrégée (Sa), — dans l'abbé Racine, Hist. ecclésiastique, édition in-4, t. X, pp. 460 à 469.

Dom Clémencet, Histoire littéraire de Port-Royal, t. I, pp. 249 à 394.

Nécrologe de P.-R., pp. 395 à 399.

Cerveau, Nécrol. des plus célèbres Défenseurs et Confesseurs, t. I, p. 29 ; t. IV, p. 300.

Epitaphes (Ses) à Saint-Jacques du Haut-Pas et à Port-Royal ; — Dans les Mémoires de Lancelot, t. I, pp. 275 et 276.

Eloge (Son) ; — Dans les Mémoires de Lancelot, t. I, pp. 424 à 441.

Appréciation des « *Lettres* » de M. de S. Cyran , — Dans les Mémoires de Lancelot, t. II, pp. 472 et 482 ; et dans Clémencet, Hist. littér. de P.-R., t I, pp. 320 et 321.

Clémencet, Hist. générale de P.-R., t. I et II, voir la table de chacun de ces volumes.

Fontaine, Mémoires, t. I. voir la table.

Du Fossé, Mémoires, t. IV, voir la table générale.

Portrait (Son), voir le P. Lelong, Biblioth. histor. de la France, t. IV, p. 231.

DUV

DU VERGER de HAURANNE (Jean),
Abbé de St-Cyran (*suite*).

Du Pin, Histoire Ecclésiastique du XVIIe siècle, tome III, pp. 68 à 88.

Recueil de plusieurs pièces pour servir à l'Histoire de Port-Royal, pp. 150 à 166 (clef des Lettres de S. Cyran).

Écrits de lui :

Lettre à M. de Chavigny touchant l'attrition et la contrition, du 14 mai 1640 ; — Dans les « Mémoires » de Lancelot, t. I, pp. 161 à 165.

Lettre à M. d'Andilly. – Dans le même volume, pp. 169 à 172.

Lettre à la Mère Angélique, sur le renouvellement de la persécution. — Dans le même volume, pp. 234 à 236.

Lettres à divers, dans les « Mémoires » de Fontaine. t. I et II, en voir l'indication aux tables de ces volumes.

Lettres (deux), dans le « Recueil de pièces », 1740 ; pp. 142 à 149.

Lettre sur la Réception des 30 filles de Maubuisson ; — dans les « Mémoires historiq. et chronolog. » de Guilbert, Ire partie, t. II, pp. 173 à 177.

Lettre sur ce qui a donné lieu aux Ecoles de Port-Royal ; — dans le Supplément au Nécrologe de P.-R., pp. 46 et 47.

E

ECO

ECOLES de Port-Royal (Mémoire sur les).

En tête des « Mémoires » de Fontaine, t. I, pp. xxx à xli.

Clémencet, Hist. génér. de P.-R., t. II, pp. 449 à 455.

Règlement des Ecoles de Port-Royal ; Clémencet, Hist. génér. de P.-R., t. II, pp. 501 à 508.

ECRIT à trois colonnes présenté au Pape par les députés des Evêques de France, défenseurs de la doctrine de Saint Augustin.

Dans Dom Clémencet, Hist. génér. de P.-R., t. IV, pp. 519 à 531.

ECRIT pour soutenir les Religieuses de P.-R. des Champs, envoyé le 15 décembre 1708.

Dans les « Mém. histor. et chronol. de Guilbert, IIIᵉ partie, t. V, pp. 325 à 340.

ELBŒUF (Mademoiselle d'), novice de Port-Royal.

Relation de sa vie et de sa vertu :

Dans les « Vies intéress. et édif. des Relig. de P.-R. », t. III, pp. 182 à 190.

ELI

ELBŒUF (Mademoiselle d'), novice de Port-Royal (*Suite*).

Vie (Sa) :

Mlle Poulain, Vies choisies des Relig. de P. R., t. II, pp. 56 à 62.

Nécrol. de P.-R., pp. 406 à 408.

Besoigne, Hist. de l'Abbaye de P.-R., t. I, pp. 274 et 275.

Cerveau Nécrol. des pl. célèbres Défens., t. I, p. 36.

Clémencet, Hist. génér. de P.-R., t. II, pp. 465 à 468.

ELIZABETH de Ste-AGNÈS LE FÉRON (Sœur).

Relation de sa vie :

Dans les « Vies intéress. et édif. des Relig. de P.-R. » t. II, pp. 388 à 399.

Mlle Poulain, Vies choisies des Relig. de P.-R., t. II, pp. 300 et 301.

Supplém. au Nécrol. de P.-R., pp. 587 et 588.

Besoigne, Hist. de l'Abbaye de P.-R., t. III, pp. 138 et 139.

Cerveau, Nécrol. des pl. célèbres Défens., t. IV, p. 21.

Clémencet, Hist génér. de P.-R., t. IX, pp. 96 à 102.

ELI

ELISABETH de Ste-AGNÈS LE FÉRON (Sœur) (*suite*).

Ecrits d'elle :

Relation des vertus de la sœur Françoise de Ste-Thérèse Maignard de Bernières :

Dans les « Vies intéress. et édif. des Relig. de P.-R. », t. II, pp. 448 à 455.

Lettres :
Dans les Relations in-4 de 1724, VIIIe Relat., pp. 21, 42, 43, 53, ibid., 68, 92, 98, 101, 105, 107, 114 ; id., 116, 118 ; id., 119, 122 ; id., 123, 126, 127, 128, 132, 133, 139, 140, 142, 143, 147, 148, 151, 155, 158, 160, 161, 166, 172, 180, 191, 198, 199, id., id , 207.

ELIZABETH de Ste-ANNE BOULARD de NINVILLIERS (La Mère), dernière Abbesse de Port-Royal.

Relation abrégée de sa vie et de ses vertus, avec un récit détaillé du prodige arrivé à sa mort :

Dans les « Vies intéress. et édif. des Relig. de P. R. », t. II, pp. 326 à 339.

Mlle Poulain, « Vies choisies des Relig. de P.-R. », t. II, pp. 292 à 298.

Nécrol. de P.-R., pp. 163 à 166.

Supplém. au Nécrol. de P.-R., pp. 570 et 571.

ELI

ELIZABETH de Ste-ANNE BOULARD de NINVILLERS (La Mère), dernière Abbesse de Port-Royal (*Suite*).

Besoigne, Hist. de l'Abbaye de P.-R., t. III, pp. 135 à 139.

Cerveau, Nécrol. des pl. célèbr. Défens., t. IV, p. 19.

Clémencet, Hist. génér. de P.-R., t. VIII, pp. 370 à 372 ; t. IX, pp. 89 à 92.

Ecrits d'elle :

Relation sur quelques discours de la Mère Angélique ; — Dans les « Mém. p. serv. à l'Hist. de P R. », 1742, t. III, pp. 183 et 184.

Interrogatoire (Son) ; — Hist. des Persécut., pp. 121 et 122.

ELIZABETH de Ste-FÉLICITÉ AKAKIA CONSTANT (Sœur), veuve Constant.

Écrit d'elle :

Interrogatoire (Son) ; — Hist. des Perséc., p. 154.

ELIZABETH de Ste-MARCELLINE WALLON (Sœur).

Relation de sa maladie et de sa mort. Le 12 décembre 1681 ; — Dans les « Vies intéressantes et édif. des Religieuses de P.-R. », t. II, pp. 256 à 263. — Reproduite dans les « Vies intéress. et édif. des Amis de P.-R. », pp. 363 à 376.

ELI

ELIZABETH de Ste-MARCELLINE WAL-LON (Sœur) *(suite)*.

Vie(Sa) ; — Mlle Poulain, Vies choisies des Relig. de P.-R., t. II, pp. 236 et 237.

Nécrol. de P.-R., pp. 475 à 478.

Besoigne, Hist. de l'Abbaye de P.-R., t. III, pp. 96 à 98.

Cerveau, Nécrol des pl. cé-lèbr. Défens., t. I. p. 194.

Clémencet, Hist. génér. de P.-R., t. VII, pp. 429 à 431.

ELIZABETH des ANGES de St-PAUL.

Écrit d'elle :

Interrogatoire (Son); — Hist. des Perséc., pp. 87 et 88.

ELIZABETH MADELEINE de St-LUC MI-DORGE (Sœur).

Écrit d'elle :

Interrogatoire (Son); - Hist, des Perséc., pp. 99 et 100.

ENLÈVEMENT DES RELIGIEUSES DE P.-R.; *Voyez*: Dispersion.

Noms des douze Religieuses que M. de Péréfixe fit enlever de Port-Royal (de Paris), le 26 Août 1664, et des différents couvents où elles furent internées ; — Dans les Relations in-4° de 1724, IIe Relat., pp. 107 et 108.

EST

ÉPARGNEUR (Louis L'), Domestique de Port-Royal.

Vie (Sa) ; — Dans Pinault, Hist. de la dern. perséc., t. III, pp. 327 et 328.

Cerveau, Nécrol. des pl. cé-lèbr. Défens., t. IV p. 62.

Clémencet, Hist. génér. de P.-R., t. X, pp. 292 et 293.

ÉPERNON (Madame d'), Relig. Car-mélite.

Ecrits d'elle :

Lettre à la M. Angélique de St-Jean, sur la mort de M. de Sacy ; — Dans les « Vies in-téress. et édif. des Relig. de P.-R. ». t. IV, pp. 94 et 95.

Lettre sur le transport du corps de M. de Sacy ; — Même volume, pp. 95 et 96.

ÉPINE (Sainte) ; — *voyez*: Sainte Epi-ne ; — *voyez*: Miracles à Port-Royal.

ÉPINOY (Raphel le Charron d'); *Voyez*: Saint-Ange.

ESSARTS (des) ; — *Voyez*: Des Es-sarts.

ESTAMPES concernant Port-Royal.

Voyez :

Vues extérieures et intérieu-res de l'Abbaye de Port-Royal.

EST

TRÉES (César d'), Abbé de Saint-Germain-des-Prés, Évêque de Laon, Cardinal.

crit de lui :

Lettre à M. Becquereau, Doc-ur de Sorbonne et Curé de -Barthélemy, à Paris, laquelle 'ouve la fausseté de plusieurs its avancés dans « *l'Histoire s V Propositions* » donnée par s Jésuites sous le nom de . Dumas ; — Dans le « Recueil : Pièces », 1740 ; pp. 556 à 566.

ÉMARE (Jean-Baptiste Le Sesne de Ménilles d'), (quelquefois écrit d'Ettemare), Prêtre.

Cerveau, Nécrol. des plus cé-bres Défens. et Confess., t. VII, 75.

Son portrait, peint par C.-L. lle, a été gravé par J. Tar-eu, in-fol.

STACE (Mr), Prêtre, Confesseur de Port-Royal.

Vie (Sa) ; *Voir* dans :

Guilbert, Mém. histor. et chro-l., IIIe partie, t. II, pp. 526 527, 530, 533 à 535. Ibid., III, pp. 389 à 392.

Mort (Sa) ; — Ibid., t. VII, . 327 et 328.

otices sur lui :

Mlle Poulain, Vies choisies . MM. de P.-R., t. IV, pp. 234 237 ;

EXE

EUSTACE (Mr), Prêtre, Confesseur de de Port-Royal (*suite*).

Notices sur lui : — *(Suite)*.

Et dans :

Besoigne, Hist. de l'Abbaye de P.-R., t. V, pp. 123 à 125.

Supplém. au Nécrol. de P.-R., pp. 623 à 625.

Cerveau, Nécrol. des pl. cé-lèbr. Défens., t. IV, p. 60.

Clémencet, Hist. génér. de P.-R., t. VII, p. 459 ; t. IX, pp. 11, 46 et 47, avec la note 36.

Ecrits de lui :

Relation de la vie de la Sœur Elisabeth de Sainte Agnès Le Féron, qui fit profession à Port-Royal en 1653. – Dans les Vies intéress. et édif. des Relig. de P.-R. », t. II, pp. 388 à 399.

Lettre contre les entrées des Séculières dans les couvents ; — dans les « Mémoires histor. et chronol. » de Guilbert, IIIe partie, t. III, pp. 45 à 57 :

EXERCICES des Pénitents solitaires de Port-Royal (Récit de la conduite et des) ; 23 novembre 1644.

En tête des « Mémoires » de Fontaine, t. I, pp. xxi à xxx.

Voyez aussi : Pratiques de piété.

Besoigne, Hist. de l'Abbaye de P.-R., t. IV, pp. 149 à 160.

EXE

EXERCICES des pénitents solitaires de Port-Royal (Récit de la conduite et des) ; 23 novembre 1644 (*Suite*).

Histoire de l'origine des Pénitents et Solitaires de Port-Royal des Champs, Mons, Migeot, 1733 ; Ecrit de vj et 28 pages.

Exercices de piété des Solitaires de Port-Royal des Champs ; — Dans Clémencet (Dom), Hist. génér. de P.-R., t. II, pp 489 à 500.

Racine (l'Abbé), Hist. ecclésiast., t. XI, pp. 325 à 329.

Récit très particulier et très véritable de la conduite et des exercices des Pénitents-solitaires de P.-R. des Ch. ; — Dans le Supplém. au Nécrol. de P.-R., pp. 16 à 30.

EXHUMATION des corps à Port-Royal des Champs.

Voyez aussi : Inhumation.

Exhumation des corps des Religieuses et autres personnes ; — Pinault, Hist. de la

FAI

EXHUMATION des corps à Port-Royal des Champs (*Suite*).

dern. perséc.. t. II, pp. 392 à 403.

Guilbert, Mém. histor. et chronol., IIIe partie, t. VI, pp. 274 à 300 ; t. VII, pp. 84 à 129, 133 à 135.

Lettre sur l'exhumation des corps ; — Vies intéress. et édif. des Relig. de P.-R , t. IV, pp. 59 à 61.

Gazaigne, Manuel des Pélerins de Port-Royal des Champs, pp. 1 à 4 avant les « Stations du pélerinage ».

EXIL des Religieuses de P.-R.

Voyez : Dispersion.

EXTINCTION de Port-Royal-des-Champs (Décret d').

Dans les « Mém. histor. et chronolog. » de Guilbert, IIIe partie, t. V, pp. 573 à 603.

F

FAI

FAI (Innocent), charretier de Port-Royal.

Notices sur lui :

Dans Besoigne, Hist de l'Abbaye de P.-R , t. IV, pp. 373 à 376.

Nécrol. de P.-R.. pp. 29 à 33. Suppl. au Nécrol. de P.-R.,

FAI

FAI (Innocent), charretier de Port-Royal (*suite*).

Notices sur lui : — (*suite*).

pp. 308 à 312.

Cerveau, Nécrol. des pl. célèbres Défens., t. I, p. 72.

Clémencet, Hist. génér. de P.-R., t. III, pp. 556 à 558.

FAV

FAVEROLLES-HAMELIN (Mme de).

Nécrol. de P.-R., pp. 358 à 360.

Besoigne, Hist. de l'Abb. de P.-R., t. III, pp. 100 à 102.

Notice sur son mari,
M. Jean Hamelin : — Cerveau, Nécrol. des pl célèbres Défens. et Confess., t. I, p. 113.

Guilbert, Mém. histor. et chronolog., IIIᵉ partie, t. I, pp. 438 et 439.

FEUILLADE (Mme la Duchesse de La).
Voyez : **ROANNÈS (Mlle de).**

FEYDEAU (Mathieu), Prêtre, Docteur de Sorbonne.

Notices sur lui :

Mlle Poulain, Vies choisies de MM. de P.-R., t. IV, pp 90 à 96 ; — Et dans :

Besoigne, Hist. de l'Abbaye de P.-R., t. V, pp. 161 à 222.

Racine (L'abbé), Hist. ecclésiastique, t. XII, pp. 191 à 195.

Requête des notables Bourgeois de Vitry-le-François, en faveur de M. Feydeau ; — Dans le Supplément au Nécrol. de P.-R., p. 268.

Cerveau, Nécrol. des pl. célèbres Défens., t. I, p 283 ; t. V, p. 230.

Lancelot, Mém., t. II, pp. 441 et 442, pages et note.

FLO

FEYDEAU (Mathieu), Prêtre, Docteur de Sorbonne.

Notices sur lui : — *(Suite).*

Clémencet, Hist. génér. de P.-R., t. VIII, pp. 284 à 288.

Ecrit de lui :

Lettre aux Religieuses de Port-Royal, la veille de la Toussaint 1680 ; — Dans les « Vies intéressantes et édif. des Religieuses de P.-R. », t. I, pp. 125 à 147.

Lettre sur sa mort ; *Voyez :* Flambard.

FLAMBART.

Ecrit de lui :

Lettre (Extrait d'une) à M. l'Abbé F. sur la mort de M. Feydeau, prêtre, Docteur de Sorbonne, etc. ; dans les « Vies intéress. et édif. des Relig. de P.-R., t. I, pp. 148 à 150.

FLAVIE (Voyez : Catherine de Sainte-Flavie Passart), Sœur.

FLORIOT (Pierre), Confesseur de Port-Royal.

Notice sur lui :

Dans Besoigne, Hist. de l'Abbaye de P.-R., t. IV, pp. 599 à 601.

Et dans :

Racine (l'Abbé), Hist. ecclésiast., t. XII, pp. 189 à 191.

Lancelot, Mémoires, t. II, p. 120 et note.

FLO

FLORIOT (Pierre), Confesseur de Port-Royal (*suite*).

Notices sur lui : — (*Suite*).

Cerveau, Nécrol. des pl. célèbr. Défens , t. I, p. 266 ; t. IV p. 230.

Son portrait, voir le P. Lelong, Biblioth. histor. de la France, t. IV, p. 186.

Un portrait, sans nom de graveur, dans l'Histoire du Jansénisme, par Dom Gerberon, t. III, p. 219.

Ecrits de lui :

Lettre à la M. Angélique de Saint-Jean sur sa seconde élection ; — Dans les « Vies intéress. et édif. des Relig. de P. R. », t. IV, pp. 529 à 531.

Lettre à M. de Sacy (17 novembre 1664) ; — Dans l'Hist. des Perséc. (Villefranche), pp. 491 et 492.

Lettre (Projet de) à M. l'Archevêque de Paris ; — Ibid., pp. 492 à 494.

Entretiens (Deux) avec l'Archevêque de Paris ; — Ibid., pp. 495 et 496.

FONTAINE (Nicolas).

Abrégé de sa vie ; en tête du 1er vol. de ses « Mémoires ».

Notices sur lui :

Mlle Poulain. Vies choisies de MM. de P.-R., t. IV, pp. 218 à 231.

FOR

FONTAINE (Nicolas) *(suite)*.

Notices sur lui : *(Suite)*.

Abrégé de sa vie ; — Dans Besoigne, Hist. de l'Abbaye de P.-R., t. IV, pp. 583 à 599.

Et dans :

Racine (l'abbé), Hist. ecclés., t. XII, pp. 185 à 188.

Supplément au Nécrol. de P.-R., pp. 348 à 358.

Cerveau, Nécrol. des pl. célèbres Défens., t. IV, p. 35, 231.

Clémencet, Hist. génér. de P.-R., t. II, pp. 457 à 462.

Fontaine, Mémoires, t. I et II, voir à la table de chaque volume au mot Fontaine.

Écrits de lui :

Relation de la prison de M. de Sacy, avec plusieurs de ses Lettres ; — Dans les « Vies intéress. et édif. des Relig. de P.-R. », t. IV, pp. 159 à 306.

Recueil de plusieurs Lettres ; — Dans le même vol., pp. 307 à 340.

FORMULAIRE (Histoire du).

Clémencet, Hist. générale de P.-R., pp. 1 à 18.

Du Pin, Hist. ecclés. du XVIIe siècle. t. II, III et IV ; voir à la table générale, à la fin du t. IV.

FOU

FOUILLOU (Jacques), Diacre, Licencié en Sorbonne.

Cerveau, Nécrol. des pl. célèbres Défens., t. II. p. 283 ; t. IV, p. 232.

Barral, Appelants célèbres, p. 138.

FOURNIER (Léonard), Jardinier de Port-Royal.

Courte notice sur lui ; — Dans es « Mém. histor. et chronol. » le Guilbert, IIIe partie, t. VII, pp. 535 et 536.

Pinault, Hist. de la dern. perséc., t. III, pp. 330 à 350

Clémencet, Hist. génér. de P.-R., t. X, pp. 306 à 322.

Cerveau, Nécrol. des plus cé lèbr. Défens. et Confess., t. IV, p. 102.

FOURNIER (Louis), Prêtre, chanoine de la Ste Chapelle.

Notices sur lui :

Dans Besoigne, Hist. de l'Abbaye de P.-R , t. V, pp. 17 à 20.

Nécrol. de P.-R., pp. 40 et 41.

Supplém. au Nécrol. de P.-R., pp. 340 à 342.

Clémencet, Hist. génér. de P.-R., t. VII, p. 257, note 42.

Fontaine, Mém. t. II, pp. 420 à 426.

ERA

FOURQUEVAUX (Jean-Baptiste-Raimond de Beccarie de Pavie de), Acolyte du diocèse de Toulouse.

Cerveau, Nécrol. des plus célèbr. Défens. et Confess., t. VII, p. 11.

FRAMERY (M. de).

Écrit de lui :

Lettre à la M. Angélique de St-Jean sur la mort de M. de Sacy ; — Dans les « Vies intéress. et édif. des Relig. de P.-R. », t. IV, pp 124 à 126.

Françoise-Agnès DE STE-MARGUERITE DE SAINTE-MARTHE (Sœur).

Sur elle, voir dans Guilbert, Mém. histor. et chronol., IIIe partie, t VI, pp. 204 et 205.

Signature (Sa) ; — Dans le même ouvrage, t. VII, pp. 69 à 79.

Mort (Sa), p. 257.

Nommée, se jette aux genoux de la Prieure ; — Clémencet, Hist. génér. de P.-R , t. IX, pp. 520, 522 ; t. X, pp. 132 à 137, 230.

FRANÇOISE DE LA CROIX DE VILLUME DE BARMONTE (Sœur).

Notices :

Nécrol. de P.-R., p. 270.

FRA

FRANÇOISE DE LA CROIX DE VILLUME DE BARMONTÉ (Sœur) *(Suite)*.

Notices : — *(Suite)*.

Besoigne, Hist. de l'Abbaye de P.-R. t. II, pp. 254 à 257.

Cerveau, Nécrol. des plus célèbr. Défens., t. I, p. 213.

Ecrits d'elle :

Interrogatoire (Son) ; — Hist. des Perséc., pp. 118 et 119.

Voir sur sa captivité : Relations in-4 de 1724, 3ᵉ relat., pp. 30 à 36.

FRANÇOISE DE STE-AGATHE DE SAINTE-MARTHE (Sœur).

Relation de sa vie et de sa vertu ; — Dans les « Vies intéress. et édif. des Relig. de P.-R. », t. II, pp. 83 à 90.

Nécrol. de P.-R., pp. 361 à 363.

Cerveau, Nécrol. des plus célèbres Défens., t. I, p. 154.

Clémencet, Hist. génér. de P.-R , t. VII, pp. 236 à 241.

Écrits d'elle :

Remarques sur la vie et les vertus de la M. Agnès ; — Dans les « Mém. p. serv. à l'hist. de P.-R. », 1734, édition de l'abbé Goujet, t. I, pp. 319 à 335. Reprod. dans les Mém. de 1742, t. III, pp. 229 à 241.

Relation sur la M. Angélique ; — Dans les « Mém. p.

FRA

FRANÇOISE DE Ste-AGATHE DE SAINTE-MARTHE (Sœur) *(suite)*.

Ecrits d'elle : — *(suite)*.

serv. à l'hist. de P.-R. », 1742, t. II, pp. 533 à 544.

Interrogatoire (Son) :
Hist. des Perséc., p. 162.

Lettres ; — Dans les Relations in-4ᵒ de 1724 ; VIIIᵉ Relat., pp. 150, 166, 191.

FRANÇOISE DE SAINTE-AGATHE LE JUGE (Sœur).

Sur elle :

Voir Guilbert, Mém. hist. et chronol., IIIᵉ partie, t. VI, pp. 206 et 207.

Signature (Sa) :
Dans le même volume, pp. 522 à 545.

Elle entre à l'Abbaye de Malnoue ; — Ibid., t. VII, pp. 280, 281.

Lettre collective avec les Sœurs Couturier et Noiseux ; Ibid., ibid., pp. 339 à 343.

Lettre sur sa mort ; — Ibid., ibid., pp. 482 et 483.

Pinault, Hist. de la dern. perséc., t. III, p. 306 à 311.

Cerveau, Nécrol. des pl. célèbres Défens., t. IV, p. 86.

Clémencet, Hist. génér. de P.-R.;, t. IX, pp. 507, 510 ; — t. X, pp. 77 à 79.

FRA

ANÇOISE DE SAINTE AGNÈS ROUVET
(Sœur).

crit d'elle :

terrogatoire (Son) :

Hist. des Perséc., p. 86.

ANÇOISE DE SAINTE-CLAIRE SOULAIN
(Sœur).

otices :

Relation concernant la signa-
re de ma sœur Françoise-
aire [Soulain] ; — Dans les
elations in-4º de 1724, VIIIᵉ
elation, pp. 162 à 165.

Nécrol. de P.-R., pp. 155 et
6.

Besoigne, Hist. de l'Abb. de
-R., t. II, pp. 35 et 36.

Cerveau, Nécrol. des pl. cé-
bres Défens., t. I, p. 94.

crit d'elle :

terrogatoire (Son) :
Hist. des Perséc., p. 95.

ANÇOISE DE SAINTE DARIE WALLON
(Sœur).

Relation de sa mort ; — Dans
s « Vies intéress. et édif. des
elig. de P.-R. », t. II, pp.
54 à 298. — Reproduite dans
s « Vies intéress. et édif. des
mis de P.-R. », pp. 376 à 437.

Mlle Poulain, Vies choisies
es Relig. de P.-R., t. II, p. 238.

FRA

FRANÇOISE DE SAINTE DARIE WALLON
(Sœur) (*suite*).

Notices :

Nécrol. de P.-R., pp. 130 à
132 ; — Et dans le Supplém.
au Nécrol. de P.-R , pp. 397 et
398.

Besoigne, Hist. de l'Abb. de
P.-R., t. III, pp. 98 à 100.

Cerveau, Nécrol. des pl. célèbr. Défens., t. I, p. 195.

Clémencet, Hist. génér. de
P.-R., t. VII, pp. 431 à 435.

FRANÇOISE DE Ste-LUTGARDE ROBERT
(Sœur).

Notices :

Nécrol. de P.-R., pp. 364 et
365.

Besoigne, Hist. de l'Abbaye
de P.-R., t. II, pp. 345 à 348.

Cerveau, Nécrol. des pl. célèbres Défens., t. I, pp. 101.

Clémencet, Hist. génér. de
P.-R., t. VI, pp. 120 à 127.

Écrits d'elle :

Interrogatoire (Son) :
Hist. des Perséc., p. 113.

**FRANÇOISE DE SAINTE MARTHE BOU-
TROUVE (Sœur), Converse.**

Interrogatoire (Son) ;
Hist. des Perséc., pp 181 à
186.

FRA

FRANÇOISE de Ste THÉRÈSE MAIGNARD de BERNIÈRES (Sœur).

Notices :

Relation de ses vertus ; — Dans les « Vies intéress. et édif. des Relig. de P.-R. », t. II. pp. 448 à 455.

Mlle Poulain, Vies choisies des Relig. de P.-R., t. II, pp. 289 à 292.

Nécrol. de P.-R., pp. 152 à 154.

Cerveau, Nécrol. des pl. célèbres Défens., t. IV, p. 18.

Clémencet, Hist. génér. de P. R., t. IX, pp. 86 à 89.

Écrits d'elle :

Prière pour obtenir de Jésus-Christ la force et le courage dans la persécution, afin de demeurer fidèle jusqu'à la fin dans l'amour et l'attachement à la vérité aux dépens même de sa vie ; — Dans les « Vies intéress. et édif. des Relig. de P.-R. », t. II, pp. 451 à 455.

Reproduite dans D. Clémencet, Hist. génér. de P.-R , t. IX, pp. 543 à 548.

Interrogatoire (Son) ;

Hist. des Perséc , p. 136.

FRA

FRANÇOISE LOUISE de Ste CLAIRE de BULLOYER de ROMAINVILLE (Sœur).

Mention :

Supplément. au Nécrol. de P.-R., p. 626.

Solitaire des Rochers (La), sa correspondance avec son directeur, édition Bouix. Paris, 1862, tome I, p. 11, à la note.

Écrit d'elle :

Interrogatoire (Son) ;

Hist des Perséc., pp. 169 et 170.

FRANÇOISE MAGDELEINE de Ste IDE LE VAVASSEUR (Sœur).

Signature (Sa) :

Dans les « Mém. histor. et chronol. » de Guilbert, IIIᵉ partie, t. VI, pp. 566 à 586.

Mort (Sa) :

Ibid., t. VII, pp. 534, 535.

Clémencet, Hist. génér. de P.-R., t. IX, pp. 511 et 512 ; t. X, pp. 79 à 82.

Écrit d'elle :

Lettre sur la mort de la Sœur Le Juge ; — Dans les « Mém. histor. et chronol. » de Guilbert, IIIᵉ partie, t. VII, pp. 482 et 483.

Pinault, Hist. de la dern. perséc., t. III, pp. 306 à 311.

FRA

FRANÇOISE MAGDELEINE DE SAINTE JULIE BAUDRÁND (Sœur), Prieure de Port-Royal (Clémencet écrit de Baudran).

Relation de sa vie et de ses vertus ; — Dans les « Vies intéress. et édif. des Relig. de P.-R », t. III, pp. 65 à 69.

Guérison (Sa) ; — Dans les « Mém. histor. et chronol. » de Guilbert, IIIe partie, t. IV, pp. 126 à 130.

Courte notice sur elle ; — Mlle Poulain, Vies choisies des Relig. de P.-R., t. II, p. 299.

Nécrol. de P.-R., pp. 169 à 171.

Besoigne, Hist. de l'Abb. de P.-R., t. III, p. 138.

GAB

FRANÇOISE MAGDELEINE DE SAINTE JULIE BAUDRAND (Sœur), Prieure de Port-Royal, Clémencet écrit de Baudran (*suite*).

Cerveau, Nécrol. des pl. célèbr. Défens., t. IV, p. 20.

Clémencet, Hist. génér. de P.-R., t. IX, pp. 94 et 95.

Écrit d'elle :

Interrogatoire (Son) :
Histoire des Perséc., pp. 138 à 140.

FROMOND (Libert).

Vie (Sa) et ses écrits :
Dom Clémencet, Hist. littér. de P.-R., t. I, pp. 110 à 149.

G

GAB

GABRIELLE MARIE de Ste-CATHERINE HOUEL (Sœur).

Notice :

Cerveau, Nécrol. des plus célèbr Défens., t. IV, p. 15.

Ecrit d'elle :

Interrogatoire (Son) :
Hist. des Perséc., pp. 120 et 121.

GAB

GABRIELLE MARIE de Ste-JUSTINE de CONSEIL (Sœur).

Notice :

Nécrol. de P.-R., p. 125.

Écrits d'elle :

Relation sur la M. Angélique ; — Dans les « Mém. p. serv. à l'Hist. de P.-R. », 1742, t. III, pp. 157 à 164.

Interrogatoire (Son) :
Hist. des Perséc., pp. 127 et 128.

GAR

GARLANDE (Mathilde de).

Notice :

Nécrol. de P.-R., pp. 114 et 115.

Supplém. au Nécrol. de P.-R., pp. 463 à 466.

Son portrait, voir le P. Lelong, Biblioth. histor. de la France, t. IV, p. 199.

GAUDRON (Etienne), Clerc tonsuré.

Courte notice sur lui ; — Dans les « Mém. histor. et chronol. » de Guilbert, IIIe partie, t. VII, pp. 513 et 514.

Pinault, Histoire de la dern. perséc., t. III, pp. 328 et 329.

Et dans :

Besoigne, Hist. de l'Abb. de P.-R., t. V, pp. 142 et 143.

Supplém. au Nécrol. de P.-R., pp. 680 et 681.

Cerveau, Nécrol. des pl. célèbr. Défens., t. II, p. 188.

GÉNÉALOGIES. Voyez :

Arnauld, Montmorenci-Marly, Pascal, Perrier, Du Verger de Hauranne.

GENEVIÈVE de l'Incarnation Pineau (Sœur).

Relation sur sa vocation et sa vie ; — Dans les « Vies intéress. et édif. des Relig. de P.-R. », t. II, pp 33 à 82.

GEN

GENEVIÈVE de l'Incarnation Pineau (Sœur) (suite).

Cerveau, Nécrol. des pl. célèbr. Défens., t. I. p. 196.

Clémencet, Hist. génér. de P.-R., t. I, p. 163.

Ecrits d'elle :

Relation sur la M. Angélique ; — Dans les « Mém. p. serv. à l'Hist. de P.-R. », 1742, t. II, pp. 523 à 533.

Relation sur elle-même ; — Dans les « Vies intéress. et édif. des Relig. de P.-R. », t. II, pp. 33 à 70.

Relation de ce qui s'est passé à Port-Royal de Paris depuis le 26 août 1664 jusqu'au 13 juillet 1665 ; — Dans l'Hist. des Perséc (Villefranche), pp. 325 à 427 ; — Et dans les Relations in-4° de 1724, VIIe Rel., pp. 1 à 52.

Relation... de ce qui s'est passé depuis le Dimanche de la Passion jusqu'à la fête du St-Sacrement de l'année 1665. — Ibid., pp. 427 à 442.

Interrogatoire (Son) :

Ibid., pp. 161 et 162.

Lettres ; — Dans les Relations in-4° de 1724, VIIIe Relat., pp. 6, 7, 13, 20, 56, 61. 125, 128, 143, 148, 149, 157, 161, 165, 176, 177, 191.

GEN

GENEVIÈVE de Sainte Dorothée Lombert (Sœur).

Ecrit d'elle :

Interrogatoire (Son) :

Hist. des Perséc., p. 148.

GENEVIÈVE de Sainte-Magdeleine de la Haye (Sœur).

Écrits d'elle :

Relation sur la Mère Angélique ; — Dans les « Mém. p. serv. à l'Hist. de P.-R. », 1742, t. III, pp. 142 à 146.

Interrogatoire (Son) :

Hist. des Perséc., pp. 172 et 173.

Entretien (Son) avec M. de Péréfixe ; — Ibid., pp. 460 et 461. Relat. in-4º de 1724, IXᵉ Relat., pp. 15 et 16.

GENEVIÈVE de Sainte Thérèse Duval (Sœur).

Écrits d'elle :

Interrogatoire (Son) ;

Hist. des Perséc., pp. 165 et 166.

Lettres :

Dans les Relations in-4 de 1724, VIIIᵉ Relat., p. 71.

GIB

GERBERON (Dom Gabriel), Bénédictin de Saint-Maur.

Histoire de sa signature ;
Pinault, Hist. de la dern. perséc., t. III, p. 24 à 49.

Notice sur lui ; — Dans :

Racine (l'Abbé). Hist. ecclésiast., t. XII, pp. 302 à 306.

Rétractation (Sa) ;
Dans les Relat. in-4 de 1724, 4ᵉ Relat., pp 191 et 192.

Supplément au Nécrol. de P.-R., pp. 498 à 508.

Cerveau, Nécrol. des pl. célèbr. Défens., t. II, p. 24 ; t. IV, p. 238.

Clémencet, Hist. génér. de P.-R., t. X, pp. 159 à 171, 79 à 81.

GIBRON (Paul-Gabriel de), Gentilhomme de Narbonne, ancien capitaine, solitaire et cuisinier de Port-Royal.

Notice (courte) sur lui :

Besoigne, Hist. de l'Abbaye de P.-R., t. V, pp. 22 à 24.

Nécrol. de P.-R., pp. 248 à 250.

Supplément au Nécrol. de P.-R., p. 680.

Cerveau Nécrol. des pl. célèbres Défens., t. I, p. 165.

Clémencet, Hist. génér. de P.-R., t. VII, pp. 267 et 268.

GIL

GILBERT, Grand-Vicaire de M. de Noailles, Supérieur de Port-Royal.

Clémencet, Hist. génér. de P. R , t. IX, voir la table.

GIRARD (Claude), Docteur de Sorbonne.

Notice :

Cerveau, Nécrol. des pl. célèbres Défens., t. I, p. 258 ; t. IV, p. 241.

Écrits de lui :

Lettres (Deux) à sa sœur, Religieuse à Port-Royal ; — Dans le « Recueil de Pièces sur le Formulaire », 1754, pp. 331 à 336.

Lettre à la Sœur Angélique de St-Jean (Arnauld). — Ibid. pp. 352 à 354.

GIROUST (Antoine), Sacristain de Port-Royal, et son frère Julien Giroust de Bessi, domestique de Port-Royal.

Notices (Courtes) sur eux :

Dans Besoigne, Hist. de P.-R., t. IV, pp. 124 à 127.

Nécrol. de P.-R., pp. 467 à 469.

Cerveau, Nécrol. des pl. célèbr. Défens., t. I, p. 137.

Mém. p. serv. à l'Hist. de P.-R., 1742, t. II, pp. 511, à la note.

GOD

GIROUST (Antoine), Sacristain de Port-Royal, et son frère Julien Giroust de Bessi, domestique de Port-Royal. *(suite)*.

Notice sur Giroux de Bessi (Julien).

Nécrol. de P.-R., pp. 175 à 178.

Supplém. au Nécrol. de P.-R., p. 588.

Cerveau, Nécrol. des pl. célèbr. Défens., t. I, p. 68.

Clémencet, Hist. génér. de P.-R., t. III, pp. 553 à 556 ; t. VII, pp. 150 à 153.

GODEAU (Antoine,) Evêque de Grasse et de Vence.

Notice (Courte) sur lui :

Dans Racine (L'Abbé). Hist. ecclésiast., t. XII, pp. 482 à 484.

Supplém. au Nécrol. de P.-R., pp. 571 à 575.

Cerveau, Nécrol. des pl. célèbr. Défens., t. I, p. 134.

Écrit de lui :

Extrait d'une Lettre à M^r d'Andilly ; dans les Œuvres in-4° d'Antoine Arnauld, t. XXVIII, p. 600.

GON

GONDRIN (Louis-Henri de Pardaillan de), Archevêque de Sens.

Notice (courte) sur lui ; — Dans :

Racine (l'Abbé), Hist. ecclés., t. XII, p. 481.

Cerveau, Nécrol. des pl. célèbres Défens., t. I. p. 144.

Clémencet, Hist. génér. de P.-R., t. III, pp. 253 à 259 ; t. VI, pp. 308 et 309 ; t. VII, pp. 129, 196 à 199.

Fontaine, Mém., t. II, pp. 377 à 387, 406 et 407.

Son portrait, voir le P. Le-Long, Biblioth. hist. de la France, t. IV, p. 203.

Guilbert, Mém. histor. et chronol. IIIᵉ partie, t. I, p. 573.

Écrit de lui :

Lettre de M. Pomponne, Ministre et Secrétaire d'Etat, sur l'impression de l'Histoire de la Paix de Clément IX ; — Dans les Œuvres d'Ant. Arnauld, t. XXV, p. 331.

GONDY (François de), Archevêque de Paris.

Écrit de lui :

Censure contre le livre intitulé « *Le Jansénisme confondu* », par le Père Brisacier ; — Dans les « Mémoires » de Du Fossé, pp. 518 à 520.

Clémencet, Hist. génér. de P.-R., t. III, pp. 180 à 184.

GRA

GONZAGUE (Louise-Marie de), reine de Pologne.

Vie (Sa) ;

Mlle Poulain, Vies choisies des Relig. de P. R., t. II, pp. 136 à 141.

Nécrol. de P.-R., pp. 188 à 191.

Besoigne, Hist. de l'Abb. de P.-R., t. I, pp. 204 à 207, 422 et 423.

Cerveau, Nécrol. des plus célèbres Défens., t. I, p. 103.

GOUJET (l'Abbé Claude-Pierre), chanoine de St-Jacques de l'Hôpital.

Cerveau, Nécrol. des pl. célèbres Défens. et Confess. de la Vérité, t. VII, p. 3.

Goujet, Mémoires historiques et litt. La Haye, 1767 ; in-12.

Moréri, Grand Dictionn. historique, édition de 1759.

Dagues de Clairfontaine, Essai sur la mort de M. l'abbé Goujet. à la fin de la vie de Nicole, édition de 1767.

GRANGE (Les deux sœurs de la).

Relation les concernant ; — Dans les « Vies intéress. et édif. des Relig. de P.-R. », t. II, pp. 246 à 247.

Nécrol. de P.-R., p. 388.

GRA

GRANGES (La ferme des) près de l'Abbaye de Port-Royal des Champs.

Description, dans Clémencet (Dom), Hist. génér. de P.-R., t. I, pp. 290 à 292.

Gazaigne, Manuel des Pèlerins de P.-R., Stations, pp. 42 et 43.

Fouillou, Mémoire sur la destruction de l'Abbaye de P.-R. des Champs, p. 223.

Guilbert, Mém. histor. et chronol., Iʳᵉ partie, t. II pp. 522 à 525.

Grégoire (ancien Evêque de Blois). Les Ruines de Port-Royal des Champs en 1809. Nouv. édit., pp. 62 à 88

Gravures et Figures concernant Port-Royal.

Voyez :
Vues extérieures et intérieures de l'Abbaye de Port-Royal des Champs.

GRENET (Mʳ Claude), curé de Saint-Benoît, Supérieur de Port-Royal.

Notice sur lui ; — Mlle Poulain, Vies choisies de MM. de P. R., t IV, pp. 34 et 35.

Quelques mots sur lui ; — Dans Besoigne, Hist. de l'Abbaye de P.-R., t. II, pp. 578 à 580.

Nécrol. de P.-R., pp. 202 et 203.

GUD

GRENET (Mʳ Claude), curé de Saint-Benoît, Supérieur de Port-Royal.

Notices sur lui :　-　(*suite*).

Supplém. au Nécrol. de P.-R., p 622.

Cerveau, Nécrol. des pl. célèbr. Défens., t. I, p 212.

Clémencet, Hist. génér. de P.-R., t. VI, pp. 460 à 465 ; t. VII, pp. 245 et 246, 314, 379 ; t. VIII, pp 86 à 88 ; t. IX, pp. 36 à 41.

Son portrait, voir le P. Lelong. Biblioth. historique de France, t. IV, p. 205.

Ecrits de lui :

Lettre à la M. Angélique de St-Jean, sur la mort de M. de Sacy ; — Dans les « Vies intéress. et édif. des Relig. de P.-R. », t. IV, pp. 102 et 103.

Lettre (de 1680) à M. de Harlai, Archevêque de Paris ; — Dans Pinault, Hist. de la dern. Persécution, t. I, pp. 33 à 44.

GRÈS (Jacques), Chapelain de Saint-Jacques-de-l'Hôpital, ami de Port-Royal.

Clémencet, Hist. génér de P.-R., t. IX, p. 341 et la note 76.

GUDVERD, curé de St-Pierre-le-Vieux, à Laon.

Cerveau, Nécrol des pl. célèbres Défens., t. II, p. 313.

GUE

GUELPHE (François), clerc tonsuré.

Vie (Sa); — Dans Pinault, Hist. de la Dern. Perséc., t. III, pp. 369 à 384.

Notice sur lui :

Mlle Poulain, Vies choisies de MM. de P.-R., t. IV, pp. 237 et 238.

Et dans :

Besoigne, Hist. de l'Abbaye de P.-R., t. V, pp. 72 et 73

Cerveau, Nécrol des pl. célèbr. Défens., t. II, p. 56.

Lancelot, Mémoires, t. II, p. 414 à la note.

Clémencet, Hist. génér. de P.-R., t. VIII, p. 281 à la note 15.

GUEMÉNÉ (La Princesse de) (Anne de Rohan).

Notice :

Nécrol. de P.-R., pp. 111 à 114.

Clémencet, Histoire génér. de P.-R., t. VIII, pp. 108 à 110.

HAM

GUILLEBERT (Jean), Docteur en théologie, curé de Rouville.

Notice sur lui :

Dans Besoigne, Hist. de l'Abbaye de P.-R., t. IV, pp. 376 à 383.

Lettre à M. d'Astain (Arnauld) ; — Dans l'Histoire des Perséc. (Villefranche), pp. 323 à 324.

Lancelot, Mém., t. I, pp. 330 à 332.

Supplém. au Nécrol. de P-R., pp. 591 à 594.

Cerveau, Nécrol. des plus célèbr. Défens., t. I, p. 98 ; t. IV, p. 244.

Clémencet, Histoire génér. de P.-R., t. III, pp. 94 à 96, 414, 414.

Fontaine, Mém., t. I, pp 341 à 348 ; t. II, pp. 175, 307.

Du Fossé, Mém , t. IV, voir la table générale.

H

HAM

HAMELIN : Voyez Faverolles. Voyez aussi Marguerite-Agnès de Ste-Julie Hamelin.

HAM

HAMON (Jean), Médecin de Port-Royal

Notices sur lui :

Mlle Poulain, Vies choisies de MM de P.-R., t. IV, pp. 45 à 50.

HAM

HAMON (Jean), Médecin de Port-Royal (*Suite*)

Notices sur lui : - (*Suite*).

Et dans :

Besoigne, Hist. de l'Abbaye de P.-R., t. IV, pp. 245 à 280.

Racine (l'Abbé), Hist. ecclésiast., t. IX, pp. 314 à 324.

Nécrol. de P.-R., pp 95 à 100, et Supplém. au Nécrol. de P.-R., pp. 419 à 423.

Cerveau, Nécrol. des plus célèbres Défens., t. I, p. 235 ; t. IV, p. 244.

Clémencet, Histoire génér. de P.-R., t. V, pp. 207 à 214, 474 à 476 ; t. VII, p. 455 ; t. VIII, pp. 128 à 134.

Fontaine, Mém., t. II, pp. 42 à 45, 559 à 565.

Son portrait, voir le P. Lelong, Bibliothèque histor. de la France, t. IV, p. 208.

Écrits de lui :

Relation contenant quelques paroles remarquables de la Mère Angélique ; avec l'extrait d'une lettre du même sur son caractère. -- Dans les « Mém. p. servir à l'Hist. de P.-R. », 1742, t. III, pp. 35 à 42.

Prière latine composée des paroles de l'Ecriture et des Saints Pères, pour les Religieuses de Port-Royal dans le temps

HAM

HAMON (Jean), Médecin de Port-Royal (*suite*).

Écrits de lui : — (*suite*).

de leur captivité, en 1666 ; — Dans les « Vies intéress. et édif. des Relig. de P.-R. », t. I, pp. 344 à 346.

Epitaphe de M. de Sacy ; — Dans le mêm. ouv.. t. IV. pp. 66 à 68. La plupart des épitaphes du Nécrologe sont de M. Hamon, nous ne les énumérerons pas ici ; il suffit de se reporter au Nécrologe pour les trouver réunies.

Lettre à M. Fontaine ; — Dans les « Vies intéress. et édif. des Religieuses de P.-R. », t. IV, pp. 266 et 267.

Epitaphe pour être mise sur le tombeau de la M. Angélique de St-Jean (Arnauld), Abbesse de Port-Royal ; — Dans les « Vies intéress. et édif. des Relig. de P.-R. », t. IV, pp. 412 à 414.

Relation de la mort de M. de La Rivière ; — Dans Pinault, Histoire de la Dern. Persécut. de P.-R., t. III, pp. 385 à 389.

Relation de la mort de M. Bouilly ; - Ibid., ibid., pp. 389 à 404.

Ecrit touchant l'excommunication, composé vers l'année 1665, à l'occasion des troubles excités dans l'Eglise, par rapport au Formulaire ; à la fin du

HAM

AMON (Jean), Médecin de Port-Royal *(suite).*

Écrits de lui : — *(suite).*

olume des « Relations » in-4°,
e 1724, pp. 1 à 24 ; ainsi que
ans les « Traités de Piété
omposés par M. Hamon pour
instruction et la consolation
es Religieuses de P.-R. », t. II
730), pp. 1 à 74.

Lettre à M. de Luzancy ; —
ans les « Relations », in-4°,
 1724, sur la visite de M.
ardouin de Péréfixe, Arche-
que de Paris, à Port Royal
s-Champs, les 15, 16 et 17
ovembre 1664, pp. 26 à 28.

Prière de lui, dans les Let-
es de M. de Sainte-Marthe,
II, pp. 371 et 372.

RDY (Paul), Théologal d'Alet.

Lancelot, Mémoires, pp. 440
441 note.

**RLAY (François de), Archevêque de
Paris.**

Notice sur lui et sur ses pro-
dés envers Port-Royal. Clé-
encet, Hist. génér. de P.-R.,
VII et VIII, voir à la table de
aque volume.

Du Fossé, Mém., t. IV, voir
table générale.

Son portrait, voir le P. Le-
ng, Biblioth. histor. de la
ance, t. IV, p. 209.

HAU

**HASLÉ (Louis), Docteur de Sorbonne,
Supérieur et Directeur du Séminaire
de Beauvais.**

Notices :

Cerveau, Nécrol. des plus célèbr. Défens., t. I, p. 190.

Son portrait, voir le P. Lelong, Biblioth. histor. de la
France, t. IV, p. 209.

Mésenguy, Idée de la vie de
M. de Buzanval, art. 21.

Moréri, Gᵈ Dictionn. histor.,
t. V, p. 540.

Son portrait, de Cany pinx.,
Vermeulen sculpt., in-f°.

Écrits de lui :

Lettre à M. Varet sur M. [Ni-
colas] Pérault, Docteur de Sorbonne ; — Dans le « Recueil de
Pièces sur le Formulaire »,
1754, pp. 13 à 18.

Lettres (Deux) à M. Pérault ;
— Dans le même volume, pp.
33 à 41, 52 à 59.

**HAUTERIVE (Mʳ de), conseiller au
Parlement de Toulouse.**

Écrit de lui :

Lettre à Monseigneur l'Evêque de Mirepoix, en juin 1716 ;
écrit de 16 pages. Se trouve ordinairement dans les « Mém. et
Relations », 1716 ; 1 vol. in-12.

HEC

HECQUET (Philippe), Docteur en médecine.

Courte notice sur lui :

Dans les « Mém. histor. et chronol. » de Guilbert, IIIe partie, t. VII, p. 536.

Cerveau, Nécrol. des pl. célèbr. Défens , t. II, p. 302.

HÉLÈNE de Ste AGNÈS de SAVENIÈRES(*) (Sœur).

Écrits d'elle :

Interrogatoire (Son) ; — Hist. des Perséc., pp. 114 à 118.

Lettre à la sœur Madeleine de Ste Candide Le Cerf ; — Dans les Relat. in-4º de 1724, VIIIe Relat., p. 183.

HÉLÈNE de Ste DÉMÉTRIADE BENOISE (Sœur).

Supplém. au Nécrol de P.-R., p. 568.

Écrit d'elle :

Interrogatoire (Son) ; — Hist. des Perséc., p. 153.

HERMANT (Godefroy), Docteur de Sorbonne, chanoine de Beauvais.

Notices sur lui :

Dans Racine (l'Abbé), Hist. ecclés., t. XII, pp. 197 à 207.

(*) **Dom Clémencet écrit de Savonière.**

HER

HERMANT (Godefroy), Docteur de Sorbonne, chanoine de Beauvais (*suite*).

Notices sur lui : — (*suite*).

Nécrol. de P.-R., pp. 271 à 273.

Cerveau, Nécrol. des pl. célèbr. Défens., t. I, p. 253 ; t. IV, p. 246.

Clémencet, Hist. génér. de P.-R., t. VIII, pp. 212 à 215.

Son portrait, voir le P. Lelong. Biblioth. histor. de la France, t. IV, p. 210 : — Un portrait de lui, gravé par N., dans Dom Gerberon, Histoire générale du Jansénisme, t. II, p. 163.

Du Pin, Biblioth. des Aut. Ecclés. du XVIIe siècle, 4e partie, pp. 82 à 86.

Baillet (Adrien), Vie de Godefroy Hermant, Docteur de la Maison et Société de Sorbonne, Chanoine de l'Eglise de Beauvais. Amsterdam, Pierre Mortier, 1717 ; in-12.

Écrits de lui :

Lettres (deux) à une Religieuse de Port-Royal ; — Dans les « Vies intéress. et édif. des Relig. de P.-R. », t. I, pp. 323 à 328.

Lettre sur la mort de M. de Sacy ; — Dans le même ouvrage, t. IV, pp. 118 à 120.

HER

ERMANT (Godefroy), Docteur de Sorbonne, chanoine de Beauvais *(suite)*.

crits de lui : — *(Suite)*.

Lettre à la sœur Jeanne de te Colombe (Leuillier), Religieuse de Port-Royal (23 mars 669) ; — Dans le « Recueil de ièces sur le Formulaire » ; 754, pp. 528 à 534.

Lettre à la Mère Agnès sur la ort de la M. Angélique ; — ans Clémencet, Hist. génér. P.-R., t. IV, pp. 97 à 101.

Lettre à M. d'Andilly, du 13 nvier 1662, sur les miracles P.-R. ; — Clémencet, Hist. nér. de P.-R., t. IV, pp. 230 231.

RMITAGE (La Compagnie de l') établie à Caen.

Notice sur cette Compagnie ; Dans la « Vie de la M. Marie s Anges », édition de 1754 ;). 585 à 618.

LLERIN (Charles), curé de St-Merri.

Vie (Sa) et sa mort ; — Dans s « Mém. histor. et chronol. » Guilbert, IIIe partie, t. I, . 426 à 438.
Mlle Poulain, Vies choisies de M. de P.-R., t. III, pp. 140 à 143.

Et dans :

Besoigne, Hist. de l'Abbaye P.-R., t. IV, pp. 36 à 43.

HUC

HILLERIN (Charles), Curé de St-Merri *(Suite)*.

Nécrol. de P.-R., pp. 151 et 152.

Supplém. au Nécrol. de P.-R., pp. 556 à 559.

Cerveau, Nécrol. des pl. célèbr. Défens., t. I, p. 112.

Fontaine, Mémoires p. servir à l'Hist. de P.-R., t. I, pp. 6 à 24.

Clémencet, Hist. génér. de P.-R., t. VI, pp. 479 à 481.

HIVERMANS (Macaire), Prémontré.

Notice :

Dom Clémencet, Hist. littér. de P.-R., t. I, pp. 157 à 159.

HUCQUEVILLE (Nicolas), Solitaire de Port-Royal, frère de M. Burluguai, curé des Trous.

Notice (Courte) sur lui ; — Dans Besoigne, Hist. de P.-R., t. III, pp. 92 et 93 ; t. IV, pp. 429 et 430.

Nécrol. de P.-R., pp. 445 et 446.

Cerveau, Nécrol. des pl. célèbr. Défens., t. I, p. 116.

Clémencet, Hist. génér. de P.-R., t. VI, pp. 482 à 485.

Guilbert, Mém. histor. et chronol., IIIe partie, t. I, p. 441,

HUR

HURÉ (Charles), Acolyte et Principal du Collége de Boncourt.

Cerveau, Nécrol. des pl. célèbres Défens., t. II, p. 42 ; t. IV, p. 249.

Son portrait, voir le P. Lelong, Biblioth. histor. de la France, t. IV, p. 211.

ISS

HUYGENS (Gummare), Docteur de Louvain.

Vie (Sa) et ses écrits ; — Dom Clémencet, Hist. littér. de P.-R., t. I, pp. 210 à 223.

Cerveau, Nécrol. des plus célèbres Défens., t. II, p. 2 ; t. IV, p. 249.

I

INA

INHUMATION de plusieurs corps de la famille Arnauld.

Inhumation de plusieurs corps de la famille Arnauld, transférés de Port-Royal des Champs à Palaiseau ; — Dans le Supplément au Nécrologe de Port-Royal, pp. 208 à 213.

INSTITUT (*) DU SAINT-SACREMENT (Histoire de l') qui fut mis au Monastère de Port-Royal, avec un détail sur quelques affaires qui y ont rapport.

Dans les « Mémoires de Lancelot », t. I, pp 377 à 424.

Dans les « Mém. histor. et chronolog. » de Guilbert, Ire partie, t. II, pp. 243, 291 à 311, 469 à 485.

(*) La maison de cet Institut était rue du Boulois, « au quartier du Louvre », qu'on écrit aujourd'hui du Bouloi, à Paris ; voir Lancelot, Mém., t. I, p. 386, note ; — Selon d'autres, rue Coquillière, voir Lettres spirituelles de M. Zamet, p. xxv.

ISS

INSTITUT du Saint-Sacrement (Histoire de l') qui fut mis au Monastère de Port-Royal ; avec un détail sur quelques affaires qui y ont rapport (*Suite*).

Clémencet, Hist. génér. de P.-R., t. I, voir la table.

ISABELLE DE SAINTE AGNÈS DE CHATEAUNEUF (Sœur).

Nécrol. de P.-R., pp. 222 et 223.

Supplém. au Nécrol. de P.-R., p. 637.

ISSALI quelquefois écrit ISSALY (Jean), Avocat.

Nécrol. de P.-R., pp. 283 à 285.

Cerveau, Nécrol. des pl. célèbres Défens., t. II, p. 14.

Clémencet, Hist. génér. de P.-R., t. IX, pp. 80 et 81 ; ibid. à la note 40.

ISS

ISSALI (Jean), Avocat (*suite*).

Fontaine, Mém., t. II, pp. 115
à 118.

Son portrait, voir le P. Le-
ong, Biblioth. histor. de la
France, t. IV. p. 214.

JAC

**ISSALI (Jean), Avocat au Parlement
de Paris.**

Ecrit de lui :

Lettre à la M. Angélique de
St-Jean sur la mort de M. de
Sacy ; — Dans les « Vies inté-
ress. et édif. des Relig. de
P.-R. », t. IV, pp. 87 et 88.

J

JAC

**JACQUELINE DE SAINTE CATHERINE
D'OXIN (Sœur).**

Ecrit d'elle :

Interrogatoire (Son) ; — Hist.
es Perséc., p. 174.

**JACQUELINE DE Ste EUPHÉMIE PASCAL
(Sœur).**

Relation de sa vie, jusqu'à
on entrée à Port-Royal où elle
t profession en 1651 ; avec une
ddition, où l'on voit quelle a
té sa vertu et ce qui lui est
rrivé jusqu'à sa mort. — Dans
es « Vies intéress. et édif. des
Relig. de P.-R. », t. II, pp 339
à 359.

Mlle Poulain, Vies choisies
es Relig. de P.-R., t. II, pp. 126
à 136.

Nécrol. de P.-R., pp. 391 et
392.

Besoigne, Hist. de l'Abb. de
P.-R , t. I, pp. 353 à 356, 432
à 434.

JAC

**JACQUELINE de Ste EUPHÈMIE PASCAL
(Sœur)** (*suite*).

Cerveau, Nécrol. des pl. célèbres Défens., t. I, p. 81.

Clémencet, Hist. génér. de
P.-R., t. III, pp. 406 et 407, 415
à 417, 424, 425 ; t. IV, pp. 179 à
183.

Écrits d'elle :

Relation sur la Mère Angélique ; — Dans les « Mémoires
p. serv. à l'Hist. de P.-R. »,
1742, t. III, pp. 54 à 110.

Pièces de vers composées par
elle à l'âge de 12 ans ; — Dans
Besoigne, Hist. de l'Abbaye de
P.-R., t. III, pp. 293 à 297.

Pensées édifiantes sur les
mystères de N.-S. J.-C., ; à la
fin des « Entretiens ou Conférences de la R. M. Marie-Angélique Arnauld », pp. 429 à
451.

Lettre à la M. Angél. de St-
Jean, envoyée à M. Arnauld :

JAC

JACQUELINE de Ste EUPHÉMIE PASCAL (Sœur) *(suite)*.

Ecrits d'elle : — *(suite)*.

— Dans les Divers Actes et Relations, in-4º, de 1724, pp. 13 à 16 ; reproduite dans l'Hist. des Perséc. (Villefranche), pp. 27 à 30.

Clémencet, Hist. génér. de P.-R., t. IV, pp. 161 à 175.

Lettre au sujet du premier Mandement des grands-Vicaires ; — Dans :

Interrogatoire (Son) ; Hist. des Perséc., pp. 167 et 168.

Une réflexion d'elle sur le miracle de la sainte Epine ; — Clémencet, Hist. génér. de P.-R., t. III, pp. 376 et 377.

Lettres, Opuscules et Mémoires publiés par M. P. Faugère, pp. 117 à 417.

Cousin (Victor), Jacqueline Pascal, dans tout le volume.

JACQUELINE MARIE ANGÉLIQUE DE SAINTE MAGDELEINE ARNAULD, Réformatrice de Port-Royal (Voyez Angélique Arnauld.

JANSÉNIE (Relation du pays de).

Dans les « Mém. histor. et chronol. » de Guilbert, IIᵉ partie, t. V, pp. 551 à 554.

JANSÉNISME (Abrégé de la dispute sur le).

Voir dans :

Guilbert, Mém. histor. et chronol., IIIᵉ partie, t. III, pp. 343 à 393.

JAN

JANSÉNISME (Abrégé de la dispute sur le) *(suite)*.

Du Piñ, Histoire Ecclésiastique du XVIIᵉ siècle, tout le tome II.

JANSÉNIUS (Cornélius), Évêque d'Ypres.

Idée de sa vie. Le Clerc (Pierre), Renversement de la Religion, t. II, pp. 475 à 487.

Vie (Sa) et ses écrits ; — Dom Clémencet, Hist. littér. de P.-R., pp. 1 à 63.

Notices :

Nécrol. de P.-R., pp. 186 et 187.

Cerveau, Nécrol. des plus célèbres Défens., t. I. p. 20 ; t. IV, p. 250.

Clémencet, Hist. génér. de P.-R., t. III, pp. 225 à 300.

Son portr. gravé par N., dans l'Histoire générale du Jansénisme (par Dom Gerberon), t. I, p. 1 ; t. II, p. 1 ; t. III, p. 1.

Son portrait, Champagne pingebat ; Habert sculp., in-fol.

JANSENS (Jean).

Vie (Sa) et ses écrits ; — Dom Clémencet, Hist. littér. de P.-R., t. I, pp. 97 à 99.

JEA

JEANNE-CATHERINE de SAINTE AGNÈS DE SAINT PAUL ARNAULD (Voyez Agnès de Saint Arnauld (La Mère).

JEANNE DE LA CROIX-MORIN (Sœur).

Mention :

Clémencet, Hist. génér. de P.-R., t. V, p. 62.

Ecrit d'elle :

Interrogatoire (Son) ; — Hist. des Perséc., p. 163.

JEANNE de SAINTE ALDEGONDE DES CHAMPS DES LANDES, quelquefois DESLANDES (Sœur).

Écrits d'elle :

Interrogatoire (Son) ; — Hist. des Perséc., pp. 140 et 141.

Lettres ; — Dans les Relations in-4° de 1724, VIIIᵉ Relat., pp. 146, 158, 176.

JEANNE de Ste APPOLINE LE BÈGUE (*) (Sœur).

Sur elle, voir Guilbert, Mém. histor. et chronol., IIIᵉ partie, t. VI, pp. 243 et 244.

Sa signature ; — Dans le même volume, pp. 436 à 448.

Clémencet, Hist. génér. de P.-R., t. IX, pp. 517 et 518.

Écrit d'elle :

Interrogatoire (Son) : — Histoire des Perséc., p. 144.

(*) L'*Histoire des Persécutions*, écrit par erreur Le Bèque.

JEA

JEANNE de SAINTE COLOMBE LEULLIER (Sœur).

Écrits d'elle :

Relation sur la Mère Angélique ; — Dans les « Mémoires p. serv. à l'hist. de P.-R. », 1742, t. III, pp. 140 à 142.

Interrogatoire (Son) ; Histoire des Perséc., pp. 168 et 169.

JEANNE de Ste DOMITILLE PERSONNE (Sœur).

Mention :

Supplém. au Nécrol. de P.-R., p. 567.

Mém. p. serv. à l'Hist. de P.-R., 1742, t. III, p. 110 à la note.

Écrits d'elle :

Relation sur la Mère Angélique ; — Dans les « Mémoires p. serv. à l'hist. de P.-R. », 1742, t. III, pp. 110 à 120.

Interrogatoire (Son) ; Hist. des Perséc., pp. 170 à 172.

Entretien (Son) avec M. de Péréfixe ; — Ibid., pp. 457 à 459.

Relation in-4 de 1724, IXᵉ Relat., pp. 12 à 15.

JEA

JEANNE de SAINTE JULIENNE GUÉRIN (Sœur), Converse.

Interrogatoire (Son) ;
Hist. des Perséc., pp. 178 et 179.

JEANNE de SAINTE PÉLAGIE VIEILLARD (Sœur), Converse.

Interrogatoire (Son) ;
Hist. des Perséc., pp. 179 et 180.
Nécrol. de P.-R., pp. 43 et 44.

JEANNE-MARIE de SAINTE PERPÉTUE HURLOT (Sœur).

Relation de sa vertu et de sa mort ; — Dans les « Vies intéress. et édif. des Relig. de P.-R. », t. III, pp. 121 à 123.
Clémencet, Hist. génér. de P.-R., t. VII, pp. 292 à 294.

JEANNE-RADEGONDE de SAINTE-FARE LOMBARD (Sœur).

Mention et Notices :
Supplém. au Nécrol. de P.-R., p. 567.
Guilbert, Mém. hist. et chronol., IIIᵉ partie, t. I, p. 536.
Cerveau, Nécrol. des plus célèbres Défens. et Confess., t. I, p. 128.
Ecrits d'elle :
Interrogatoire (Son) ;
Hist. des Perséc., pp. 137 et 138.
Lettres ; — Dans les Relations in-4 de 1724, VIIIᵉ Relat., pp. 14, 119.

JON

JENKINS (François), Gentilhomme anglais, Solitaire et Jardinier à Port-Royal.

Notices sur lui :

Mlle Poulain, Vies choisies de MM. de P.-R., t. IV, pp. 54 à 56.

Et dans :

Besoigne, Hist. de l'Abbaye de P.-R., t. IV, pp 43 à 45.

Nécrol. de P.-R., pp. 393 et 394.

Cerveau, Nécrol. des plus célèbres Défens., t. I, p. 254.

Clémencet, Hist. génér. de P.-R., t. IV, pp. 462 à 464.

Fontaine, Mém., t. I, pp. 302 et 303.

JÉSUITES (sur les)

Prophétie merveilleuse de Ste Hildegarde, Abbesse du Mont St-Rupert ; — Dans Cerveau, Nécrologe des plus célèbres Défenseurs et Confesseurs de la Vérité, t. IV, pp. lxxiij à lxxv.

Prophétie de Georges Bronswel, Archevêque de Dublin, 1558 ; — Ibid., ibid., p lxxv.

JONCOUX (Françoise-Marguerite de).

Voir dans :

Guilbert, Mém. histor. et chronol., IIIᵉ partie, t. III, pp. 543 à 555.

JON

JONCOUX (Françoise-Marguerite de) (*Suite*).

Ibid., t. V, pp 410 à 420.

Mort (Sa) ;
Ibid., t. VII, pp. 213 à 219.

Sur elle :
Pinault, Hist. de la dernière persécution., t. III, pp. 47 à 49.

Éloge (Son) ;
Ibid., ibid., pp. 64 à 67.

Cerveau, Nécrol. des pl. célèbres Défens., t. II, p. 31 ; t. IV, p. 251.

Clémencet, Hist. génér. de P.-R., t. IX, p. 215, note 10 ; t. X, p. 50, note 31.

LAB

JONCOUX (Françoise-Marguerite de). (*Suite*).

Son portrait, voir le P. Lelong, Biblioth. histor. de la France, t. IV, p. 213.

Écrits d'elle :
Lettre d'elle au P. Quesnel ; — Pinault, Hist. de la dern. Perséc., t. III, pp. 41 à 46.

Lettre de la même au même ; — Ibid. ibid., pp. 62 à 64.

Lettre de M*** sur celle de M. du Guet à Monseigneur l'Archevêque de Paris, du 20 aoust 1686 ; — Dans [Fouillou], Histoire abrégée du Jansénisme, pp. xlv à lxxiv.

L

LAB

LABADIE (Jean de), Mystique du XVIIe siècle.

Notices sur lui :
Dans Besoigne, Hist. de l'Abbaye de P.-R., t. IV, pp. 31 à 36.

Barral (l'abbé), Dictionn. historiq., littér. et critique, t. III, pp. 24 et 25.

Note (Une) sur lui ;
Dans Dom Clémencet, Hist. génér. de P.-R., t. II, pp. 509 à 511.

Notice longue et détaillée :
Dans Moréri, Grand Dictionn. historique, t. VI, partie II, pp. 60 à 63.

Nicéron, Mémoires, t. XX et XXVIII.

LAB

LABADIE (Jean de), Mystique du XVIIe siècle (*Suite*).

Arnauld (Antoine), Œuvres in-4, t. XVII et XXIX ; pour l'indication des pages, voir le tome XLIII à la table générale.

Son portrait, voir le P. Lelong, Biblioth. histor. de la France, t. IV, p. 214.

LA BROUE (Pierre de), Evêque de Mirepoix.

Cerveau, Nécrol. des pl. célèbres Défens., t. II, p. 63 ; t. IV, p. 218.

Barral, Appelants célèbres, p. xvj.

Son portrait, voir le P. Lelong, Biblioth. histor. de la France, t. IV, p 160.

LAC

LACROIX (*) **(Charles), Domestique de Port-Royal.**

Notices sur lui :

Mlle Poulain, Vies choisies de MM. de P.-R., t. III, pp. 18 à 21.

Et dans :

Besoigne, Hist. de l'Abbaye de P.-R., t. III, pp. 559 à 561.

Nécrol. de P.-R., pp. 440 à 442.

Cerveau, Nécrol. des pl. célèbres Défens., t. I, p. 33.

Clémencet, Hist. génér. de P.-R., t II, pp. 347 à 352.

LA FEUILLADE (Mme la Duchesse de). *Voyez :* **ROANNÈS (Mlle de).**

LAISNÉ (Jean), Domestique de Port-Royal.

Notices sur lui :

Mlle Poulain, Vies choisies de MM. de P.-R., t. IV, pp. 231 à 233.

Et dans :

Besoigne, Hist. de l'Abbaye de P.-R., t. V, pp. 134 à 136.

Supplém. au Nécrol. de P.-R., pp. 406 à 408.

Cerveau, Nécrol. des pl. célèbres Défens., t. IV, p. 41.

Clémencet, Hist. génér. de P.-R., t. IX, p. 340, note 75.

(*) Besoigne écrit de la Croix.

LAN

LALANNE (Noel de), Docteur en théologie.

Notices sur lui ; — Dans :

Racine (L'Abbé), Histoire ecclésiast., t. XII, pp. 224 et 225.

Nécrol. de P.-R., pp. 100 et 101.

Et dans le Supplém. au Nécrol. de P.-R., p, 426,

Clémencet, Hist. génér. de H.-R., t. VII, pp. 131, 156.

Cerveau, Nécrol. des pl. célèbres Défens. et Confess., t. I, p. 139.

Guilbert, Mém. histor. et chron., IIIe partie, t. I, p. 557.

LAMI (Le Père), Bénédictin.

Écrit de lui :

Lettre à l'Abbesse de Port-Royal, au sujet de la guérison d'une Dame par l'invocation de la Mère Angélique ; — Dans les « Mém. p. serv. à l'hist. de P.-R. », 1742, t. II, pp. 221 à 228.

LANCELOT (Claude), Religieux de l'Abbaye de Saint-Cyran.

Notices sur lui :

Mlle Poulain, Vies choisies de MM. de P.-R., t. IV, pp. 143 à 146.

Et dans :

Besoigne, Hist. de l'Abbaye de P.-R., t. V, pp. 41 à 72.

LAN

LANCELOT (Claude), Religieux de l'Abbaye de Saint-Cyran (*Suite*).

Notices sur lui : — (*Suite*).

Racine (l'Abbé), Hist. ecclés., t. XII, pp. 225 à 232.

Vie (Sa) et ses écrits ;
Dom Clémencet, Hist. littér. de P.-R., t. I, pp. 395 à 422.

Nécrol. de P.-R., pp. 178 et 179.

Supplém. au Nécrol. de P.-R., p. 563.

Cerveau, Nécrol. des pl. célèbres Défens., t. I, p. 291 ; t. IV, p. 255.

Clémencet, Hist. génér. de P.-R., t. II, pp. 444 à 449, 146, 162, 163, 449 à 457 ; t. IV, pp. 284 à 297.

Fontaine, Mém., t. II, pp. 475 à 489.

Du Pin, Biblioth. des Auteurs Ecclésiast. du XVIIᵉ siècle, IVᵉ partie, pp. 76 à 81.

Écrits de lui :

Lettre à la M. Angélique de St-Jean sur la mort de M. de Sacy ; — Dans les « Vies intéress. et édif. des Relig. de P. R. », t. IV, pp. 140 à 142.

Relation d'un entretien qu'il eut, en 1664, avec M. de Péréfixe, Archevêque de Paris, au sujet des Religieuses de P.-R., et de la signature du Formulaire d'Alexandre VII ; — Dans

LAN

LANCELOT (Claude), Religieux de l'Abbaye de Saint-Cyran (*suite*).

Écrits de lui : — (*Suite*).

les « Mémoires » de Lancelot, t. II, pp. 502 à 519.

Hist. des Perséc., pp. 216 à 221.

Relations, in-4º, de 1724, 2ᵉ Relat., pp. 4 à 11.

Relation d'un voyage fait à Alet ; — Dans le même volume, pp. 355 à 450.

Lettres (cinq) ; — Dans le « Recueil de Pièces sur le Formulaire », 1754 ; pp. 273 à 288, 396 à 399.

Lettre de M. Lancelot à M. de Sacy sur la manière dont il élevait Messieurs les Princes de Conti et de la Roche-sur-Yon ; — Dans le Supplément au Nécrologe de P.-R., pp. 161 à 167.

LANDES (Charles Des Champs des). (Voyez DES CHAMPS).

LANGLE (Messire Pierre de), Évêque de Boulogne.

Cerveau, Nécrol. des pl. célèbr. Défens., t. II, p. 84.

Labelle, Nécrol. des Appelants et Oppos., p. 228.

Barral, Appelants célèbres, pp. xxxi.

Son portrait, voir le P. Lelong, Bibliothèque histor. de la France, t. IV, p. 216.

LAN

LA NOÉ-MESNARD (de). (Voyez NOÉ-MESNARD (de la).

LA SERRE (La Mère), Religieuse de Maubuisson.

Besoigne, Hist. de l'Abbaye de P.-R., t. I, pp. 103, 236 à 238.

LE BRUN DES MARETTES (Jean-Baptiste), Acolyte.

Courte notice sur sa vie ; — Dans les « Mém. histor. et chronol. » de Guilbert, IIIe partie, t. VII, pp. 502 à 506.

Supplém. au Nécrol. de P.-R., pp. 490 et 491.

Cerveau, Nécrol. des pl. célèbr. Défens., t. II, p 159 ; t. IV, p. 218.

Labelle, Nécrol. des Appelants et Opposants, p. 499.

Écrits de lui :

Lettre à la M. Angélique de St-Jean sur la mort de M. de Sacy, sur lui-même et sur les Jésuites ; — Dans les « Vies intéress. et édif. des Relig. de P.-R. », t. IV, pp. 114 à 116.

LE CERF (Le P. Noël), Oratorien et Solitaire à Port-Royal des Champs.

Guilbert, Mém. histor. et chronol., IIIe partie, t. I, p. 579.

Cerveau, Nécrol. des pl. célèbr. Défens. et Confess., t. I, p. 151.

LEM

LE CLERC (Pierre), sous-diacre de l'Église de Rouen.

Nouvelles ecclésiastiques, du 23 novembre 1733, pp. 191 et 192.

Migne, Dictionnaire des Jansénistes, col. 392 et 393.

LE GROS (Nicolas), Chanoine de Reims, Docteur en Théologie.

Cerveau, Nécrol. des plus célèbres Défens. et Confess., t. III, p. 261 ; ibid., t. IV, p. 242.

Moréri, Grand Dict. histor., édition de 1759, t. V, p. 396.

Son portrait, voir le P. Lelong, Biblioth. histor. de la France, t. IV, p. 206.

LE MAISTRE (*) (Antoine), Avocat au Parlement de Paris.

Interrogatoire que M. de Laubardemont fit subir, au mois de juillet 1638, à M. Le Maître et à M. de Séricourt ; — Dans le « Recueil de Pièces », 1740 ; pp. 1 à 17.

Notices sur lui :

Mlle Poulain, Vies choisies de MM. de P.-R., t. III, pp. 38 à 54.

(*) Sur l'orthographe de ce nom, voir *Port-Royal et ses Solitaires*, par H. Moulin, P. 40.

LEM

LE MAISTRE (Antoine), Avocat au Parlement de Paris (*suite*).

Notices sur lui : — (*suite*).

Et dans :

Besoigne, Hist. de l'Abbaye de P.-R., t. III, pp. 504 à 550.

Racine (l'Abbé), Hist. ecclés , t. XI, pp. 299 à 303.

Mémoire sur sa conversion et sa retraite ; — Dans le Supplém. au Nécrol. de P.-R., pp. 35 à 38.

Nécrol. de P.-R., pp. 412 à 420.

Cerveau, Nécrol. des pl. célèbres. Défens., t. I, p. 60 ; t. IV, p. 258.

Clémencet, Hist. génér. de P.-R., t. II, pp. 47 à 67, 145 à 149, 154 à 162 ; t, III, voir la table du volume.

Fontaine, Mémoires, t. I et II, voir la table de chaque volume.

Du Fossé, Mémoires, t. IV, voir la table générale.

Son portrait, voir le P. Lelong, Biblioth. histor. de la France, t. IV, p. 224.

Ecrits de lui :

Relations de plusieurs entretiens de la M. Angélique avec Monsieur Le Maistre, qu'il écrivait en sortant d'avec elle, dans le dessein de s'en servir pour écrire son Histoire

LEM

LE MAISTRE (Antoine), Avocat au Parlement de Paris (*suite*).

Ecrits de lui : — (*suite*).

un jour ; — Dans les « Mémoires et Relations ». 1716, pp. 123 à 239 ; — Reproduites avec des modifications. dans les « Mém. p. servir à l'histoire de P.-R.», 1742, t. II, pp. 247 à 407.

Relation (d'une page) ; — Dans les « Mém. p. serv. à l'hist. de P.-R., 1734, édition de l'abbé Goujet, t. I, p. 346. Reproduite dans les Mém. p. servir à l'hist. de P.-R., 1742 ; t. III, pp. 251 et 252.

Relation de la manière dont Dieu attira à lui les deux Demoiselles Bernard ; — Dans les « Vies intér. et édif. des Relig. de P.-R. », t. II, pp. 130 à 146.

Lettre au Cardinal de Richelieu, en forme d'Apologie pour M. l'Abbé de Saint-Cyran ; — Dans les « Mémoires » de Lancelot, t. I, pp. 508 à 532.

Besoigne, Hist. de l'Abbaye de P.-R., t. VI, pp. 224 à 249.

Mémoire touchant les personnes que Dieu avait touchées d'un sentiment de pénitence et qui s'étaient retirées en divers temps dans l'ancienne Abbaye de Port-Royal des Champs ; — En tête du 1er volume des Mémoires de Fontaine, i à xi ; — et dans le Supplém. au Nécrologe de P.-R., pp. 168 à 173.

LEM

LE MAISTRE (Antoine), Avocat au Parlement de Paris *(suite).*

Écrits de lui : — *(suite).*

Lettres à divers ; — Dans les Mémoires de Fontaine, voir à la table de chaque volume.

Histoire de M. de Bascle ; — Dans le " Recueil de Pièces ", 1740, pp. 173 à 189.

Lettres (cinq) ; — Dans le " Recueil de Pièces ", 1740, pp. 198 à 208.

Mémoire pour servir d'éclaircissement sur les faux bruits répandus contre Port-Royal des Champs ; — Dans le même volume, pp. 208 à 228 ; — et dans le Supplém. au Nécrologe de P.-R., pp. 39 à 46.

Déclaration de M. Le Maître l'Avocat ; — Dans le Supplément au Nécrologe de P.-R., p. 4.

Lettre à M. Singlin sur la prison de M. de S. Cyran ; — Dans le Supplém. au Nécrologe de Port-Royal, pp. 249 à 257.

Lettre à la Mère Agnès sur le désir qu'il avait de retourner dans sa solitude de Port-Royal des Champs ; — Dans le Supplément au Nécrologe de Port-Royal, pp. 258 à 260.

LE MAISTRE DE SACY. *Voyez :* **SACY.**

LE MAISTRE DE SAINT-ELME. *Voyez :* **SAINT-ELME.**

LEN

LE MAISTRE DE SÉRICOURT. *Voyez :* **SÉRICOURT.**

LE MAISTRE DE VALLEMONT. *Voyez :* **VALLEMONT.**

LE MOINE, Confesseur de Port-Royal (non porté sur les listes, probablement parce qu'il ne fit qu'apparaître et disparaître).

Voir dans :

Guilbert, Mém. histor. et chron., IIIᵉ partie, t. II, pp. 419 à 429, 433 à 440.

Clémencet, Hist. génér. de P.-R., t. VII, pp. 386, 392, 395 à 399.

LE MOYNE (M.).

Écrit de lui :

Lettre à M. de Luzanci sur la mort de M. de Sacy ; — Dans les « Vies intéress. et édif. des Relig. de P.-R. », t. IV, pp. 143 et 144.

LE NAIN (M.), père de M. de Tillemont.

Notice :

Clémencet, Hist. génér. de P.-R., t. VIII, pp. 362 à 365.

Fontaine, Mém., t. II pp. 571, 573.

Écrit de lui :

Relation sur le désintéressement de la M. Angélique et de

LEN

LE NAIN (M.), père de M. de Tillemont (*suite*).

Écrit de lui : — (*suite*).

son Monastère ; — Dans les « Mém. p. serv. à l'Hist. de P.-R. », 1742, t. III, pp. 197 à 199.

LE NAIN (Voyez Tillemont).

LE NOIR (Claude), connu sous le nom de Saint-Claude (de), Avocat au Parlement.

Vie (Extrait de sa) ; — Dans les « Mém. histor. et chronol. » de Guilbert, IIIe partie, t. IV, pp. 523 à 534. Ibid., t. VI. pp. 603 à 606.

Mort (Sa) ; — Ibid , t. VII, pp. 540 à 542.

Notices sur lui :

Mlle Poulain, Vies choisies de MM. de P.-R., t. IV, pp. 250 à 266.

Et dans :

Besoigne, Hist. de l'Abb. de P.-R., t. V, pp. 150 à 161.

Cerveau, Nécrol. des pl. célèbr. Défens., t. III, p. 37.

Barral, Appelants célèbres, p. 530.

Clémencet, Hist. génér. de P.-R., t. IX, pp. 146, 150, 268 à 271.

LER

LE QUEUX (l'Abbé) ; quelquefois écrit Lequeux.

Écrit de lui :

Mémoire sur la vie et les ouvrages de feu M. l'Abbé François-Philippe Mésenguy ; — Dans le Mém. justificatif du livre intitulé : « Exposition de la Doctrine chrétienne » ; — Et dans le Catalogue des livres de feu M. l'abbé François-Philippe Mésenguy.

LER (Félix), Curé de Magny.

Notices sur lui :

Mlle Poulain, Vies choisies de MM. de P.-R., t. III, pp. 181 et 182.

Et dans :

Besoigne, Hist. de l'Abbaye de P.-R., t. V, pp. 132 à 134.

Supplém. au Nécrol. de P.-R., pp 90 et 91.

Nécrol. de P.-R., p. 440.

Cerveau, Nécrol. des pl. célèbres Défens., t. I, p. 130.

LE ROY (Guillaume), Abbé de Haute-Fontaine.

Notices sur lui ; — Dans :

Racine (l'Abbé), Histoire ecclésiast., t. XII, pp. 232 à 236.

Supplém. au Nécrol. de P.-R., pp. 479 à 489.

LER

LE ROY (Guillaume), Abbé de Haute-Fontaine (*suite*).

Notices sur lui : — (*suite*).

Cerveau, Nécrol. des plus célèbres Défens., t. I, p. 207 ; t. IV, p 290.

Clémencet, Hist. génér. de P.-R., t. VIII, pp. 40 à 46.

Écrits de lui :

Lettre à la M. Angélique de St-Jean, sur la mort de M. de Sacy ; — Dans les « Vies intéress. et édif. des Relig. de P.-R. », t. IV, pp. 110 et 111.

Lettres (deux) à M. Arnauld, touchant la publication du Mandement des Grands-Vicaires de Paris, datées du 8 juin et du 1er juillet 1661 ; — Dans le « Recueil de Pièces sur le Formulaire », 1754 ; pp. 98 à 103.

Réflexions sur le même sujet ; — Dans le même volume, pp. 104 à 116.

Lettre touchant la signature du Formulaire : — Ibid., pp. 193 à 195.

Lettres (six) ; — Ibid., pp. 265 à 270 ; 322 à 327 ; 337 à 341 ; 355 à 363 ; 368 à 373 ; 374 et 375.

Lettres (Dix) ; — Dans Le Clerc (Pierre), Renversement de la Religion, t. I, pp. 245 à 273.

Lettres (trois) ; — Ibid., t. II, pp. 308 à 320.

LIA

LE SECQ.

Notice (Courte) sur lui :

Dans Besoigne, Hist. de l'Abbaye de P.-R., t. IV, pp. 53 à 55.

LE TOURNEUX (Nicolas). *Voyez :* Tourneux (Le).

LETTRE du P. d'Aubenton, jésuite, au P. Croiset, Jésuite. *Voyez :* Aubenton (d').

LE VAYER (Madame).

Écrit d'elle :

Lettre sur la mort de M. de Sacy ; — Dans les « Vies intéress. et édif. des Relig. de P.-R. », t. IV, pp. 107 et 108.

LEVIER (Alexandre), Prêtre.

Cerveau, Nécrol. des plus célèbres Défens. et Confess., t. II, p. 202.

Son portrait, sans nom de graveur, in-f°.

L'HERMITE.

Voir dans :
Guilbert, Mém. histor. et chron., IIIe partie, t. II, p. 258.

LIANCOURT (Roger du Plessis, Duc de).

Relation de sa mort ;
Dans les « Vies intéress. et édif. des Relig. de P.-R. », t. I, pp. 446 à 456.

LIA

IANCOURT (Monsieur Roger du Plessis, Duc de) (*suite*).

Notice :

Mlle Poulain, Vies choisies e MM. de P.-R., t. III, pp. 182 191.

Besoigne, Hist. de l'Abbaye e P.-R., t. III, pp. 49 à 55.

Nécrol. de P.-R., pp. 292 à 95.

Cerveau, Nécrol. des plus élèbres Défens., t. I, p. 141.

Clémencet, Hist. génér. de .-R., t. VII, pp. 176 à 187.

Fontaine, Mém., t. II, pp. 46 à 470.

ANCOURT (Jeanne de Schomberg, duchesse de).

Vie (Sa) ; — Dans les « Vies téress. et édif. des Relig. de .-R. », t. II, pp. 411 à 445.

Mlle Poulain, Vies choisies es Relig. de P.-R., t. II, p. 190.

Besoigne, Hist. de l'Abbaye e P.-R., t. III, pp. 49 à 55.

Nécrol. de P.-R., pp. 238 à 3.

Supplém. au Nécrol. de P.- ., p. 670.

Besoigne, Hist. de l'Abb. de .-R., t. III, pp. pp. 49 à 55.

Cerveau, Nécrol. des plus élèbres Défens . t. I, p. 141.

LIE

LIANCOURT (Jeanne de Schomberg, Duchesse de) (*suite*).

Clémencet, Hist. génér. de P.-R., t. VII, pp. 160 à 176.

Fontaine, Mém., t. II, pp. 446 à 470.

LIÉE Madeleine de Sainte Elisabeth BOCHART de CHAMPIGNY (Sœur) (Madame de Chazé).

Relation de sa vie et de ses vertus ; — Dans les « Mémoires p. servir à l'Hist. de Port-Royal », 1734, édition de l'abbé Goujet, t. II, p. 151.

Reproduite dans les « Vies intéress. et édif. des Relig. de P.-R. », t. III, pp. 1 à 64.

Mlle Poulain, Vies choisies des Relig. de P.-R , t. II, pp. 158 à 169.

Nécrol. de P.-R., pp. 456 à 458.

Besoigne, Hist. de l'Abbaye de P.-R., t. I, p. 558 ; t. III, pp. 11 à 22.

Clémencet, Hist. génér. de P.-R., t. VI, pp. 485 à 487.

Guilbert, Mém. histor. et chronol., IIIᵉ partie, t. I, p. 442.

Cerveau, Nécrol. des plus célèbr. Défens. et Confess., t. I, p. 117.

LIÉ

LIÉE Madeleine de Sainte Elisabeth BOCHART de CHAMPIGNY, veuve de M. de CHAZÉ.

Écrits d'elle :

Relation sur la Mère Angélique ; — Dans les « Mémoires pour serv. à l'Histoire de P.-R. », 1742, t. II, pp. 488 à 497.

Interrogatoire (Son) ; Hist. des Perséc., p. 129.

LIESSE (Mémoire au sujet des Dames de Liesse, Bénédictines, établies rue de Sève en 1645, faubourg St-Germain, près l'Hôpital des Incurables) ;

Dans les « Vies intéress. et édif. des Relig. de P.-R », t. III, pp. 491 à 504.

LIEUX et endroits où furent portés et enterrés les corps exhumés à Port-Royal des Champs.

Voir : Pinault, Hist. de la Dern. Perséc. de P.-R., t. II, pp. 392 à 403.

[Gazaigne], Manuel des Pèlerins de Port-Royal.

LINDO (Jacques), Solitaire et Sacristain de Port-Royal.

Notice (Courte) sur lui ; — Dans Besoigne, Hist. de l'Abbaye de P.-R., t. IV, pp. 48 et 49.

Cerveau, Nécrol. des pl. célèbr. Défens., t. I, p. 39.

LON

LINDO (Jacques), Solitaire et Sacristain de Port-Royal (*Suite*).

Clémencet, Hist. génér. de P.-R., t. II, pp. 473 à 475.

Fontaine, Mém., t. I, pp. 287 à 289.

LITOLFI ou LITOLPHI Maroni de Suzarre; *Voyez* : Maroni.

LOGER, Curé de Chevreuse (Mr).

Écrits de lui :

Mémoire sur la maladie et la mort de M. Retard, curé de Magny ; — Supplém. au Nécrol. de P.-R , pp. 87 à 90.

Mémoire au sujet de l'affaire arrivée à M. Ler, curé de Magny ; — Ibid., pp. 90 et 91.

Mémoires sur les Confesseurs qui ont été envoyés par M. Chamillard à Port-Royal depuis la persécution ; — Ibid , pp. 91 à 95.

Histoire de la prison de M. Le Fèvre, Docteur en théologie; — Ibid., pp. 100 à 102.

LONGUEVILLE (Anne Geneviève de Bourbon, Duchesse de).

Supplément au Nécrologe de Port-Royal, p. 562.

Besoigne, Hist. de l'Abbaye de P.-R., t. III, pp. 58 à 91.

Cerveau, Nécrol. des pl. célèbres Défens., t. I, p. 178.

LON

LONGUEVILLE (Anne Geneviève de Bourbon, Duchesse de) *(suite)*.

Lancelot, Mémoires, t. II, pp. 401 à 403, note.

Fontaine, Mémoires, t. II, pp. 224 à 226, 234 à 240, 251 à 258, 261, 266 à 274, 376 à 386, 491 á 496.

Du Fossé, Mémoires, t. IV, voir la Table générale.

Clémencet, Histoire générale de P.-R., t. VII, voir la table du volume.

Mlle Poulain, Vies choisies des Relig. de P.-R., t. II, pp. 203 à 235.

Racine (l'Abbé), Hist. ecclés., t. XI, pp. 253 à 259.

Nécrologe de P.-R., pp. 156 à 160.

Portrait, voir le P. Lelong, Biblioth. histor. de la France, t. IV, p. 244.

Écrits d'elle :

Retraite de Madame de Longueville ; — Dans la « Relation de la captivité de la Mère Madeleine de Sainte Christine, Religieuse de Port-Royal », Première partie, pp. 109 à 126.

La même Retraite, un peu plus étendue, dans le Supplément au Nécrologe de P.-R., pp. 137 à 150.

Lettre écrite par son ordre ; — Dans le Supplém. au Nécrol. de P.-R., pp. 283 à 286.

LOU

LORON (Dom), Chartreux de la Maison de Paris.

Écrit de lui :

Rétractation de sa signature du Formulaire du Clergé ; — Dans le « Recueil de Pièces », 1740, pp. 404 à 409.

LOUAIL (Jean), Prêtre.

Notices :

Supplém. au Nécrol de P.-R., p. 452.

Cerveau, Nécrol. des pl. célèbres Défens., t. II, p. 82 ; t. IV, p. 257.

Labelle, Nécrol. des Appelants et Oppos. p. 221.

Fontaine, Mém., t. II, p. 434, note.

Écrit de lui :

Relation d'une visite à Port-Royal-des-Champs, faite dans l'été de 1693 ; — Dans Sainte-Beuve, Port-Royal, t. V, pp. 120 à 123.

LOUISE de S. BARTÉLEMI FORTIER (Sœur).

Notice :

Nécrol. de P.-R., pp. 33 et 34.

Écrit d'elle :

Relation sur la charité de la Mère Angélique ; — Dans les « Mém. p. serv. à l'Hist. de P.-R. », 1742, t. II, pp. 459 à 462.

LOUISE de Ste EUGÉNIE GIRARD (Sœur).

Écrits d'elle :

Interrogatoire (Son) ; — Hist. des Perséc., p. 137.

Lettres ; — Dans les Relations in-4°, de 1724, VIII° Relat., pp. 116, 149,

LOUISE de Sainte FARE de la BONNE-RIE (Sœur).

Relation la concernant ; — Dans les « Vies intéress. et édif. des Relig. de P.-R. », t. III, pp. 118 à 120.

Relation de ce qui s'est passé entre M. le Vicaire de S -Médard et ma sœur Louise de Ste Fare [de la Bonnerie] ; — Dans les Relations, in-4°, de 1724, VIII° Relat., pp. 167 à 170 et 172 à 176.

Supplém. au Nécrol. de P.-R., pp. 492 et 493.

Cerveau, Nécrol. des pl. célèbr. Défens., t. I, p. 249.

Clémencet, Hist. génér. de P. R., pp. 326 à 336.

Écrits d'elle :

Interrogatoire (Son) ; - Hist. des Perséc., pp. 148 à 150.

Lettre ; — Dans les Relat., in-4°, de 1724, VIII° Relat., p. 160.

LOU

LOUISE DE SAINTE JULIENNE ROBERT (Sœur).

Ecrit d'elle :

Interrogatoire (Son) ; — Hist. des Perséc., p. 114.

Sa mort.
Clémencet, Hist. génér. de P.-R., t. VIII, p. 305.

LOUISE DE SAINTE JUSTINE BARAT (Sœur), converse.

Voir Guilbert, Mém. historiq. et chronol., III° partie, t. VI, p. 208.

Signature (Sa) ; — dans le même volume, pp. 497 et 498.

Mort (Sa) ; — Ibid., t. VII, pp. 166 et 167.

Clémencet, Hist. génér. de P.-R., t. IX, pp. 508 et 510.

LOUISE MADELAINE DU HAMEAU DE LA CHARONNIÈRE (Sœur), postulante converse, selon Clémencet ; de chœur, selon les autres.

Clémencet, Hist. génér. de P.-R., t. VII, pp. 156 et 157.

Cerveau, Nécrol. des plus célèbres Défens. et Confess., t. I, p. 140.

Guilbert, Mém. histor. et chronol , III° partie, t. I, p. 558.

LOUVAIN (Théologiens de).

Dans Dom Clémencet, Hist. littér. de P.-R., t. I, pp. 65 à 82.

LUY

LUYNES (Louis-Charles-d'Albert, Duc de Luynes et de Chevreuse).

Notices sur lui :

Mlle Poulain, Vies choisies de MM. de P.-R., t. IV, pp. 84 à 87.

Et dans :

Besoigne, Hist. de l'Abbaye de P.-R., t. IV, pp. 131 à 134.

Clémencet, Hist. génér. de P.-R., t. VIII, pp. 215 à 221.

Fontaine, Mém., t. II, pp. 8 à 12, 43, 45, 81.

Son portrait a été gravé par Daret, 1654, in-4°.

Ecrits de lui :

Lettre à la M. Angélique de St-Jean, sur la mort de M. de Sacy ; — Dans les « Vies intéress. et édif. des Relig. de P.-R. », t. IV, pp. 82 et 83.

LUYNES (Marie-Louise-Seguier, Duchesse de).

Vie (Sa) ; — Mlle Poulain, Vies choisies des Relig. de P. R., t. II, pp. 80 à 92.

Nécrol. de P.-R., pp. 372 à 374.

LYS

LUYNES (Marie-Louise Seguier, Duchesse de) *(suite)*.

Besoigne, Hist. de l'Abb. de P.-R., t. I, pp. 314 à 332.

Cerveau, Nécrol. des pl. célèbres Défens., t. I, p. 51.

Clémencet, Hist. génér. de P.-R., t. III, pp. 129 à 146.

Fontaine, Mém. t. II, pp. 8 et 9.

LUZANCY. *Voyez* : Arnauld de Luzancy.

LYS (Abbaye du).

Le Lys était une abbaye « proche Melun », dit Besoigne (t. I, p. 221).

Voir aussi les Mémoires de Thomas du Fossé, édition Bouquet, t. IV, 4, et à la note où l'éditeur dit que le Lys est « à moins d'un kilomètre sur la rive gauche, au Nord de Dammarie-les-Lys, canton et arrondissement de Melun ».

La Mère des Anges Suireau a été Maîtresse des Novices au Lys, voir sa Vie, Ire partie, chap. II, pp. 7 à 10.

M

MAD

MADELEINE-CLAUDE DE Ste GERTRUDE BAUDRAN (Sœur novice).

Cerveau, Nécrol. des plus célèbres Défens., t. I, p. 84.

MADELEINE de St ALEXIS DE LA GRANGE (Sœur). *Voyez :* Grange (de la).

MADELEINE de Ste AGNÈS de LIGNY (La Mère), Abbesse de Port-Royal.

Remarques sur sa vie et sa vertu ; — Dans les « Mém. p. serv. à l'Hist. de Port-Royal », 1734, édition de l'abbé Goujet, t. II, p. 259.

Reproduites dans les « Vies intéressantes », t. II, pp. 91 à 107.

Mlle Poulain, Vies choisies des Relig. de P.-R., t. II, pp. 198 et 199.

Nécrol. de P.-R., pp. 191 à 197.

Supplém. au Nécrol. de P.-R., p. 613.

Besoigne, Hist. de l'Abb. de P.-R., t. II, pp. 185 à 192.

Cerveau, Nécrol. des pl. célèbres Défens., t. I, p. 153.

Clémencet, Hist. génér. de P.-R., t. I, pp. 179, 261.

MAD

MADELEINE de Ste AGNÈS de LIGNY (La Mère), Abbesse de Port-Royal (*suite*).

Ibid., t. IV, V, VI, VII, voir la table de chacun de ces volumes.

Écrits d'elle :

Relation touchant la sœur Anne-Eugénie Arnauld ; — Dans les « Mém. p. serv. à l'Hist. de Port-Royal », 1734, édition de l'abbé Goujet, t. I, p. 235.

Reproduite dans les « Mémoires » de 1742, t. III, pp. 378 à 396.

Etablissement du nouvel Institut du Saint-Sacrement ; — Dans les « Relations sur la vie de la R. M. Angélique » (Recueil de la M. Angélique de St-Jean), s. l., 1737, IIIe partie, pp. 181 à 250.

Même écrit, légèrement retouché, dans les « Mém. pour serv. à l'Hist. de P.-R », 1742, t. I, pp. 507 à 584.

Relation de ce qui s'est passé à Port-Royal depuis 1638 jusqu'en 1648, où l'on voit comment l'Institut du S.-Sacrement fut uni à ce Monastère ; —

MAD	MAG

MAD

MADELEINE de Ste AGNÈS de LIGNY (La Mère), Abbesse de Port-Royal (*suite*).

Écrits d'elle : — (*suite*).

Dans les « Mém. pour serv. à l'Hist. de P.-R. », 1742, t. I, pp. 584 à 599.

Relation du rétablissement de P.-R. des Champs en 1648, et de ce qui s'est passé les années suivantes ; — Dans les Mémoires de 1742, t. II, pp. 1 à 123.

Relation sur la M. Angélique ; — Même volume, pp. 545 à 550.

Relation (Une partie de la) de la vie et des vertus de la sœur Catherine de St-Jean Arnauld, dite dans le monde Madame Le Maître ; — Dans les Mémoires de 1742, t. III, pp. 329 à 343.

Lettre à M. Arnauld ; — Dans le « Recueil de Pièces sur le Formulaire », 1754 ; pp. 411 et 412.

Lettre (12 octobre 1668) ; — Ibid., pp. 502 et 503.

Lettre (15 octobre 1668) ; — Ibid., pp. 504 à 506.

Lettre à M. Arnauld (29 décembre 1668 ; — Ibid., pp. 514 et 515.

Interrogatoire (Son) ; Dans l'Histoire des Persécutions, pp. 83 et 84.

Lettre — Dans les « Relations » in-4 de 1724, VIIIe Relation, p. 107.

MAG

MADELEINE de Ste AURÉLIE NOISEUX (Sœur), Converse.

Sur elle, voir : Guilbert, Mém. histor. et chronol , IIIe partie, t. VI, p. 244.

Sa soumission ; — Dans le même volume, pp. 448 à 455.

Mort (Sa) ; — Ibid., t. VII, p. 200.

Clémencet, Hist. génér. de P.-R., t. IX, pp. 494, 497 et 498.

MAGDELEINE de Ste CANDIDE LE CERF (Sœur).

Remarques la concernant ; — Dans la Vie de la Mère Marie des Anges Suyreau, édition de 1754, pp. 565 à 568.

Nécrol. de P.-R., p. 105 ; — et dans le Supplém. au Nécrol. de P.-R., pp. 449 et 450.

Clémencet, Hist. génér. de P.-R., t. VI, pp. 194 et 195.

Écrits d'elle :

Relation touchant les deux Demoiselles Maitteland ; — Dans les « Vies intéress. et édif. des Rel. de P.-R. », t. II, pp. 312 à 326.

Interrogatoire (Son) ; Histoire des Perséc. pp. 91 à 94.

Relation des choses principales qui se sont passées depuis son enlèvement de Port-Royal de Paris ; — Dans les

MAG

MAGDELEINE de Ste CANDIDE LE CERF (Sœur) (*Suite*).

Ecrits d'elle : — (*suite*).

Relations in-4 de 1724, IVᶜ Relation, pp. 130 à 149.

Lettres ; — Dans les Relations in-4 de 1724, VIIIᵉ Relat., pp. 178, 182, 188, 190, 196.

MAGDELEINE de Ste CHRISTINE AR-NAULD (Sœur).

Relation abrégée de sa Vie et de ses vertus ; — Dans les « Mémoires p. serv. à l'hist. de P.-R. », 1742, t. III, pp. 486 à 489.

Mlle Poulain, Vies choisies des Relig. de P.-R., t. II, pp. 69 à 75.

Nécrol. de P.-R., pp. 64 et 65.

Besoigne, Hist. de l'Abb. de P.-R., t. I, pp. 301 et 302.

Cerveau, Nécrol. des plus célèbr. Défens., t. I, p. 44.

Clémencet, Hist. génér. de P.-R., t. I, pp. 116 à 119 ; t. III, pp. 68 et 69.

MADELEINE de Ste CHRISTINE BRIQUET (Sœur).

Relation de sa vie et de ses vertus ; — Dans les « Vies intéress. et édif. des Relig. de P.-R. », t. III, pp. 85 à 117.

Relation de sa captivité ; — 1 vol. in-12, 1718, pp. 1 à 79.

MAD

MADELEINE de Ste CHRISTINE BRIQUET (Sœur) (*suite*).

Guérison (Sa) par l'intercession de la M. Suireau ; — Guilbert, Mém. histor. et chronol., IIIᵉ Partie, t. III, pp. 87 à 89.

Courte notice sur elle ; — Mlle Poulain, Vies choisies des Relig. de P.-R., t. II, pp. 276 à 281.

Relation abrégée de sa captivité ; — Dans D. Clémencet, Hist. génér. de P.-R., t. VIII, pp 506 à 525.

Nécrol. de P.-R., pp. 446 à 448.

Besoigne, Hist. de P.-R., t. I, pp. 491 à 493, 609 à 612 ; t. II, pp. 143 à 159 ; t. III, pp. 126 à 128.

Cerveau, Nécrol. des pl. célèbres Défens., t. I, p. 245 ; t. IV, p. 217.

Clémencet ; Histoire générale de Port-Royal, t. V, pp. 62, 63, 74 et 75, 108 et 109, 181 à 184, 189 à 198.

Ibid., t. VIII, pp. 153 à 160, 506 à 525.

Écrits d'elle :

Ecrit sur la manière dont la sœur Françoise Magdeleine de Sainte Julie Baudrand fut délivrée de la fièvre en 1664, après avoir invoqué la Mère Angé-

MAD

MADELEINE de Ste CHRISTINE BRIQUET
(Sœur) (*suite*).

Écrits d'elle : — (*suite*).

lique ; — dans les « Mémoires pour servir l'Histoire de Port-Royal », 1742, t. II, pp. 217 à 221.

Relation de la maladie et de la mort de la Sœur Elizabeth de Ste Marcelline Wallon ; — Dans les Vies intéress. et édif. des Relig. de P.-R , t. II, pp. 256 à 263.

Reproduite dans les Vies intéress. et édif. des Amis de P.-R., pp. 363 à 376.

Relation de la mort de la Sœur Françoise de Ste Darie Wallon ; — Dans les Vies intéress. et édif. des Relig. de P.-R., t. II, pp. 264 à 298.

Reproduite dans les Vies intéress. et édif. des Amis de P.-R., pp. 376 à 437.

Effusion de cœur dans une extrémité d'affliction ; — Dans les Vies intéress. et édif. des Relig. de P.-R., t. III, pp. 99 à 104.

Lettre à une Religieuse de Port-Royal de Paris ; 1er juin 1665 ; — Dans le « Recueil de Pièces sur le Formulaire»,1754 ; pp. 385 à 392.

Relation sur son interrogatoire ; — Dans l'Hist. des Per-

MAG

MADELEINE de Ste CHRISTINE BRIQUET
(Sœur) (*suite*).

Ecrits d'elle : — *(Suite)*.

séc., pp. 237 à 245.—Relat. in-4 de 1724, pp. 21 à 33 de la 2ᵉ Relat.

Relation (sur la conduite de M. Chamillard) ;—Dans l'Hist. des Perséc., pp. 256 à 259.

Relat. 1724, 2ᵉ R. pp. 47 à 51.

Interrogatoire (Son) ; — Hist. des Perséc., pp. 145 à 147.

Relation sur sa captivité ; — Dans les Relat. in-4º de 1724, 4ᵉ Rel., pp. 92 à 129.

Lettres ; — Dans les Relations in-4 de 1724, VIIIᵉ Relat., pp. 3, 6, 9, ibid., 10, 17, 19, 23, 24, 26, 27, 32, 35, 44, 45, 46, 51, 54, 57, 62, 64, 65, 72, 79, 85, 86, 91, 92, 97, 98, 101, 102, 104, 105, 106.

MAGDELAINE dé Ste GERTRUDE BAUDRAND (Sœur), Novice.

Relation la concernant ; — Dans les « Vies intéress. et édif. des Relig. de P.-R. », t. III, pp. 266 à 271. — Nécrol. de P.-R., pp. 251 et 252.

Nécrol. de P.-R., pp. 251 et 252.

Clémencet, Hist. génér. de P.-R.,t. IV,pp. 19 à 22,63 et 64.

MAD

(*) **MADELEINE de Ste GERTRUDE du VALOIS** (Sœur).

Sur elle, voir : Guilbert, Mém. histor. et chronol., IIIe Partie, t. VI, pp. 209 à 230.

Est transférée de Chartres à Mantes ; — Ibid., t. VII, pp. 167 à 184.

Rappel (Son) de l'exil ; son entrée aux Hospitalières de S. Marceau ; son entrée à l'Estrée et ses dernières années ; dans le même volume, pp. 287 à 317.

Mort (Sa) ; — Ibid., ibid., pp. 406 et 407.

Guérison (Sa) miraculeuse ; — Pinault, Hist. de la dern. perséc., t. III, pp. 230 à 237.

Besoigne, Hist. de l'Ab., t. II, pp. 588 à 591.

Captivité (Quelques traits de sa) ; — Pinault, Hist. de la dern. Perséc., pp. 237 à 291.

Besoigne, Hist. de l'Abb. de P.-R., t. III, pp. 238 à 248.

Clémencet, Hist. génér. de P.-R., t. IV, pp. 120 à 123 ; t. VIII, p. 153 ; t. IX, p. 507 ; t. X, pp. 233 à 287.

_____

(*) Guilbert et Besoigne écrivent : Marie-Madeleine de Ste Gertrude.

MAG

MAGDELEINE de Ste GERTRUDE du VALOIS (Sœur).

Écrit d'elle :

Relation par elle-même de sa guérison miraculeuse opérée par l'intercession de la Mère Angélique, le 6 août 1689.

Dans les « Mém. p. serv. à l'hist. de P.-R.», 1742 t. II, pp. 233 à 246 ; — Reproduite dans les Mém. histot. et chronolog. » de Guilbert, IIIe Partie, t. III, pp. 67 à 81.

MAGDELEINE de Sainte MELTHIDE THOMAS DU FOSSÉ et ANNE de Sainte THÈCLE THOMAS (Sœurs).

Relation les concernant ; — Dans les « Vies intéress. et édif. des Relig. de P.-R, », t. II, pp. 150 à 202.

Histoire de sa Rétractation ; — Dans les « Mém. histor. et chronol. de Guilbert, IIIe Pie, t. I, pp. 380 à 383.

Besoigne, Hist. de l'Abb. de P.-R., t. I, pp. 598 et 599.

Clémencet, Hist. génér. de P.-R., t. V, pp. 104 à 108, 154 à 160,167,168 ; t. VI,pp. 441 à 447 ; t. VIII, p. 55 à la note 40. pp. 326 et 327 et p. 327 à la note 34.

MAD

MADELEINE de Ste MELTIDE THOMAS DU FOSSÉ (Sœur).

Écrits d'elle :

Relation de ce qui s'est passé à Port-Royal de Paris depuis le transport des Religieuses, fait à Port-Royal-des-Champs en 1665, et l'établissement de la Sœur Dorothée Perdereau, première Abbesse intruse de Port-Royal ; — Dans le « Recueil de pièces p. serv. à l'histoire de Port-Royal », Utrecht, 1740, pp. 451 à 549.

Acte de sa Rétractation ; — Dans les « Mém. hisor. et chronol. » de Guilbert, IIIᵉ Pⁱᵉ, t. I, pp. 383 et 384.

MADELEINE de Ste SCOLASTIQUE GRAILLET (Sœur).

Notice :

Quelques mots sur elle : Mém. pour serv. à l'Hist. de P.-R., 1742, t. II, pp 552 et 553 et à la note.

Écrit d'elle :

Interrogatoire (Son) ; — Hist. des Perséc., pp. 119 et 120.

(*) MADELEINE de Ste SOPHIE de FLEXELLES ou Flescelles (Sœur).

____

(*) Besoigne écrit Marie-Madeleine de Sainte Sophie.

MAD

MADELEINE de Ste SOPHIE de FLEXELLES ou Flescelles (Sœur) *(suite)*.

Signature (Sa) ; — Dans les « Mém. histor. et chronol. » de Guilbert » IIIᵉ Partie, t. VII, pp. 47 à 69.

Transport (Son) à Soissons ; — Ibid., ibid., pp. 195 à 198.

Et dans :

Clémencet, Hist. génér. de P.-R., t. IX, pp. 487, 492 à 494.

Elle entre à Sainte Perrine de la Villette ; Mém. histor. et chronol. de Guilbert, t. VII de la IIIᵉ Partie, pp. 320 et 321.

Mort (Sa) ; — Ibid , ibid., pp. 437 à 444 ; — Sur son corps, p. 453.

Pinault, Hist. de la dern. persécution, t. III, pp. 294 à 300.

Lettre circulaire sur sa mort ; — Dans le Supplément au Nécrologe de P.-R., pp. 153 à 156.

Ibid., ibid., pp. 345 à 347.

Cerveau, Nécrol. des pl. célèbres Défens., t. IV, p. 78.

Clémencet, Hist. génér. de P.-R., t. X, pp. 117 à 132.

Écrits d'elle :

Acte de soumission ; — Dans le Supplém. au Nécrol. de P.-R., p. 151.

MAD

MADELEINE de Ste SOPHIE de FLEXEL-LES ou de Flescelles *(Suite)*.

Ecrits d'elle : — *(suite)*.

Mém. de Guilbert, IIIe Partie, t. VII, p. 54.

Lettre à S. E. le Cardinal de Noailles ; — Dans le Supplém. au Nécrol. de P.-R. p. 151.

Guilbert, IIIe Partie, t. VII, p. 56.

Rétractation des deux actes ci-devant faits à Montcenis, le 27 décembre 1710 ; — Dans Guilbert, Mém. histor. et chronol. de l'Abbaye de P.-R., IIIe Partie, t. VII, pp. 198 et 199.

Et dans le Supplém. au Nécrol, de P.-R., pp. 152.

Lettre sur la réunion avec ses sœurs ; — Guilbert, Mém., IIIe Partie, t. VII, pp. 211 et 212.

MAGDELEINE de Ste Thérèse SEVIN (Sœur).

Ecrit d'elle :

Interrogatoire (Son) ; — Hist. des Perséc., pp. 152 et 153.

MAGDELEINE des Anges Marion de DRUY (Sœur).

Relation d'un Miracle opéré en sa personne l'an 1628, par la foi et les prières de la M. An-

MAD

MAGDELEINE des Anges Marion de DRUY (Sœur) *(suite)*.

gélique ; — Dans les « Mém. p. serv. à l'histoire de P.-R. », 1742, t. II, pp. 179 à 187.

Reproduite dans les « Mém. histor. et chronol. » de Guilbert, IIIe P[ie], t. I, pp. 540 à 549.

Voir dans le même ouvrage Ire P[ie], t. II, pp. 319 à 321.

Supplém. au Nécrol. de P.-R., p. 566.

Besoigne, Hist. de P.-R., t. I, pp. 138 à 140.

Cerveau, Nécrol. des pl. célèbr. Défens., t. I, p. 128.

Ecrits d'elle :

Interrogatoire (Son), Hist. des Perséc., pp. 90 et 91.

Lettres ; — Dans les Relations in-4° de 1724, VIIIe Relat., pp. 65, 179.

MADOT.

Quelques mots sur lui ; — Dans Besoigne, Hist. de l'Abbaye de P.-R., t. III, pp. 210 à 212.

Clémencet, Hist. génér. de P.-R., t. IX, pp. 536 à 542.

MAG

MAGNY ; *Voyez* : Curés de Magny.

MAIGNARD (Le Père), Prêtre de l'Oratoire.

Notices sur lui :

Mlle Poulain, Vies choisies de MM. de P.-R., t. III, pp. 27 à 29.

Et dans :

Besoigne, Hist. de l'Abbaye de P.-R., t. IV, pp. 123 et 124.

Nécrol. de P.-R., pp. 26 et 27.

Supplém. au Nécrol. de P.-R., p. 306.

Cerveau, Nécrol. des pl. célèbres Défens., t. I, p. 45.

Du Fossé, Mém., t. IV, voir a table générale.

MAIGNART de BERNIÈRES (Charles). Quelques-uns écrivent Maignard, Maître des Requêtes.

Notices sur lui :

Mlle Poulain, Vies choisies de MM. de P.-R., t. III, pp. 55 à 57.

Et dans :

Besoigne, Hist. de l'Abbaye de P.-R., t. IV, pp. 143 à 148.

Nécrol. de P.-R., pp. 285 à 287.

MAN

MAIGNART de BERNIÈRES (Charles). Quelques-uns écrivent Maignard, Maître des Requêtes (*Suite*).

Notices sur lui : — (*suite*).

Cerveau, Nécrol. des pl. célèbres Défenseurs, t. I, p. 85.

Clémencet, Hist. génér. de P.-R., t. IV, pp. 270 à 273.

Fontaine, Mém., t. II, pp. 224, 496 à 498.

Du Fossé, Mém., t. IV (voir la table générale).

MAITTELAND (Les deux Demoiselles).

Relation les concernant ; — Dans les « Vies intéress. et édif. des Relig. de P.-R. », t. II, pp. 312 à 326.

MANDEMENT des Grands-Vicaires de Paris.

Ecrits faits à son occasion :

Lettre de M... à M...; — Dans le « Recueil de Pièces sur le Formulaire », 1754, pp. 164 à 185.

MANGUELEN (Pierre), Confesseur de Port-Royal).

Vie (Relation abrégée de sa) ; — Dans les Vies intéress. et édif. des Amis de Port-Royal, pp. 438 à 472.

MAN

MANGUELEN (Pierre), Confesseur de Port-Royal (*Suite*).

Mlle Poulain, Vies choisies de MM. de P.-R., t. III, pp. 25 et 26.

Et dans :

Besoigne, Hist. de l'Abbaye de P.-R., t. IV, pp. 11 à 14.

Nécrol. de P.-R., pp. 380 et 381.

Lancelot, Mémoires, t. II, pp. 238 et 239, note.

Cerveau, Nécrol. des pl. célèbres Défens., t. I, p. 39.

Clémencet, Hist. génér. de P.-R , t. II, pp. 469 à 472.

Fontaine, Mém., t. I, pp. 277 à 284.

Écrit de lui :

Testament (Son) ; — Dans le « Recueil de Pièces », 1740, pp. 196 et 197.

MANUEL des âmes religieuses, ou Abrégé des Règles qu'elles doivent observer dans leur conduite ; — Dans les Conférences sur les Constitutions de P.-R., par la Mère Angélique de St-Jean. *Voyez ce nom.*

MAR

MARCEL (Mr), curé de Saint-Jacques du Haut-Pas.

Écrits de lui :

Lettre à la M. Angélique de St-Jean, sur la mort de Mr de Sacy ; — Dans les « Vies intéress. et édif. des Relig. de P.-R. », t. IV, p. 86.

Lettre à la même sur la mort et le transport du corps de M. de Sacy ; — Dans le même volume, pp. 99 et 100.

Lettre à la même, sur la mort de M. Claude Thomas, Bourgeois de Paris ; — Dans le même volume, p. 536.

MARE (Madame).

Écrit d'elle :

Lettre à la Mère Angélique de St-Jean, sur la mort de M. de Sacy ; — Dans les « Vies intéress. et édif. de P.-R. », t. IV, pp. 88 et 89.

MARGUERITE AGNÈS de Ste JULIE HAMELIN (Sœur).

Mention :

Supplém. au Nécrol. de P.-R., pp. 668 et 669.

Cerveau, Nécrol. des plus célèbres Défens. et Confess., t. I. p. 13 ; — Dans la Notice de M. Jean Hamelin, son père.

MAR

MARGUERITE AGNÈS de Ste JULIE HA-MELIN (Sœur) (*Suite*).

Écrits d'elle :

Interrogatoire (Son) ; — Hist. des Persécutions, pp. 133.

MARGUERITE ANGÉLIQUE du S. ESPRIT GIROUST des TOURNELLES (Sœur).

Ecrit d'elle :

Relation sur la charité de la Mère Angélique et son désinté-ressement ; — Dans les « Mé-moires p. serv. à l'Hist. de P.-R. », 1742, t. II, pp. 509 à 523.

MARGUERITE de la PASSION GUIMAR (Sœur).

Notice :

Mém. p. serv. à l'Hist. de P.-R., 1742, t. II. p. 500, à la note.

Ecrit d'elle :

Relation sur la charité et quelques autres vertus de la M. Angélique ; — Dans les « Mém. p. serv. à l'Hist. de P.-R. », 1742, t. II, pp. 498 à 508.

MARGUERITE de Ste BLANDINE de LA GRANGE (Sœur) ; — *Voyez* aussi **GRANGE (de La).**

Mém. p. serv à l'Hist. de P.-R., 1742, t. II, pp. 406 et 407.

MAR

MARGUERITE de Sainte DELPHINE (Ma-demoiselle d'Angennes).

Remarques sur sa vie et sa mort ; — Dans les « Mémoires pour servir à l'Hist. de Port-Royal », 1734, édition de l'abbé Goujet, t. II, p. 53.

Reproduites dans les « Vies intéress. et édif, des Relig. de P.-R. », t. III, pp. 209 à 266.

Nécrol. de P.-R., pp. 385 et 386.

Cerveau, Nécrol. des pl. cé-lèbres Défens., t. I, p. 73.

Clémencet, Hist. génér. de P.-R , t. III, pp. 559 à 574.

MARGUERITE de Ste EUPHROSINE DE CREIL (Sœur).

Ecrit d'elle :

Interrogatoire (Son); — Hist. des Perséc., p 170.

MARGUERITE de Sainte GERTRUDE BOUCHER (Sœur).

Mém. p. serv. à l'Hist. de P.-R., 1742, t II, pp. 405 et 406.

MARGUERITE de Ste GERTRUDE DU PRÉ (Sœur).

Relation de sa vie et de sa mort ; — Dans les « Vies intéress. et édif. des Relig. de P.-R. », t. II, pp. 360 à 387.

MAR

MARGUERITE de Ste GERTRUDE DU PRÉ (Sœur) (*suite*).

Lettre sur sa mort ; — Dans le « Recueil de Pièces sur le Formulaire », 1754, pp. 437 à 440.

Sa chute, sa conversion, Œuvres d'Ant. Arnauld, t. I, pp. 549-551.

Son éloge, Ibid., p. 530.
Lettres que lui écrivit M. Arnauld, Ibid., pp. 52-66, 549-551.

Nécrol. de P.-R., pp. 264 à 266.

Sa guérison ; — Besoigne, Hist. de l'Abb. de P.-R., t. I, pp. 476 et 477, t. II, pp. 334 à 339.

Cerveau, Nécrol. des pl. célèbres Défens., t. I, p. 100.

Clémencet, Hist. génér. de P.-R., t. V, pp. 427 à 438 ; t. VI, pp. 92 à 110.

Ecrits d'elle :

Relation de sa captivité, et la Rétractation qu'elle a faite de ses deux signatures ; — à la suite de la « Relation de la captivité de la M. Madeleine de Ste Christine [Briquet], 1718, pp. 131 à 253.

Relation (sur son interrogatoire) ; — Dans l'Histoire des Perséc., pp. 231 à 234.

Relat. in-4 de 1724, 2e Rel., pp. 13 à 16.

MARGUERITE de Ste GERTRUDE DU PRÉ (Sœur) (*suite*).

Écrits d'elle : — (*suite*).

Lettre à la M. du Fargis ; — Dans le même volume, p. 272.

Relation sur elle-même ; — Dans les « Vies intéress. et édif. des Relig. de P.-R. », t. II pp. 360 à 368.

Interrogatoire (Son) ;
Hist. des Perséc., pp. 154 à 156.

Manière (La) de donner l'habit de Novice au Monastère de Port-Royal du St-Sacrement ; — Dans les « Constitutions du Monastère de Port-Royal du S. Sacrement », pp. 305 à 322.

MARGUERITE de Ste IRÈNE HUCQUE-VILLE (Sœur).

Mention :

Supplém. au Nécrol. de P.-R., p. 643.

Écrits d'elle :

Interrogatoire (Son) ;
Hist. des Perséc., p. 173.

Entretien (Son) avec M. de Péréfixe ; — Ibid., pp. 463 et 464.

MAR

MARGUERITE de Ste LUCE GARNIER (Sœur).

Écrits d'elle :

Lettre à la Sœur Candide (*) ; Dans les « Relations sur la vie de la R. M. Angélique de Sainte Magdeleine Arnauld, ou Recueil de la M. Angélique de St Jean », 1737, pp. 286 à 288.

Interrogatoire (Son) ; — Hist. des Perséc., p. 150.

MARGUERITE de Ste THÈCLE JOSSE (Sœur).

Notice :

Cerveau, Nécrol. des pl. célèbres Défens., t. I, p. 267.

Clémencet, Hist. génér. de P.-R., t. IV, pp. 443 et 444 ; t. VIII, pp. 232 à 244.

Écrits d'elle :

Relation sur elle-même ; — Dans les « Vies intéress. et édif. des Relig. de P.-R. », t. II, pp. 456 à 473.

Avec une addition qui n'est pas d'elle, pp. 474 à 476.

Relation sur la Mère Angélique ; — Dans les « Mém. p. serv. à l'hist. de P.-R. », 1742, . III, pp. 165 à 176.

_____

(*) Probablement la Sœur Madeleine le Ste Candide Le Cerf.

MAR

MARGUERITE de Ste THÈCLE JOSSE (Sœur) (*suite*).

Écrits d'elle : — (*suite*).

Interrogatoire (Son) ; Hist. des Perséc., pp. 141 à 143.

Lettres ; — Dans les Relations in-4º de 1724, VIIIᵉ Relat., pp. 43, 70, 89, 103, 114, 120, 126, 136, 141, 144, 161.

MARGUERITE GERTRUDE BOUCHER (Sœur).

Relation abrégée de sa vie et de ses vertus ; — Dans les « Vies intéress. », t II, pp 13 à 17.

MARIA (Le traître).

Histoire (Son) ; — Dans les « Mém. histor. et chronol. » de Guilbert, IIIᵉ Partie, t. I, pp. 212 à 227.

MARIE-AIMÉE de Ste PÉLAGIE CHOART de BUZANVAL (Sœur) (la cadette).

Notice :

Supplém. au Nécrol. de P.-R., p. 522.

Écrit d'elle :

Interrogatoire (Son) ; Hist. des Perséc., pp. 135 et 136.

13

MAR

MARIE ANGE de Sainte THÈCLE AR-NAULD D'ANDILLY (Sœur).

Relation abrégée de sa Vie ; — Dans les « Mém. p. serv. à l'Hist. de P.-R. », 1742, t. III, pp. 588 à 591.

MARIE ANGÉLIQUE de Ste THÉRÈSE AR-NAULD D'ANDILLY (Sœur), nièce de la Mère Angélique et sœur de la M. Angélique de St Jean. Elle était appelée dans le monde Mlle de Luzancy.

Besoigne, Hist. de l'Abbaye de P.-R., t. II, pp. 166, 171 à 182.

Cerveau, Nécrol. des pl. cé-lèbres Défens., t. I, p 317.

Clémencet, Hist. génér. de P.-R., t. VIII, pp 377 à 399.

Supplément au Nécrologe de Port-Royal, pp. 298 à 300.

Écrits d'elle :

Lettre à M***, au sujet de la visite de M. le Lieutenant civil et de M. le Procureur du Roi à Port-Royal, et des insultes qui leur sont faites impunément ; — Dans les « Vies intéress. et édif. des Religieuses de Port-Royal », t I, pp. 332 à 334.

Hist. des Perséc., pp. 39 et 40.

MAR

MARIE-ANGÉLIQUE de Ste THÉRÈSE AR-NAULD d'ANDILLY (Sœur), nièce de la Mère Angélique et sœur de la Mère Angélique de St Jean. Elle était appelée dans le monde Mlle de Luzancy (suite).

Écrits d'elle (suite).

Lettre à M. de Luzanci, sur la mort de M. de Sacy ; — Dans les « Vies intéress. et édif. des Religieuses de Port-Royal », t IV, pp. 70 à 72.

Lettre au même sur la mort de la Mère Angélique de St Jean et sur celle de M. de Sacy ; — Dans le même volu-me, pp. 426 et 427.

Lettre sur la mort de la Mère Angélique de St Jean ; Dans le même volume, pp. 427 et 428.

Relation sur l'enlèvement et la captivité de la Mère Agnès de Saint Paul Arnauld sa tante avec laquelle elle fut mise au Monastère de Sainte Marie du faubourg St-Jacques à Paris ; — Dans les « Relations » in-4° de 1724, IVᵉ Relation, pp. 29 à 64.

MARIE AUGUSTINE de Ste GENEVIÈVE GIRARD de HELIN (Sœur).

Notice :

Nécrol. de P.-R., p. 160.

Écrits d'elle :

Interrogatoire (Son) ; Hist. des Perséc., p. 167.

MAR

MARIE CATHERINE de Sainte CÉLINIE BENOISE (Sœur).

Signature (Sa) ; — Dans les Mém. histor. et chronol. » de Guilbert, III⁰ Partie, t. VI, pp. 586 à 601.

Arrivée (Son) à la Villette ; Ibid., t. VII, pp. 321 à 323.

Mort (Sa) ; — Ibid., ibid., p. 452 à 456.

Pinault. Hist. de la dern. Perséc., t. III, pp 301 à 303.

Supplém. au Nécrol. de P.-R., pp. 160 et 161.

Supplém. au Nécrol. de P.-R., p. 305.

Besoigne, Hist. de l'Abbaye de P.-R., t III, pp 199, 260, 272, 277.

Cerveau, Nécrol. des pl. célèbres Défens., t. IV, p. 80.

Clémencet, Hist. génér. de P.-R., t. IX, pp. 518 à 520 ; t. X, pp. 86, 90.

MARIE CHARLOTTE de Sainte CLAIRE ARNAULD D'ANDILLY (Sœur).

Relation abrégée de sa Vie ; - Dans les « Mém. p. serv. à Hist. de P.-R. », 1742, t. III, p. 591 à 595.

Cerveau, Nécrol. des plus célèbres Défens.. t. I, p. 175.

MAR

MARIE CHARLOTTE de Sainte CLAIRE ARNAULD D'ANDILLY (Sœur) (suite)

Clémencet, Hist. génér. de P.-R., t. VII, pp. 294 à 299.

Écrits d'elle :

Mémoire sur la conduite de la Sœur Anne Eugénie Arnauld ; – Dans les « Mém. p. serv. à l'Hist. de P.-R. », 1734, édition de l'abbé Goujet, t. I, pp. 259 à 270.

Reproduite dans les « Mémoires », de 1742, t. III, pp. 396 à 404.

Interrogatoire (Son) ;

Hist. des Perséc., pp. 106 et 107.

Relation [de sa captivité] ; — Dans les Relations in-4⁰ de 1724, 4ᵉ Relation, pp. 150 à 190.

MARIE-CLAIRE ARNAULD (Sœur) ; — *Voyez :* **MARIE de Sainte CLAIRE ARNAULD (Sʳ).**

MARIE DE LA CROIX HERVÉ (Sœur), Converse.

Interrogatoire (Son) ; Hist. des Perséc., p. 176.

Supplém. au Nécrol. de P.-R., p. 689.

MAR

MARIE de St GABRIEL DE LA BARRE) (Sœur).

De sa vocation « Mém. pour serv. à l'Hist. de Port-Royal », 1734, édition de l'abbé Goujet, t. I, p. 110.

Reproduite avec de légères additions, dans les « Vies intéressantes et édif. des Relig. de P.-R », t. II, pp. 125 à 129.

Supplém. au Nécrol. de P.-R., pp. 447 et 448.

Besoigne, Hist. de l'Abb. de P.-R., t. I, pp. 312 à 314.

MARIE de St IGNACE POUGIN (Sœur), Converse.

Interrogatoire (Son) ;
Hist. des Perséc., p. 175.

MARIE de Saint JOSEPH LORSONNE (Sœur).

Écrit d'elle :

Relation sur la charité de la Mère Angélique à son égard ; — Dans les « Mém. p. serv. à l'Hist. de P.-R. », 1742, t. III, pp. 23 à à 35.

MARIE de St LOUIS BERNARD (Sœur).

Relation de la manière dont Dieu l'attira à lui ; — Dans les « Vies intéress. et édif. des

MAR

MARIE de St LOUIS BERNARD (Sœur) *(suite).*

Relig. de P.-R. », t. II, pp. 130 à 138.

Supplém. au Nécrol. de P.-R., pp. 549 à 553.

Clémencet, Hist. génér. de P. R., t. III, pp. 473 à 481.

MARIE de Ste AGATHE DESSEAUX (Sœur).

Écrits d'elle :

Interrogatoire (Son) ;
Hist. des Perséc., p. 143.

Lettres ; — Dans les Relations in-4 de 1724, VIIIe Relat., p. 148.

MARIE de Sainte ANNE COUTURIER (Sœur).

Signature (Sa) ; — Dans les « Mém. histor. et chronol. » de Guilbert, IIIe Partie, t. VI, pp. 455 à 497.

Elle entre à l'Abbaye de Malnoue ; — Ibid., t. VII, pp. 284 à 286.

Lettre d'elle, collectivement avec les sœurs Le Juge et Noiseux ; — Ibid., ibid., pp. 339 à 343.

Mort (Sa) ; — Ibid., ibid., pp. 489 et 490.

MAR

MARIE de Sainte ANNE COUTURIER (Sœur) *(suite)*.

Pinault, Hist. de la dern. Perséc., t. III, pp. 303, 304.

Cerveau, Nécrol. des pl. cé-èbr. Défens., t. IV, p. 91.

Clémencet, Hist. génér. de le P.-R., t. IX, p. 511 ; — t. X, p. 49 à 73.

Écrits d'elle :

Quatre Lettres à Mlle de Jonoux, et un Ecrit ; — Dans Pinault, Hist. de la dern. Perséc., III, pp. 49 à 62.

MARIE de Ste BÉNÉDICTE FOUCHER (Sœur).

Ecrit d'elle :

Interrogatoire (Son) ; Hist. des Perséc., p. 134.

MARIE de Ste BLANDINE CHARPENTIER (Sœur), Converse.

Interrogatoire (Son) ; Hist. des Perséc., pp. 176 et 77.

MARIE de Ste CATHERINE ISSALY (Sœur).

Signature (Sa) ; — Dans les Mém. histor. et chronol. » de Guilbert, IIIe Partie, t. VI, pp. 86 à 601.

MAR

MARIE de Ste CATHERINE ISSALY (Sœur) *(suite)*.

Elle entre au Monastère de Liesse à Paris ; — Ibid., t. VII, pp. 317 à 320.

Mort (Sa) ; — Ibid., ibid., p. 417.

Cerveau, Nécrol. des pl. célèbres Défens., t. IV, pp. 77.

Clémencet, Hist. génér. de P.-R., t. IX, pp. 518 à 520 ; t. X, pp. 86 à 90.

MARIE de Sainte CLAIRE ARNAULD (Sœur), appelée quelquefois Marie Claire.

Recueil de sa Vie et de ses vertus ; — Dans les « Mémoires pour servir à l'Hist. de P.-R. », 1734, édition de l'abbé Goujet, t. I, pp. 117 à 206.

Reproduit dans les « Mémoires » de 1742, t. III, pp. 419 à 486.

Vie (Sa) ; — Dans les « Vies choisies des Relig. de P.-R. », par Mlle Poulain, de Nogent, t. II, pp. 41 à 55.

Besoigne, Hist. de l'Abbaye de P.-R., t. I, pp. 80, 211 à 218.

Clémencet, Hist. génér. de P.-R., t. I, pp. 64, à 66 ; 166 à 169.

Ibid., t. II, pp. 6, 9 ; 15 à 47.

MAR

MARIE de Sainte **CLAIRE ARNAULD** (Sœur), appelée quelquefois Marie Claire (*suite*).

Elle transcrit les Lettres de M. de S. Cyran, ibid., ibid., p. 41.

Nécrol. de P.-R., p. 243.

Supplém. au Nécrologe de P.-R., pp. 671 et 672.

Cerveau, Nécrol. des plus célèbres Défenseurs, t. I, p 28.

Détails sur elle ; — Dans les « Mémoires histor. et chronol.» de Guilbert, I^e Partie, t. II, pp. 26 à 29 ; 31, 32, 341 ; 352 à 356.

Cyran (Saint), Lettre 90 (La) adressée à la Sœur Marie-Claire.

Ibid., Lettres, t. III, édition de Lyon, 1679, p. 270. Lettre CXL où il parle de la mort de cette Religieuse.

MARIE de Sainte **DOROTHÉE PER-DREAU** (Sœur).

Voir dans :

Guilbert, Mém. histor. et chronol., IIIe Partie, t. I, pp. 180 à 212, 318 à 322, 549 à 551.

Ibid., t. II, pp. 294 à 296, 303 à 307, 331 à 337.

Mort (Sa), Ibid., ibid , t III, pp. 1 à 11.

MAR

MARIE de Sainte **DOROTHÉE PER-DREAU** (Sœur) (*suite*).

Interrogatoire (Son) ; Hist. des Perséc , pp. 159 à 161.

Clémencet, Hist. génér. de P.-R., t. VI, VII et VIII, voir à la table de chaque volume.

Du Fossé, Mém., t. III, pp. 47, 63 à 66 ; t. IV, p. 221.

Ecrit d'elle :

Relation sur P.-R. ; — Dans les « Mém. p. serv. à l'Histoire de Port-Royal », 1742, t. III, pp. 125 à 140.

MARIE de Ste **ELISABETH MAZUELLE** (Sœur), Converse.

Interrogatoire (Son) ; Hist. des Perséc., pp. 180 et 181.

MARIE de Ste **EUPHRASIE ROBERT** (Sœur), sœur de la Sœur Susanne de Ste-Cécile.

Sur elle, *voir* :

Guilbert, Mém. histor. et chronol., IIIe Partie, t. VI, pp. 208 et 209.

Sur sa signature ; — Dans le même volume. pp. 412 à 431.

Sa mort ; — Ibid., t. VII, p. 166.

MAR

MARIE de Ste EUPHRASIE ROBERT (Sœur), sœur de la Sœur Susanne de Ste Cécile (*Suite*).

Sur elle ; — Pinault, Hist. de la dern. Perséc., t. II, pp. 339 à 343.

Fouillou, Mém. sur la destruction de P.-R., pp. 192 à 195.

Besoigne, Hist. de l'Abbaye de P,-R., t. III, pp. 251 et 252.

Clémencet, Hist. génér. de P.-R., t. IX. pp. 522 et 523, 524 à 527.

Écrits d'elle :

Relation sur l'amour que la Mère Angélique avait pour la pauvreté ; — Dans les « Mémoires p. serv. à l'Hist. de P.-R. », 1742, t. II, pp. 462 à 468.

Relation sur les vertus de la M. Angélique. — Même volume, pp. 558 à 566.

Interrogatoire (Son) ;

Histoire des Perséc., pp. 105 et 106.

Entretien avec M. de Péréfixe ; — Ibid., pp. 452 à 454.

Dans les Relat. in-4º de 1724, 9ᵉ Relat., pp. 8 et 9.

MAR

MARIE de Ste MAGDELEINE D'ANGENNES du FARGIS (La Mère) Prieure et Abbesse de Port-Royal.

Relation de sa vie et de ses vertus ; — Dans les « Vies intéressantes et édifiantes des Relig. de P.-R. » t. II, pp. 107 à 125.

Mlle Poulain, Vies choisies des Relig. de P.-R., t. II, pp. 281 à 284.

Notices :

Nécrol. de P.-R., pp. 216 à 221.

Supplém. au Nécrol. de P.-R., pp. 636 et 637.

Besoigne, Hist. de l'Abbaye de P.-R., t. III, pp. 129 à 131.

Cerveau, Nécrol. des pl. célèbres Défens., t. I, p. 261.

Clémencet, Hist. génér. de P.-R., t. V, VI, VII et VIII., Voir la table de chaque volume.

Écrits d'elle :

Relation sur la M. Angélique ; — Dans les Mém. p. serv. à l'Hist. de P.-R. », 1742, t. II, pp. 408 à 419.

MAR

**MARIE de Ste MAGDELEINE du FARGIS
(La Mère)** (*suite*).

Ecrits d'elle : (*suite*).

Songes (deux) mystérieux ;
— Dans les « Vies intéress. et
édif. de P.-R. ». t. I, pp. 391 à
396.

Relation de la vie et des vertus de Mademoiselle de Conflans, qui fut empêchée par la
mort d'exécuter le désir qu'elle
avait d'être Religieuse à Port-
Royal ; – Dans les « Vies intéress. et édif. des Relig. de P.-
R. », t. III, pp. 124 à 181.

Lettre à M. Arnauld ; 1666 ;
— Dans le « Recueil de Pièces
sur le Formulaire », 1754, pp.
408 à 411.

Lettre (Juillet 1668) ; — Ibid.,
pp. 500 à 502.

Relation de tout ce qui s'est
passé à Port-Royal des Champs
depuis.... Novembre 1664 jusqu'au 3 juillet 1665 ; — Dans
« l'Histoire des Persécutions »
(Ville-franche), pp. 443 à 472.

La même Relation avait déjà
été insérée, un peu moins détaillée ; — Dans les « Relations »
in-4 de 1724, IXe Relation, p. 1
à 8.

Lettre à M. Arnauld (23
juin 1661) ; — Dans les « Relations » in-4o de 1724 (Ie Relation), pp. 16 et 17.

MAR

**MARIE de Ste MAGDELEINE du FARGIS
(La Mère)** (*suite*).

Ecrits d'elle : — (*suite*).

La même, reproduite dans
l'Hist. des Persécutions, Ville-
franche, pp. 30 et 31.

La même, reproduite dans
Dom Clémencet, Hist. génér.
de P.-R., t. IV, pp. 174 à 177.

Interrogatoire (Son) ; — Dans
l'Hist. des Persécutions, Ville-
franche pp. 157 à 159.

Entretien (Son) avec M. de
Péréfixe ; — Dans les « Relations in-4o de 1724, IXe Relation,
pp. 16 à 21.

Le même, reproduit dans
l'Hist. des Persécutions, Ville-
franche, pp. 464 et 465.

Lettre à la Communauté de
Paris ; — Dans les « Relations »
in-4o de 1724, VIIIe Relation, p.
130.

Lettre aux Sœurs de Paris
qui n'ont pas signé ; — Ibid.,
ibid., p. 170.

**MARIE de Ste OPPORTUNE MOUCHOT
(Sœur), Converse.**

Voir : Guilbert, Mém. histor.
et chronol., IIIe partie, t. VI,
p. 207 et 208,

Signature (Sa) ; — Dans le
même volume, pp. 498 à 500.

Mort (Sa) ; — Ibid., t. VII,
pp. 221 et 222.

MAR

MARIE des ANGES de FEU (Sœur).

Écrit d'elle :

Relation d'un miracle arrivé en sa personne, par la foi de la Mère Marie Angélique ; — Dans les «Mémoires pour serv. à la vie de la R. M. Marie Angélique de Sainte Magdelaine Arnauld ». S. l., 1737, pp. 143 à 145.

Reproduite dans les « Mém p. serv. à l'Hist. de P -R. », 1742, t. II, pp. 188 à 191.

MARIE des ANGES SUIREAU (La Mère), Abbesse de Maubuisson et de Port-Royal.

Vie (Sa) ; — Mlle Poulain, Vies choisies des Relig. de P.-R., t. II, pp. 107 à 123.

Vie (Sa), par la sœur Eustoquie de Flescelles de Brégy, 1 vol. in-12.

Nécrol. de P.-R., pp. 470 à 475.

Besoigne, Hist. de l'Abbaye de P.-R , t. I, pp. 218 à 264.

Cerveau, Nécrol. des plus célèbr. Défens., t. I, p. 63.

Clémencet, Hist. génér. de P.-R., t. I, voir la table ; t. III, voir la table.

Son portrait gravé par Desrochers, in-4°.

MAR

MARIE DOROTHÉE de L'INCARNATION LE CONTE (La Mère), Prieure de Port-Royal de Paris.

Relation abrégée de sa vie et de sa mort ; — Dans les « Vies intéress. et édif. des Relig. de P.-R. ». t. II, pp. 27 à 32.

Nécrol. de P.-R., p. 411.

Cerveau, Nécrol. des pl. célèbres Défens., t. I, p. 149.

Clémencet, Hist. génér. de P.-R., t V, pp. 353 à 356 ; t. VII, pp. 200 à 228.

Écrits d'elle :

Relation sur la Mère Marie Geneviève Le Tardif ; — Dans les « Mémoires p. serv. à l'Hist. de Port-Royal », 1734, édition de l'abbé Goujet, t. I. pp. 299 à 307, et dans les « Vies intéress. », t. II, pp. 1 à 13.

Relation de ce que Madame de Pontcarré fit à Port-Royal, depuis qu'elle y entra comme bienfaitrice, jusqu'à sa sortie ; — Dans les « Mém. p. serv. à l'Hist. de Port-Royal », 1742, t. I, pp. 495 à 507.

Relation sur la M. Angélique ; — Dans les « Mém. p. serv. à l'Hist. de Port-Royal », 1742, t. II, pp. 420 à 424.

MAR

MARIE DOROTHÉE de L'INCARNATION LE CONTE (La Mère), Sous-Prieure de P.-R. de Paris (*suite*).

Ecrits d'elle : — (*suite*).

Relation sur la M. Angélique ; — Dans les mêmes « Mémoires », t. III, pp. 1 à 23.

Relation de la vie et de la vertu de Mademoiselle d'Elbœuf, qui reçut l'habit de Novice au lit de la mort ; — Dans les « Vies intéress. et édif. des Relig. de P.-R. », t. III, pp. 182 à 190.

Interrogatoire (Son) ;
Dans l'Hist. des Persécutions », Ville-franche, pp. 84 et 85.

Lettre à une Sœur qui lui avait écrit secrètement ; — Dans les « Relations » in-4º de 1724, VIIIe Relation, pp. 192, 193, 194.

MARIE GABRIELLE de Sainte CATHERINE HOUEL (Sœur).

Écrits d'elle :

Relation sur plusieurs actions de charité faites par la Mère Angélique, et sur son humilité ; — Dans les « Mém. p. serv. à l'Hist. de P.-R. », 1742, t. III, pp. 179 à 182.

Lettres ; — Dans les Relations in-4º de 1724, VIIIe Relation, pp. 120, 125, 127, 131, 134, 135, 144, 167.

MAR

MARIE GENEVIÈVE de Saint AUGUSTIN LE TARDIF (La Mère), Première Abbesse élective de Port-Royal.

Histoire (Son) ; – Dans les « Mémoires p. serv. à l'Hist. de P.-R. », 1734, édition de l'abbé Goujet, t. I, pp. 299 à 307.

Reproduite dans les « Vies intéress. et édif. des Relig. de P.-R. », t. II, pp. 1 à 13.

Vie (Sa) ; — Mlle Poulain, Vies choisies des Relig. de P.-R. ; t. II, pp. 63 à 69.

Nécrol. de P.-R., pp. 127 et 128.

Supplém. au Nécrol. de P.-R., p. 495.

Besoigne, Hist. de l'Abbaye de P.-R., t. I, pp. 151, 155, 275 à 278.

Cerveau, Nécrol. des plus célèbres Défens., t. I, p. 38.

Lancelot, Mémoires, t. II, pp. 323 et 324 note.

Clémencet, Hist. génér. de P.-R., t. I, voir la table.

Ibid., t. II, pp. 480 à 482.

MARIE MAGDELEINE de Ste AGATHE CHOART de BUZENVAL (Sœur).

Mention :

Supplém. au Nécrol. de P.-R., p. 579.

MAR

MARIE MAGDELEINE de Ste AGATHE CHOART de BUZENVAL (Sœur) (*suite*).

Mention : — (*suite*).

Cerveau, Nécrol. des pl. célèbres Défens., t. I, p. 270.

Écrits d'elle :

Interrogatoire (Son) ;
Hist. des Persécut., pp. 126 et 127.

Lettres ; — Dans les Relations in-4º de 1724, VIIIᵉ Relation, pp. 134, 145.

MARIE MAGDELEINE de Ste CÉCILE BERTRAND (Sœur).

Signature (Sa) ; — Dans les Mém. histor. et chronol. de Guilbert, IIIᶜ Partie, t. VI, pp. 500 à 508.

Elle entre à Port-Royal de Paris en 1716, et est transférée à l'Abbaye de Malnoue en 1723 ; — Ibid., t. VII, pp. 283, 284, 407 à 410.

Mort (Sa) ; Ibid., ibid., p. 470.

Sur elle ; — Pinault, Hist. de la dern. Perséc., t. II, pp. 298 à 300.

Pinault, Hist. de la dern. Perséc., t. III, pp. 305.

MAR

MARIE-MAGDELEINE de Ste CÉCILE BERTRAND (Sœur) (*suite*).

Cerveau, Nécrol. des plus célèbr. Défens., t. IV, p. 82.

Clémencet, Hist. génér. de P.-R., t. IX, pp. 502 et 507 ; t. X, pp. 73 à 77.

MARIE MADELEINE de Ste GERTRUDE du VALOIS ; — *Voyez* : Madeleine de Ste Gertrude du Valois.

MARIE MAGDELEINE de Ste MARTHE CHARON (Sœur).

Relation de sa vie et de sa vertu ; — Dans les « Vies intéress. et édif. des Relig. de P.-R. », t. III, pp. 70 à 84.

Interrogatoire (Son) ;
Dans l'Hist. des Persécutions, p. 184, où l'on écrit Charzon au lieu de Charon.

Mention :

Supplém au Nécrol. de P.-R., p. 595.

Cerveau, Nécrol. des pl. célèbres Défens., t. I, p. 119.

MARIE-MADELEINE de Ste SOPHIE de FLESCELLES ; — *Voyez* : Madeleine de Ste Sophie de Flescelles.

MAR

MARIE MARGUERITE de Ste LUCIE PÉPIN (Sœur).

Signature (Sa) ; — Dans les « Mém. histor. et chronol. » de Guilbert. IIIᵉ Partie, t. VI, pp. 545 à 566.

Transport (Son) à Orléans ; — Ibid., t. VII, pp. 80 et 81.

Rétractation (Sa) ; — Dans le même volume, p. 194.

Elle entre à Liesse puis à Picpus ; — Ibid., ibid., pp. 281 et 282.

Mort (Sa) ; — Ibid., ibid., pp. 392 et 393.

Son Voyage, Lettre d'elle ; — Dans Pinault, Hist. de la dern. Perséc., t. II, pp. 275 à 281.

Détails sur elle, son épitaphe ; — Ibid., t. III, pp. 291 à 293.

Extrait du Registre mortuaire des Chanoinesses de Picpus, à son sujet ; — Dans le Supplém. au Nécrol. de P.-R., p. 280.

Notice dans le Supplém. au Nécrol. de P.-R., pp. 445 et 446.

Besoigne, Hist. de l'Abbaye de P.-R., t. III, pp. 259, 270.

Clémencet, Hist. génér. de P.-R., t. IX, pp. 487, 492.

Ibid., t. X, pp. 82 à 86.

MAR

MARIGNIER (Guillaume), Confesseur de Port-Royal.

Notice (Courte) sur lui :

Besoigne, Hist. de l'Abbaye de P.-R., t. V, pp. 125 et 126.

Nécrol. de P.-R., pp. 352 et 353.

Cerveau, Nécrol. des pl. célèbres Défens., t. IV, p. 23.

Clémencet, Hist. génér. de P.-R., t. IX, pp. 47, 48, 75, 121 à 125, 132 et 133, 132 à 136.

Son portrait, voir le P. Lelong, Biblioth. histor. de la France, t. IV, p. 227.

MARONI de SUZARRE (Litolfi), Evêque de BAZAS.

Notices :

Mlle Poulain, Vies choisies de MM. de P.-R., t. III, pp. 21 à 25.

Besoigne, Hist. de l'Abbaye de P.-R., t. IV, pp. 22 à 31.

Racine (L'abbé), Hist. ecclésiastique, t. XII, pp. 484 à 487.

Mémoire contenant quelques particularités remarquables d. dernières années de la vie de Litolfi Maroni. Evêque de Bazas, mort le 22 Mai 1645 ; — Dans le Supplém. au Nécrol. de P.-R., pp. 61 à 67.

MAR

MARONI de SUZARRE (Litolfi), Evêque de Bazas (*suite*).

Notices : — (*suite*).

Nécrol. de P.-R., pp. 206 à 210.

Supplém. au dit Nécrol., pp. 628 et 629.

Lancelot, Mémoires, t. I, p. 273, note.

Fontaine, Mémoires, t. I, pp. 23, 24, 277 et 278.

Cerveau, Nécrol. des pl. célèbres Défens., t. I, p. 35.

Clémencet, Hist. génér. de P.-R., t. II, pp. 462 à 465.

MATHILDE de GARLANDE ; — *Voyez :* GARLANDE.

MÉSENGUY (François-Philippe), Acolyte).

Vie (Mémoire sur sa) et ses ouvrages ; — à la fin du « Mémoire justificatif du livre intitulé : Exposition de la Doctrine chrétienne », par Mésenguy ; — Et au commencement du « Catalogue des livres de feu M. l'abbé François-Philippe Mésenguy ». Cette vie est par l'abbé Le Queux.

MIR

MÉSENGUY (François-Philippe), Acolyte (*suite*).

Cerveau, Nécrol. des pl célèbres Défens , t. IV, p. 187.

Son portrait, voir le P. Lelong, Biblioth. histor. de la France, t. IV, p. 231.

MICHELLE de Ste MAGDELEINE (Sœur), Converse.

Interrogatoire (Son) ;
Hist. des Perséc., pp. 181 et 182.

MIRACLES à PORT-ROYAL.

Recueil de Relations de quelques miracles et autres événements extraordinaires, attribués aux prières de la Mère Marie Angélique Arnauld ; — Dans les « Mémoires p. serv. à l'Hist. de P.-R., 1742, t. II, pp. 179 à 246.

Mém. p serv. à la vie de la M. Angélique, 1737. pp. 137 à 145.

Miracle de la Sainte Epine ; — Dans les ouvrages suivants :

Recueil de plusieurs Pièces, 1740, pp 283 à 305.

Lettres de la Révérende Mère Angélique, t. III, pp. 226 à 232.

Du Vossé, Mémoires, édition d'Utrecht, 1739, pp. 192 à 204.

MIR

MIRACLES à PORT-ROYAL (*suite*).

Fontaine, Mémoires, t. II, pp. 132 à 157.

Poulain (Mlle) de Nogent, Nouvelle Histoire abrégée de l'Abbaye de P.-R., t. I, pp. 105 à 115.

Wendrock (Guillaume), c'est-à-dire Nicole, Provinciales, avec les notes, t. III, pp. 274 à 280.

Miracle de la Sainte Epine ; — Sur les tableaux, portraits, faits à l'occasion de ce miracle, voir Du Fossé, Mémoires édition Bouquet, t. II, pp. 306 à 313.

Epine (Sainte) donnée à P.-R. des Champs ; — Dans les Mém. histor. et chronol. de Guilbert, IIIe Partie, t. II, pp. 468 à 470.

Miracles de la Sainte Epine sur Marguerite Périer, Mademoiselle Baudran et autres ; — Dans :

Besoigne, Hist. de l'Abbaye de P.-R., t. I, pp. 364 à 387.

Ibid., ibid., pp 379 et 380, sur Mlle de Monglat.

Du Fossé, Mémoires, édition Bouquet, voir la Table générale au mot : *Sainte-Epine*, à la fin du tome IV.

Besoigne, Hist. de l'Abbaye de P.-R., t. I, pp. 475 et 476, sur Mlle Garnier.

MIR

MIRACLES à PORT-ROYAL (*suite*).

Clémencet, Hist. génér. de P.-R., t. III, pp. 370 à 404.

Ibid., t. IV, pp. 18 à 22.

Miracles à la mort de M. de Pont-Château ; — Dans les « Mém. histor. et chronol. » de Guilbert, IIIe Partie, t. III, pp. 107 à 123.

Effet singulier de la Providence ; — Dans le même ouvrage, I[o] Partie, t. II, p. 261.

Guérison miraculeuse ; — Dans le même ouvrage, I[e] Partie, t. II, pp. 319 à 321.

Ibid., IIIe Partie, t. I, pp. 540 à 549.

Fait remarquable à l'occasion d'un Reliquaire ; — Ibid., 1re partie, t. II, p. 323.

Apparition de la M. Angélique ; — Ibid , ibid., t. III, pp. 6 à 8.

Relation d'un miracle opéré sur la sœur Catherine de Sainte Suzanne Champagne ; — Ibid., ibid., même volume, pp. 33 à 41.

Et dans :

Hist. des Perséc., pp. 73 à 76.

Guérison de la sœur Briquet par l'intercession de la Mère Suireau, le 27 janvier 1659 ; — Dans les « Mém. histor. et chro-

MIR

MIRACLES à PORT-ROYAL *(Suite)*.

nol. » de Guilbert, IIIe partie, t. III, pp. 87 à 89.

Chants dans les airs ; — Dans les « Mém. histor. et chronol. » de Guilbert, IIIe partie, t. III, pp. 487 à 499, et dans les ouvrages suivants :

Vie de la M. Marie des Anges Suireau, édition de 1754, pp. 270 et 271.

Vies intéress. et édif. des Relig. de P.-R., t. II, p. 13.

Pinault (Abbé), Histoire abrégée de la dern. perséc. de P.-R., t. I, pp. 122 à 124.

Guérison de la sœur Baudrand ; — Dans les Mém. histor. et chronol. » de Guilbert, IIIe partie, t. IV, pp. 126 à 130.

Autres Miracles ; — Ibid., ibid., t. VII, pp. 108 à 110.

Pierres (Les) de Port-Royal ; — Ibid., ibid., pp. 521 à 526.

Guérison miraculeuse de la sœur Madeleine de Ste Gertrude du Valois ; — Dans Pinault, Hist. de la dern. persécution, t. III, pp. 230 à 237.

Clémencet, Hist. génér. de P.-R., t. IV, pp. 120 à 128.

Miracles divers ; — Dans les « Mém. p. serv. à la Vie de la M. Angélique, 1737, pp. 127 à 145.

MON

MIRACLES à PORT-ROYAL *(suite)*.

Guérison de la Sœur Françoise Julie… . ; Besoigne, Hist. de l'Abb. de P.-R., t. I, pp 596 à 598.

Apparition de la Mère Angélique dans l'Eglise de Port-Royal de Paris ; – Besoigne, Hist. de l'Abbaye de P.-R., t. II, p. 584.

Miracles opérés par la Mère des Anges ; — Dans Clémencet, Hist. génér. de P.-R., t. III, pp. 546 et 547.

Miracles opérés par l'intercession de la M. Angélique ; — Clémencet, Hist. génér. de P.-R., t. IV, pp. 114 à 128.

MOLIAC (Pierre), dit le petit Pierre, Domestique de Port-Royal.

Vie (Sa) ; – Dans Pinault, Hist. de la dern. perséc., t. III, pp. 323 à 327.

Clémencet, Hist. génér. de P.-R., t. X, pp 300 à 306

MONGLAT (Madame de), Abbesse de Gif.

Notice sur elle :

Cerveau, Nécrol. des plus célèbres Défens. et Confess., t. IV, p. 1.

MON	NÉE

MONGLAT (Madame de), Abbesse de Gif (*suite*)

Écrit d'elle :

Lettre sur la mort de M. de Sacy ; — Dans les « Vies inté- ress.et édif. des Relig. de P.-R. », t. IV, pp. 120 à 122.

MONS (Nouveau Testament de); — *Voyez : Nouveau Testament.*

MONTMORENCY-MARLY, Fondateur et Bienfaiteur de Port-Royal (Généalo- gie de la Maison de).

Dans les « Mémoires historiq. et chronol. » de Guilbert, Iʳᵉ partie, t. I, pp. 76 à 94.

MONTAZET (Antoine-Malvin de), Arche- vèque de Lyon.

Encyclopédie des Sciences relig. publiée par M. Lichten- berger, t. IX, p. 357.

Son portrait, voir le P. Le- long, Biblioth. histor. de la France, t. IV, p. 234

MONTGERON (Louis-Basile Carré de), Conseiller au Parlement de Paris.

Cerveau, Nécrol. des plus célèbr. Défens. et Confess. t. III, p 327.

Son portrait, voir le P. Le- long, Biblioth. histor. de la France, t. IV, p. 235.

N

NÉE	NÉE

NÉCROLOGE (Ancien) de Port-Royal.

Dans les « Mém. historiq. et chronol.» de Guilbert, Iʳᵉ part. t. I, pp. 133 à 137.

NÉCROLOGE DE PORT-ROYAL (Sur le) et son Supplément.

Voir dans : Guilbert, Mém. histor. et chronol., IIIᵉ partie, t. VII, pp. 410 à 414.

NÉCROLOGE, — *Voyez : Calendrier.*

NÉERCASSEL (Jean), Archevêque d'Utrecht (de Castorie).

Notices sur lui ; — Dans :

Racine (L'Abbé), Histoire ec- clésiast., t. XIII, pp. 341 à 348.

Vie (Sa) et ses écrits ; — Dom Clémencet, Hist. littér. de P.- R., t. I, pp. 226 à 247.

Nécrol. de P.-R., pp. 223 à 235.

Supplém. au Nécrol. de P.- R., p. 638.

NÉE

NÉERCASSEL (Jean), Archevêque d'Utrecht (de Castorie) (*suite*).

Cerveau, Nécrol. des pl. célèbr. Défens., t. I, p. 223 ; t. IV, p. 264.

Du Pin, Biblioth. des Auteurs ecclés. du XVIIᵉ siècle, IIIᵉ partie, pp. 407 à 419.

NICOLE (Pierre), Clerc tonsuré, Bachelier en Théologie.

Notices sur lui :

Mlle Poulain, Vies choisies de MM. de P.-R., t. IV, pp. 146 à 177.

Vie (Sa) ; — Dans Besoigne, Hist. de l'Abbaye de P.-R., t. V, pp. 223 à 336.

Et dans :

Racine (L'Abbé), Hist. ecclésiast., t. XII, pp. 1 à 14.

Nécrol. de P.-R., pp. 434 à 436.

Cerveau, Nécrol. des pl. célèbres Défens., t. I, p. 293 ; t. IV, p. 265.

Clémencet, Hist. génér. de P.-R., t. V, pp. 275 et 276 ; t. VII, pp. 1 à 4, 258 à 261 ; t. VIII, pp. 308 à 319.

Fontaine, Mém., t. II, pp. 12, 125, 126, 188, 189.

NIC

NICOLE (Pierre), Clerc tonsuré, Bachelier en Théologie (*Suite*).

Notices sur lui : (*suite*).

Du Fossé, Mém., t II, pp. 36, 71 ; t. III. pp. 72 à 74 ; t. IV, pp. 207 à 211.

Du Pin, Biblioth. des Aut. ecclés. du XVIIᵉ siècle, 3ᵉ partie, pp. 330 à 393.

Son portrait, voir le P. Lelong, Biblioth. histor de la France, t. IV, p. 240.

Un portrait gravé par N., dans Dom Gerberon, Histoire générale du Jansénisme, t. III, p. 6.

Écrits de lui :

Lettre sur la mort de M. de Sacy et de la Mére Angélique de St-Jean ; — Dans les « Vies intéress. et édif. des Relig. de P-R. », t. IV, pp. 430 à 433.

Lettre sur la situation de Port-Royal ; 4 janvier 1693 ; — Dans les « Mém. histor. et chronol. » de Guilbert, 3ᵉ partie, t. III, pp. 148 à 153.

Lettre du 22 août 1656, à M. Wallon de Beaupuis ; — Dans les « Vies intéress. et édif. des Amis de P.-R. » ; pp. 476 à 479.

Lettre à la Sœur Marie-Angélique de Ste-Thérèse Arnauld d'Andilly, sur la mort de M. de

NIC

NICOLE (Pierre), Clerc tonsuré, Bachelier en Théologie (*suite*).

Ecrits de lui : — (*suite*).

Sacy et de la M. Angélique de S. Jean ; — Dans le Nécrol. de P.-R., pp. 229 à 231.

Déposition au sujet du différend de Pascal avec MM. de P.-R. ; — Clémencet, Hist. génér. de P.-R., t. IV, pp. 256 à 260.

NICOLE DE SAINTE ALBINE (Sœur), Converse.

Interrogatoire (Son) ; — Hist. des Perséc., pp. 183 et 184

NIDOISEAU (Madame l'Abbesse de).

Discours sur sa mort ; — Dans les « Vies intéress. et édif. des Relig. de P.-R. », t. III, pp. 453 à 466.

NIVELLE (Gabriel - Nicolas), Prêtre, Prieur commandataire de St-Géréon, au Diocèse de Nantes.

Cerveau, Nécrol. des plus célèbres Défens. et Confess., t. VI, p. 64.

NOAILLES (Louis-Antoine de), Archevêque de Paris et Cardinal.

Notices :

Cerveau, Nécrol. des pl. célèbr. Défens., t. II, p. 132.

NOE

NOAILLES (Louis-Antoine de), Archevêque de Paris et Cardinal *(Suite)*.

Notices : — (*suite*).

Clémencet, Hist. génér. de P.-R., t. VIII, IX et X, voir la table de chaque volume.

Mandement pour la publication de la Bulle *Vineam* contre le Jansénisme ; — Dans D. Clémencet, Hist. génér. de P.-R., t. IX, pp. 549 à 552.

Lettres, mandements et autres écrits, dans Pinault, Hist. de la dern. persécution de P.-R., et dans Fouillou, Mém. sur la destruction de l'Abbaye de P.-R. d Champs.

Fragments d'écrits divers dans « *La France et Rome, de 1700 à 1715* », par M. Albert Le Roy.

Son portrait, voir le P. Lelong, Biblioth. histor. de la France, t. IV, p. 241.

NOÉ-MESNARD (Jean de La), Prêtre, Directeur du Séminaire de Nantes.

Cerveau, Nécrol. des plus célèbres Défenseurs et Confess., t. II, p. 37 ; ibid , t. IV, p. 252.

Moréri, Grand Dict. historique.

Histoire de la Constitution, 2e partie, paragraphe 2

Vie de Monsieur de La Noë-Ménard. Bruxelles, 1734 ; in-12.

NOU

NOUVEAU TESTAMENT DE MONS.

Clémencet, Hist. génér. de P.-R., t. VII, pp. 130 à 140.

Du Fossé, Mém., t. II, p. 296, notes 4 et 5.

Voir : Sacy (Louis-Isaac Le Maistre de).

NOUVELLES ECCLÉSIASTIQUES, ou Mémoires pour servir à l'Histoire de la Constitution *Unigenitus* ; recueil connu aussi sous le nom de « Gazette Ecclésiastique ». Les Nouvelles furent

OPS

NOUVELLES ECCLÉSIASTIQUES *(Suite).*

rédigées successivement par les abbés Boucher, Berger de la Roche, Troya, Guidy, Rondet, Larrière et Guénin (Marc-Claude), connu sous le nom d'Abbé de Saint-Marc ; elles vont de 1713 à 1793. L'abbé Mouton les continua du 1er janvier 1794 au 10 mai 1803, qui est la date du dernier numéro. Cette suite portait le nom d'*Annales de la Religion*. Voir au mot *Annales*.

O

ODE

ODE à l'honneur de Port-Royal des Champs.

Dans les « Mém. historiques et chronol. de Guilbert, IIIᵉ Partie, t. V, pp. 138 à 141.

ODE pindarique, sur la destruction du Monastère de Port-Royal des Champs.

A la fin du volume des « Gémissements d'une âme vivement touchée de la destruction du Saint Monastère de Port Royal des Champs », seconde édition.

Ode sur l'Amour de la Vérité, par un jeune Suisse ; — Dans le Supplément au Nécrologe de P.-R., ɪ à ɪᴠ.

OPS

OPSTRAET (Jean), Théologien de Louvain.

Notices :

Racine, Hist. ecclés., t. XIII, pp. 135 à 137.

Cerveau, Nécrol. des pl. célèbres Défens., t. II, p. 65 ; t. IV, p. 271.

Moréri, Grand Dictionn. hist., édition de 1759, t. VIII, pp. 79 et 80 ; notice étendue, avec la liste de ses ouvrages.

P

PAC

PACORI (Ambroise), Diacre.

Notices :

Supplément au Nécrol. de P.-R , pp. 404 à 406.

Cerveau, Nécrol. des pl. célèbres Défens., t. II, p. 141 ; t. IV, p. 273.

Labelle, Nécrol. des Appelants et Oppos., p. 434.

Barral, Appelants célèbres, p. 29.

Clémencet, Hist. génér. de P.-R., t. X, p. 312, note 50.

Ecrit de lui :

Testament spirituel (Son), copié sur l'original ; — Dans le Supplém. au Nécrol de P.-R., pp. 239 à 242.

PAIX de CLÉMENT IX (Réflexions sur les suites de la).

Dans le « Recueil de Pièces sur le Formulaire », 1754, pp. 535 à 537.

PALLU (Victor), Médecin, Solitaire de Port-Royal.

Notices sur lui :

Mlle Poulain, Vies choisies de MM. de P.-R., t. III, pp. 29 à 32.

PAL

PALLU (Victor), Médecin, Solitaire de Port-Royal (*Suite*).

Notices sur lui : — (*suite*).

Et dans :

Besoigne, Hist. de l'Abbaye de P.-R., t. IV, pp. 7 à 11.

Supplém. au Nécrol. de P.-R., pp. 629 à 631.

Cerveau, Nécrol. des pl. célèbres Défens., t. I, p. 46.

Clémencet, Hist. génér. de P.-R., t. II, pp. 429 à 442.

Fontaine, Mém., t. I, pp. 301 et 302.

Ecrits de lui :

Lettre à un de ses amis, sur la manière dont Dieu l'avait touché et lui avait inspiré l'amour de la retraite ; — Dans le « Recueil de Pièces », 1740, pp. 189 à 196.

Supplément au Nécrol. de P.-R., pp. 242 à 245.

Poéme sur la retraite ; Adieu au monde, en vers latins avec traduction en français (prose) ; — Dans le Supplément au Nécrologe de P.-R., pp. 245 à 248 ; traduction en vers français ; — Ibid., pp. v à viii.

PAN

PANTIOT, Domestique de Port-Royal.

Du Fossé, Mém., t. IV, voir a table.

PAPIERS (prétendus) trouvés aux Religieuses de Port-Royal.

Voir dans :
Guilbert, Mém. histor. et :hronol., IIIe Partie, t. VI, pp. 99 à 412.

L'abbé Madot vient pour enever les papiers de P.-R. ; — Pinault, Hist. de la dern. Perséc., t· II, pp. 371 à 378.

PARIS (Port-Royal de).

Voyez ci-après : Port-Royal le Paris.

PARIS (François de), Diacre.

Cerveau, Nécrol. des plus élèbr. Déf. et Confess., t. II, . 104 ; ibid., t. IV, p. 275.

Vie par Barthélemy Doyen, ar Barbeau de la Bruyère et ar le P. Boyer.

Histoire de la Constitution, ^e partie, 7e section, § 78.

Barral (L'abbé). Appelans cébres, pp. 14 à 20 ; — Le même, Dictionnaire historique, III, pp. 808 et 809.

Moréri, Grand Dictionn. hisorique, édition de 1759 ; surout le carton supprimé.

Histoire de la Constitution, IV pp. 751 à 755.

PAS

PARIS (François de), Diacre (*suite*).

[Labelle (Le Père)], Nécrol. des Appelans et Opposans, pp. 306 à 314.

Son portrait, voir le P. Lelong, Biblioth. histor. de la France, t. IV, p. 245.

PARTICULARITÉS TOUCHANT PORT-ROYAL.

Dans les « Vies intéress. et édif. des Relig. de P.-R. », t. I, pp. 383 à 390.

PASCAL (Blaise). *Voyez aussi :* « Provinciales ».

Notices sur lui :

Vie de Pascal, par Mme Périer, dans les Lettres Opuscules et Mémoires de Madame Périer et de Jacqueline, sœurs de Pascal, publiés par M. Prosper Faugère.

Vie (Mémoire sur sa), contenant aussi quelques particularités de celle de ses parents ; — Dans le « Recueil de Pièces », 1740 ; pp. 237 à 404.

Mlle Poulain, Vies choisies de MM. de P.-R., t. III, pp. 58 à 101.

Besoigne, Hist. de l'Abbaye de Port-Royal, t. IV, pp 430 à 504.

Entretien (Son) avec M. de Sacy ; — Dans Dom Clémencet, Hist. génér. de P.-R., t. IV, pp. 532 à 550 ; — Fontaine, Mémoires, t. II, pp. 54 à 73.

PAS

PASCAL (Blaise) (*Suite*).

Notices sur lui : — (*suite*).

Vie (Sa) ; — Dans Racine (L'abbé), Hist. ecclés., t. XII, pp. 14 à 33.

Déclaration faite à M. de Péréfixe par le R. P. Beurier, curé de St-Etienne-du-Mont, au sujet de la mort de Pascal ; — Dans le Supplém. au Nécrol. de P.-R., pp. 280 et 281.

Lettre (Deux) du même P. Beurier à Mme Périer au sujet de la précédente déclaration ; — Ibid.. pp. 281 et 282.

Nécrol. de P.-R., pp 337 à 344.

Du Pin, Biblioth. des Auteurs ecclés. du XVIIe siècle, 3e partie, pp. 460 à 473.

Cerveau, Nécrol. des plus célèbres Défens., t. I, p. 86, et t. IV, p. 275.

Clémencet, Hist. génér. de P.-R., t. III, voir la table du volume.

Ibid., ibid., t. IV, pp. 239 à 270.

Fontaine, Mém., t. II, pp. 54 à 56, 56 à 73, 134.

Du Fossé, Mém., t. IV, voir la table.

Son portrait, voir le P. Lelong, Biblioth. histor. de la France, t. IV, pp. 245 et 246.

Un portrait de lui, gravé par N., dans Dom Gerberon, Histoire générale du Jansénisme, t. II, p. 278.

PAU

PASCAL ET PÉRIER (*). Généalogie de Pascal et de la famille Périer.

Dans Besoigne, Hist. de l'Abbaye de Port-Royal, t. IV, p. 505.

PAULON (M^r), Confesseur de Port-Royal.

Clémencet, Histoire générale de P.-R., t. V, pp. 150 à 154.

Écrits de lui :

Lettre à M^r l'Evêque d'Alet, sur les calomnies contre la foi et les pratiques de P.-R. et sur le gouvernement de cette maison ; — Dans les « Vies intéress. et édif. des Relig. de P.-R. », t. I, pp. 335 à 341.

Clémencet, Hist. génér. de P.-R., t. V, pp. 519 à 528.

La même, abrégée et accompagnée de réflexions ; — Dans Dom Clémencet, Hist. génér. de P.-R , t. V, pp. 519 à 528. — Les « Vies intéress. » datent cette lettre du 15 septembre 1664, D. Clémencet dit 15 décembre de la même année.

Relation exacte et sincère de ce qu'il me souvient avoir remarqué... durant la visite que M. de Paris a faite dans le Mo-

____

(*) Besoigne écrit Perrier, mais on écrit plus souvent Périer.

PAU

PAULON (M^r), Confesseur de Port-Royal (*suite*).

Ecrits de lui : — (*suite*).

nastère de P.-R. des Champs ; — Dans l'Hist. des Persécutions (Ville-franche), pp. 473 à 491.

La même, beaucoup moins étendue, dans les Relat. in-4° de 1724, 9ᵉ Relat., pp. 21 à 24.

PAVILLON (Nicolas), Évêque d'Aleth.

Vie (Sa) ; — Dans les Vies des quatre Evêques, par Besoigne, t. I, pp. 1 à 231.

Vie (Sa) ; — Dans Racine (l'abbé), Hist. ecclés., t. XII, pp. 429 à 448.

Nécrol. de P.-R., pp. 464 à 467.

Cerveau Nécrol. des pl. célèbr. Défens., t. I, p. 167.

Lancelot, Mémoires, t. II, pp. 355 à 450.

Clémencet, Hist. génér. de P.-R., t. VII, pp. 268 et 269.

Fontaine, Mém., t. II, pp, 269, 472, 391, 392, 513 à 515.

Le Febvre de Saint-Marc, Vie de M. Pavillon, Évêque d'Alet. Nouvelle édition, revue, corrigée et augmentée, avec la carte du diocèse. A Utrecht, aux dépens de la Compagnie, 1739 ; 3 vol. in-12.

PEL

PAVILLON (Nicolas), Évêque d'Aleth (*suite*).

Son portrait, voir le P. Lelong, Biblioth. histor. de la France, t. IV, p. 246.

Écrits de lui :

Lettres (quatre) à diverses personnes ; — Dans les « Vies intéress. et édif. des Religieuses de P.-R. », t. I, pp. 151 à 162.

Lettre à M. de Sacy ; — Dans le même ouvrage, t. IV, pp. 248 à 249.

Lettre à M. l'Evêque d'Angers ; — Dans le « Recueil de Pièces sur le Formulaire », 1754 ; pp. 363 et 364.

Lettre aux Religieuses de Port-Royal, 3 juin 1665 ; — Ibid., pp. 392 à 395.

Lettre (Extrait d'une) à Messieurs de Port-Royal ; — Ibid., p. 395.

Lettre à Monseigneur l'Evêque de Rodez ; — Dans les Œuvres in-4° d'Antoine Arnauld, t. XXXVI, p. 160.

PELLETIER DES TOUCHES (Paul Le).

Notices sur lui ; — Mlle Poulain, Vies choisies de MM. de P.-R., t. IV, pp. 215 à 217. — Et dans :

PEL

PELLETIER DES TOUCHES (Paul Le). (*Suite*).

Notices sur lui : — (*suite*).

Besoigne, Hist. de l'Abbaye de P.-R., t. V, pp. 24 à 28.

Lancelot, Mém., t. I, pp. 336 et 337.

Nécrol. de P.-R., p. 247.

Cerveau, Nécrol. des pl. célèbr. Défens., t. IV, p. 9.

Clémencet, Hist. génér. de P.-R , t. VIII, pp. 412 à 414.

Fontaine, Mém., t. II, pp. 2 à 4, 133.

Écrit de lui :

Lettre à la M. Angélique de St-Jean, sur sa seconde élection ; — Dans les « Vies intéress. et édif. des Relig. de P.-R. », t. IV, p. 531.

PÉRAULT (Nicolas (*), Docteur de Sorbonne.

Notice :

Cerveau, Nécrol. des pl. célèbres Défens., t. I, p. 82 ; t. IV, p. 275.

Écrits de lui :

Lettres (trois) à M. Haslé, Docteur de Sorbonne ; — Dans le « Recueil de Pièces sur le Formulaire », 1754 ; pp 25 à 33, 41 à 52, 59 à 87.

Lettre en forme de Mémoire contre la signature du Formu-

(*) Quelquefois écrit Perrault.

PÉR

PÉRAULT (Nicolas) Docteur de Sorbonne (*Suite*).

Écrit de lui : — (*suite*).

laire et du Mandement ; —Dans le même volume, pp. 123 à 128.

Lettre sur le même sujet ; — Dans le même volume, pp. 128 à 133.

PÉRÉFIXE (Sur M^r de), Archevêque de Paris.

Relation de la Visite de Mr Hardouin de Péréfixe, Archevêque de Paris à Port-Royal des Champs, les 15, 16 et 17 novembre 1664 ; — Dans les Relat. in-4° de 1724, 9° Relat., pp. 1 à 56.

Sur lui et sa manière d'agir au sujet de P.-R., — Clémencet, Hist. génér. de P.-R., t. IV, V, VI et VII, voir la table de chaque volume.

Fontaine, Mém., t. II, pp. 340, 362, 383, 384, 400.

Du Fossé, Mém., t. IV, voir la table générale.

Son portrait, voir le P. Lelong, Biblioth. histor. de la France, t. IV, p. 247.

PÉRIER (Blaise) et l'abbé Louis PÉRIER, son frère ; neveux de Pascal.

Notices sur eux :

Besoigne, Hist. de l'Abbaye de P.-R., t. IV, pp. 513 à 517.

PÉR

PÉRIER (Blaise) et l'abbé Louis PÉRIER, son frère, neveux de Pascal (*Suite*).

Notices sur eux : — (*suite*).

Notice sur Blaise Périer, Sous-Diacre ; — Supplém. au Nécrol. de P.-R., pp. 462 et 463, et dans Cerveau, Nécrol. des plus célèbres Défens., t. I, p. 206.

Notice sur Louis Périer, Cerveau, Nécrol. des pl. célèbr. Défens., t. IV, p. 54.

PÉRIER (Étienne), neveu de Pascal.

Notices sur lui :

Dans Besoigne, Hist. de l'Abbaye de P.-R., t. IV, pp. 509 à 513.

Supplém. au Nécrol. de P.-R., pp. 614 et 615.

Écrit de lui :

Lettre du 15 juin 1665 ; — Dans le « Recueil de Pièces sur le Formulaire », 1754 ; pp. 288 à 295.

PÉRIER (Florin), Conseiller de la Cour des Aides de Clermont, beau-frère de Pascal.

Notices sur lui :

Dans Besoigne, Hist. de l'Abbaye de P.-R., t. IV, pp. 506 à 509.

Supplém. au Nécrol. de P.-R., p. 425.

PÉRIER (Florin), Conseiller de la Cour des Aides de Clermont, beau-frère de Pascal (*Suite*).

Notices sur lui : — (*suite*).

Cerveau, Nécrol. des plus célèbres Défens., t. I, p. 133.

Fontaine, Mém., t. II, pp. 132, 134.

PÉRIER (Madame), Sœur de Pascal (Gilberte Pascal).

Vie (Sa) :

Mlle Poulain, Vies choisies des Relig. de P.-R., t. II, pp. 272 à 276.

Supplém. au Nécrol. de P.-R., pp. 585 et 586.

Besoigne, Hist. de l'Abbaye de P.-R., t. III, pp. 122 et 123.

Cerveau, Nécrol. des pl. célèbres Défens , t. I, p. 238.

Écrits d'elle :

Relation de la vie de la sœur Jacqueline de Ste Euphémie Pascal, jusqu'à son entrée à Port-Royal où elle fit profession en 1651. — Dans les « Vies intéress. et édif. des Relig. de P.-R. », t. II, pp. 339 à 356.

Lettres, Opuscules et Mémoires publiés par M. P. Faugère, pp. 1 à 116 ; où se trouve la vie de Blaise Pascal.

PÉR

PÉRIER (Marguerite), nièce de Pascal, la Miraculée de la Sainte Épine.

Fontaine, Mémoires, t. II, pp. 131, 136, 137, 142.

Du Fossé, Mémoires, Edition Bouquet, t. II, pp. 83 à 91.

Supplément au Nécrologe de P.-R., pp. 559 à 561.

Besoigne, Hist. génér. de P.-R., t. I, pp. 364 à 367 (sa guérison).

Cerveau, Nécrol. des plus célèbres Défens., t. II, p. 206.

Clémencet, Hist. génér. de P.-R., t. III, pp. 371 à 400.

Écrits d'elle :

Relation touchant la sœur Suzanne de Ste Julienne Olier, qui fit profession à Port-Royal, en 1656 ; — Dans les « Vies intéress. et édif. des Relig. de P.-R. », t. II, pp. 436 à 438.

Mémoire au sujet de M. Singlin ; — Dans le « Recueil de Pièces », 1740 ; pp. 166 à 173.

Lettres, Opuscules et Mémoires publiés par M. P. Faugère, pp. 418 à 474.

PERPÉTUITÉ DE LA FOI, Ouvrage d'Arnauld et de Nicole.

Du Fossé, Mém., t. III, pp. 71 à 77.

PERTUIS D'ERAGNI DE LA RIVIÈRE (Pierre de) ; — *Voyez : Rivière.*

PHA

PETITIÈRE (André Pizon de Betoulat de la), Cordonnier des Religieuses de P.-R.

Notices sur lui :

Mlle Poulain, Vies choisies de MM. de P.-R., t. III, pp. 144 et 148.

Et dans :

Besoigne, Hist. de l'Abbaye de P.-R., t. IV, pp. 114 à 117.

Nécrol. de P.-R., p. 15, et dans le Supplément au Nécrol. de P.-R., p. 297.

Cerveau, Nécrol. des pl. célèbres Défens., t. I, p. 177.

PETITPIED (Nicolas), Docteur de Sorbonne.

Cerveau, Nécrol. des plus célèbr. Défens. et Confess., t. III, p. 140 ; — Ibid., t. IV, p. 275.

Son portrait, voir le P. Lelong, Biblioth. histor. de la France, t. IV, p. 248.

PHARISIENS.

« C'est le P. Cellot (Louis), Jésuite, qui, parlant au nom de ses confrères, se donne le nom de Pharisien de la loi nouvelle. »

Lancelot, Mémoires touchant la vie de M. de S. Cyran, t. I, pp. 178 et 179 à la note.

PHI

PHILIBERTE DE Ste MAGDELEINE MO-RELLE (Sœur). (*)

Écrits d'elle :

Relation sur quelques Instructions que la Mère Angélique lui a données ; — Dans les « Mém. p. serv à l'hist. de P.-R. », 1742, t. III, pp. 120 à 125.

Interrogatoire (Son) ; Hist. des Persécutions, pp. 124 à 126.

PICOTÉ (quelquefois écrit **PICOTTÉ** et **PICOTET**), prêtre de St-Sulpice, qui a refusé l'absolution au Duc de Liancourt.

Du Fossé, Mémoires pour servir à l'Histoire de Port-Royal, édition de 1739, pp. 134 à 136.

Le même, édition Bouquet, t. I, pp. 266 et 267, texte et note.

Cerveau, Nécrol. des plus célèbres Défens. et Confesseurs de la Vérité, t. I, pp. 141 à 143, dans l'article du Duc de Liancourt.

Arnauld (Antoine), Œuvres, t. XIX, pp. xxxvii, et 345 à 347.

Larrière, Vie de Messire Antoine Arnauld, Docteur de Sorbonne, pp. 54 et 55.

(*) Quelquefois écrit Morel.

PON

POLIGNÉ.

Voir dans :

Guilbert, Mém. histor. et chronol., IIIe P^{ie}, t. II, pp. 258, 259, 370 à 405.

Clémencet, Hist. génér. de P.-R., t. VII, pp. 364 à 379.

POLLET (Firmin), Supérieur du Séminaire de St-Nicolas.

Clémencet, Hist. génér. de P.-R., t. IX, voir la table.

POMPONNE ; — *Voyez :* **ARNAULD DE POMPONNE.**

PONT-CHATEAU (Sébastien-Joseph du Cambout de).

Vie (Relation pour servir à l'histoire de sa) ; — Dans le « Recueil de Pièces », 1740 ; pp. 410 à 450.

Dans les « Mém. histor. et chronol. » de Guilbert, IIIe P^{ie}, t. III, pp. 93 à 123.

Notice sur lui :

Mlle Poulain, Vies choisies de MM. de P.-R., t. IV, pp. 56 à 79.

Vie (Sa) ; — Dans Besoigne, Hist. de l'Abbaye de P.-R., t. IV, pp. 601 à 646.

Mémoire sur la manière dont M. de Pont-Château s'est comporté dans l'Abbaye d'Orval ;

PON

PONT-CHATEAU (Sébastien-Joseph du Cambout) (*suite*).

Notices sur lui : — (*suite*).

Supplém. au Nécrol. de P.-R., pp. 109 à 129.

Nécrol de P.-R., pp. 254 à 262 ; — Supplém. au Nécrol. de P.-R., pp. 686 à 689.

Cerveau, Nécrol. des pl. célèbres Défens., t. I, p. 250, et t. IV, p. 281.

Clémencet, Hist. génér. de P.-R., t. VI, pp. 256 à 268.

Ibid., t. VIII, pp. 164 à 212.

Fontaine, Mémoires, t. II. pp. 544 à 559.

Du Fossé, Mémoires, édition Bouquet, t. IV, voir la Table générale.

Son portrait, voir le P. Lelong, Biblioth. histor. de la France, t IV, pp. 162 et 251.

Écrits de lui :

Lettre sur la mort de M. de Sacy ; — Dans les Vies intéress. et édif. des Relig de P.-R., t. IV, p. 112.

Lettre à M. de Péréfixe, Archevêque de Paris, pour lui demander la liberté de M. Le Maître de Sacy et des Religieuses de Port-Royal.

PON

PONT-CHATEAU (Sébastien-Joseph du Cambout de) (*suite*).

Ecrits de lui : — (*suite*).

Dans :

Relations in-4ᵒ de 1724, Xᵉ Relation, pp. 1 à 8.

Besoigne, Hist. de l'Abbaye de P.-R., t. VI, pp. 258 à 277.

Vies intéress. et édif. des Relig. de P.-R., t. IV, pp. 393 à 410.

Remarques sur ce qui est arrivé à Port-Royal, en l'année 1656 ; — Dans le « Recueil de Pièces », 1740, pp. 228 à 236.

Mémoire sur le P. Magnart (d'autres écrivent Maignart) ; — dans le Supplément au Nécrologe de P.-R., p. 34.

Mémoire contenant quelques particularités sur M. de St-Gilles d'Asson ; — Ibid., pp. 68 à 71.

Récit de la manière dont M. du Bois, curé d'Halluyn, au diocèse de Beauvais et M. l'abbé de Croy, furent arrêtés par l'huissier Masson, le dernier jour de février 1681, et mis à la Bastille le 3 mars suivant ; — Dans le Supplém. au Nécrologe de P.-R , pp. 95 à 98.

PON

PONTIS (Louis de), Gentilhomme de Provence et Capitaine du Régiment de la Reine.

Notices sur lui :

Mlle Poulain, Vies choisies de MM. de P.-R., t. III, pp. 151 à 179.

Vie (Sa) ; — Dans Besoigne, Hist. de l'Abbaye de P.-R., t. IV, pp. 341 à 373.

Nécrol. de P.-R., pp. 236 et 237 ; - Supplém. au Nécrol. de P.-R., p. 670.

Cerveau, Nécrol. des pl. célèbr. Défens., t. I, p. 121.

Clémencet, Hist. génér. de P.-R., t. VII, pp. 15 à 18.

Du Fossé, Mém., t. I, p. 246 ; t. II, pp. 5 à 7, p. 57.

Son portrait. voir le P. Lelong, Biblioth. histor., t. IV, p. 251.

PORT-ROYAL, de Paris.

Lettres patentes du Roi Louis XIII et de la Reine Marie, mère du Roi, pour la translation de P.-R. des Champs en la ville de Paris ; — Clémencet, Hist. génér. de P -R , t. I, pp. 318 à 323.

Du Fossé, Mém., t. IV, voir la table générale, pp. 58 et 61.

Le Port-Royal de Paris avait coûté à Mme Arnauld mère,

POR

PORT-ROYAL, de Paris (*suite*).

24.000 livres ; Mém. p. serv. à l'hist. de P.-R., 1742, t. III, p. 293.

Les Religieuses entrèrent à P.-R. de Paris, pour la première fois, le mercredi 30 mai 1625 ; Ibid , ibid.

Voyez :

Guilbert, Mémoires historiq. et chronolog., Ire Pie, t. II, pp. 162, 211 à 234, 257 à 261, 317.
Ibid., IIIe Pie, t. I, pp. 180 à 190, 191, 227.

Le Port-Royal de Paris va de 1626 à 1665 ; après cette dernière date, il ne compte plus pour la piété.

PORT-ROYAL DES CHAMPS (Monastère de).

Histoire du rétablissement du Monastère de Port-Royal des Champs par la Mère Angélique, et de la part que M. du S. Cyran y a eue ; — Dans les « Mémoires » de Lancelot, t. II pp. 451 à 471.

Du Fossé, Mém., t. IV, voir la table générale, pp. 57 à 61.
Du Pin, Histoire ecclésiast. du XVIIe siècle, t. III, pp. 1 à 28.

POR

PORT-ROYAL DES CHAMPS, objet d'actions de grâces ; — son éloge.

Voir dans Guilbert, Mém. histor. et chronol., IIIe P[ie], t. VII, pp. 457 à 461.

Objet de gémissement et Recueil de gémissements ; — Ibid., ibid., pp. 463 à 468.

PORTES (Marquis de).

Quelques mots sur lui ; — Dans Besoigne, Hist. de l'Abbaye de P.-R., t. IV, pp. 53 et 54.

POTHERIE (*) (Pierre Le Roi, abbé de la).

Notices sur lui :

Mlle Poulain, Vies choisies de MM. de P -R., t. III, pp. 179 à 181.

Et dans :

Besoigne, Hist. de l'Abbaye de P.-R., t. V, pp. 10 et 11.

Nécrol. de P.-R., pp. 365 à 367.

Cerveau, Nécrol. des plus célèbr. Défens., t. I, p. 123.

Clémencet, Histoire génér. de P.-R., t. VII, pp. 20 et 21.

Du Fossé, Mém., t. IV, voir la table générale à Le Roi de la Poterie.

______

(*) Besoigne écrit Potterie.

PRI

PRATIQUES DE PIÉTÉ DE PORT-ROYAL (*Voyez aussi :* Exercices).

Dans les « Vies intéress. et édif. des Relig. de P.-R. », t. I, pp. 377 à 383.

Récitation du Psautier, chaque semaine ; — Dans les « Mém. histor. et chronol. » de Guilbert, IIIe partie, t. II, pp. 415 à 419.

Prière publique (De la) et des Offices ; — Ibid., t. VII, pp. 527 à 533.

Besoigne, Hist. de l'Abbaye de P.-R., t. II, pp. 610 à 617.

PRIÈRE ou EFFUSION de cœur, sur l'enlèvement des Religieuses de Port-Royal des Champs.

A la fin du volume des « Gémissements d'une âme vivement touchée de la destruction du saint monastère de Port-Royal des Champs ». Seconde édition.

Prière à l'occasion de la dispersion et captivité des Religieuses de Port-Royal des Champs arrivée le 29 d'octobre 1709 ; avec des Réflexions tirées de l'Ecriture et des Pères de l'Eglise ; — Dans D. Clémencet, Hist. génér. de Port-Royal, t. X, pp. 346 à 365.

PRI

PRIÈRE POUR L'ÉGLISE ; — Où l'on donne une idée de tous les maux qui l'accablent aujourd'hui, et dont notre indifférence et notre insensibilité pour ces maux n'est pas le moindre.

Dans le « Recueil de Pièces sur le Formulaire », 1754 ; pp. 537 à 545

Prière pour obtenir la force et le courage ; — *Voyez* : Françoise de Ste-Thérèse Maignard de Bernières.

Prière à Jésus-Christ ; — Dans l'Hisi. des Perséc., pp. 259 et 260 ; elle avait été déjà insérée dans les Relations in-4°, de 1724, 2ᵉ Relat., pp. 51.

Requête à Jésus-Christ ; — Dans les Relat. in-4° de 1724, 2ᵉ Relat., pp. 89 et 90.

La même : Hist. des Perséc., pp. 289 et 290.

PRIÈRES et OFFICES concernant Port-Royal, les persécutions et les malheurs de l'Église.

Voyez :

Gazaigne. Manuel des Pèlerins de Port-Royal.

Ettémare et Boyer, Gémissements d'une âme vivement touchée, etc.

Prière ou effusion de cœur sur l'enlèvement des Religieuses de P.-R. d. C., à la fin de l'ouvrage précédent.

Prière pour l'Eglise ; où l'on donne une idée de tous les maux qui l'accablent

PRO

PRIÈRES et OFFICES concernant Port-Royal, les persécutions et les malheurs de l'Eglise (*suite*).

Pilé, la Vérité combattue et victorieuse, ou Prières et Instructions sur l'état présent de l'Eglise.

Foulon (Dom), Prières particulières en forme d'Office ecclésiastique, etc. En France, 1778 ; in 12.

Prières pour l'Eglise, extraites de l'Ecriture sainte, en forme de neuvaine, S. l., 1732 ; 1 vol. in-12.

PROCÈS-VERBAL du 27 Août 1664. — Contenant la Relation de ce qui s'est passé le 26, dans l'enlèvement violent et scandaleux, etc.

Dans les « Vies intéress. et édif. des Relig. de P.-R. », t. III, pp. 271 à 290.

PROPOSITIONS (Cinq).

Ecrit (L') à trois colonnes, ou Distinction abrégée des cinq Propositions qui regardent les matières de la grâce, etc ; — Dans Besoigne, Hist. de l'Abbaye de P.-R., t. VI, pp. 278 à 292.

PROPOSITIONS CONDAMNÉES (Les CI), — *Voyez* Bulle *Unigenitus.*

PROVINCIALES (Les Lettres).

Du Fossé, Mém., t I, pp. 282 à 288 ; t. II, pp. 36, 262.

Q

| QUA | QUE |

QUARRÉ (Jean-Hugues), prêtre de l'Oratoire.

Notice :

Dom Clémencet, Hist. littér. de P.-R., t. 1, pp. 160 à 163.

QUESNEL (Le P. Pasquier), prêtre de l'Oratoire.

Vie (Abrégé de sa) ; — Dans les « Mém. histor. et chronolog. de Guilbert, t. VII, pp. 370 à 384.

Racine (l'Abbé), Hist. ecclés., t. XIII, pp. 128 à 133.

Extrait d'une lettre sur les derniers moments du P. Quesnel ; — Dans le Supplém. au Nécrol. de P.-R , pp. 156 à 159.

Cerveau, Nécrol. des pl. célèbr. Défens., t. II, p. 50 ; t. IV, p 283.

Labelle, Nécrol. des Appelants et Oppos., p. 86.

Barral, Appelants célèbres, p. j.

Son portrait, voir le P. Lelong, Biblioth. histor. de la France, t. IV, p. 254.

QUESNEL (Le P. Pasquier), prêtre de l'Oratoire (*suite*).

Écrits de lui :

Lettre à la M. Angélique de St-Jean, sur sa seconde élection ; — Dans les « Vies intéress. et édif. des Relig. de P.-R. », t. IV, pp. 532 et 533.

Lettres (Extrait de) à M. Y**** au sujet de Port-Royal ; Dans le « Recueil de Pièces », 1740 ; pp. 566 à 571.

Lettre aux Religieuses de P.-R., 26 juin 1700 ; — Dans les « Mém. hist. et chronol. » de Guilbert, IIIe P^{ie}, t. III, pp. 289 à 294, 468 à 478.

Lettre aux mêmes à la Málnoue ; — Ibid., t. VII, pp. 347 à 352.

Lettre-testament du 28 novembre 1719 ; — Dans le Supplém. au Nécrol. de P.-R., pp. 156 et 157.

Lettre aux Religieuses de P.-R. des Champs, exilées à la Malnoue, en réponse à leur lettre ; dans le Supplément au Nécrologe de P.-R., pp. 273 à 275.

Voyez : Réflexions morales.

QUI

QUIÉTISME. — Visions. — Le pur amour. — Avertissement contre ces doctrines et l'abandon des Saintes Ecritures.

Dans :

Mésenguy, Constitution (La) *Inigenitus* adressée à un laïque de province. pp. 115 à 117.

Arnauld (Antoine), Œuvres, II, p. 771, Lettre DCXIII (à M. du Vaucel), sur les auteurs mystiques.

Le même, Histoire de Dom Jean de Palafox, Œuvres, t. XXIII, pp. 606 à 611.

[Nicole (Pierre)], Réfutation des principales erreurs des quiétistes contenues dàns les

RAC

QUIÉTISME. — Visions. — Le pur amour. — Avertissement contre ces doctrines et l'abandon des Saintes Ecritures (*suite*).

livres censurés par Monseigneur l'Archevêque de Paris du 18 Octobre 1694. Paris, Guillaume Desprez, 1695, 1 vol. in-12.

[Boileau (l'abbé Jacques), chanoine de Saint-Honoré], Lettres sur différents sujets de morale et de piété, t. II, pp. 1 à 17; Lettre à une Carmélite : L'Ordonnance de Monseigneur l'Archevêque de Paris, touchant le Quiétisme, ne donne aucune atteinte aux Œuvres de Sainte Thérèse.

R

RAC

...... (M^r).

Ecrit de lui :

Lettre sur les vrais amis et défenseurs de la vérité. On peut tenir le langage de la piété, sans l'avoir dans le cœur ; — Dans le « Recueil de pièces sur le Formulaire », 1754, pp. 270 à 272.

RACINE (L'abbé Bonaventure), Chanoine.

Vie (Sa) ; — En tête de ses Œuvres posthumes », pu-

RAC

RACINE (L'abbé Bonaventure), Chanoine (*suite*).

bliées par Dom Clémencet, Avignon, 1759, 1 vol. in-12, pp. 3 à 38.

Cerveau, Nécrol. des pl. célèbres Défens., t. III, p. 337 ; t. IV, p. 287.

RACINE (Jean).

Voir dans :
Guilbert, Mém. histor. et chronol., IIIe Partie, t. III, pp. 270 à 286.

RAC

RACINE (Jean) (*suite*).

Notices sur lui :

Mlle Poulain, Vies choisies de MM. de P.-R., t. IV, pp. 195 à 211.

Et dans :

Besoigne, Hist. de l'Abbaye de P.-R., t. II, pp. 596 et 597, 598 et 599.

Ibid., t. IV, pp. 421 et 422.

Nécrol. de P.-R., pp. 166 à 169.

Supplém. au Nécrol. de P.-R., pp 576 et 577.

Cerveau, Nécrol. des plus célèbres Défens., t. I, p. 310 ; t. IV, p. 287.

Clémencet, Hist. génér. de P.-R., t. VII, pp. 262 à 267 ; t. VIII, pp. 229 à 291, 293, 300 à 303, 319, 321, 375 et 376.

Son portrait, voir le P. Lelong, Biblioth. histor. de la France, t. IV, pp. 254.

RAGOT (Jean), Chanoine et Archidiacre d'Alet.

Lancelot, Mémoires, t. II, pp. 383, 384 à la note, et page 439 à la note.

RAGOT (Vincent), Promoteur de l'Evêque d'Alet.

Lancelot, Mémoires, t. II, p. 438, à la note.

RÉF

REBOURS (Antoine), Confesseur de Port-Royal.

Notices sur lui :

Mlle Poulain, Vies choisies de MM. de P.-R., t. III, pp. 54 et 55.

Et dans :

Besoigne, Hist. de l'Abbaye de P.-R., t. IV, pp. 206 à 209.

Nécrol. de P.-R., pp. 333 à 335.

Cerveau, Nécrol. des pl. célèbres Défens., t. I, p. 80.

Clémencet, Hist. génér. de P.-R., t. IV, pp. 136 à 140.

Fontaine, Mém., t. II, pp. 211 à 216.

Écrits de lui :

Lettre à la Mère ***, Prieure de P.-R. ; — Dans les « Vies intéressantes et édif. de P.-R. », t. I, pp. 172 à 174.

Lettre à M. l'abbé Le Roy ; — Dans les Relations in-4° de 1724, 1re Relation, pp. 51 et 52.

RÉFLEXION GÉNÉRALE sur Port-Royal, par Guilbert.

Dans les « Mém. histor. et chronol. » de Guilbert, IIIe partie, t. V, pp. 242 à 266.

RÉFLEXIONS MORALES du P. Quesnelle sur le Nouveau Testament.

Pendant les trente dernières années du XVIIe siècle, il y eut un livre qui servit de nourri-

RÉF

RÉFLEXIONS MORALES du P. Quesnel sur le Nouveau Testament (*suite*).

ture spirituelle aux âmes chrétiennes de tous les rangs de la société ; à la Cour, à la ville et usque dans les campagnes ; dans le clergé séculier, ainsi que dans les communautés religieuses des deux sexes, il était u et médité de préférence à tous les autres. Approuvé par les Evêques les plus distingués du Royaume, recommandé par Bossuet, admiré par Nicole et par tous les grands théologiens du temps, cet ouvrage plein d'une pieuse expérience, écrit d'un style clair et limpide avec une onction pénétrante, avait pour auteur le Père Pasquier Quesnel, prêtre de l'Oratoire, et était intitulé : « Réflexions morales sur le Nouveau Testament. » Quoiqu'il eût été reçu et goûté avec grande édification pendant un cours de trente-six années, par la grande majorité des ecclésiastiques et des fidèles, le livre fut dénoncé à la Cour de Rome comme suspect ; les intrigues des Jésuites obtinrent sa condamnation le 8 septembre 1713, par la fameuse bulle *Unigenitus*.

Il nous a semblé intéressant et utile de retracer la genèse de cet ouvrage aussi admirable que méconnu, et d'indiquer les phases de sa formation, depuis sa première origine jusqu'à son complet achèvement.

RÉF

RÉFLEXIONS MORALES du P. Quesnel sur le Nouveau Testament (*suite*).

A l'Institution des Pères de l'Oratoire, on employait un petit recueil des paroles de Jésus-Christ, auxquelles le Père Jourdain, premier Supérieur de la maison, avait joint quelques brèves réflexions en latin. Le Père Quesnel fut chargé par ses supérieurs de les traduire en français, mais il les refondit, y en ajouta de nouvelles et les publia chez Savreux (1668), en un petit volume in-24, avec ce titre : *Les Paroles de la Parole incarnée J.-C., N. S., tirées du Nouveau Testament, par M. L. H. D. L.* (1).

Un gentilhomme retiré du monde, habitant près de la maison de l'Oratoire, M. le Marquis de Laigue, « voyant ce « petit livre, nous dit lui-même « le P. Quesnel, le goûta, et dit « dans une conversation où j'é- « tais, qu'il serait bon de faire « la même chose sur le texte « entier des quatre Evangélis- « tes, et que de semblables Ré- « flexions pourraient beaucoup « aider ceux qui n'ont pas « assez d'ouverture d'esprit « pour en faire par eux-mêmes « et pour tirer toutes les ins-

---

(1) Initiales désignant Louis-Henri de Loménie (de Brienne), confrère en l'Oratoire du P. Quesnel, propriétaire du privilège. (Voir Barbier, *Dictionn. des Anonymes*, n° 13860).

RÉF

RÉFLEXIONS MORALES du P. Quesnel sur le Nouveau Testament (*suite*).

« tructions qu'on peut tirer de « ce livre adorable. Il m'invita « à y travailler, il m'en pressa, « je m'y rendis ; et comme les « Réflexions sur les seules pa- « roles du Sauveur étaient pla- « cées entre les versets, je con- « servai cette disposition dans « la première édition.

« M. de Laigue, qui avait été « comme le promoteur de ce « livre, ayant rendu visite à feu « M. Félix Vialart, évêque de « Châlons-sur-Marne, que je « n'avais pas encore l'honneur « de connaître alors, lui en « parla par manière d'entre- « tien ; et ce grand évêque, qui « embrassait volontiers tout ce « qui pouvait contribuer à l'ins- « truction et à la sanctification « de son peuple, eut la pensée « de le donner à son diocèse, « en cas qu'après l'avoir exa- « miné, il le jugeât propre à « édifier les fidèles confiés à « ses soins. Il en emporta un « exemplaire à Châlons, le lut « lui-même, le fit lire et exami- « ner par d'autres personnes « éclairées, et même par un « Religieux fort pieux et très « capable d'en bien juger : et « aucun d'entre eux n'y ayant « rien trouvé à redire, M. de « Châlons envoya au marquis « de Laigue son Mandement « (du 9 novembre 1671) pour

REF

RÉFLEXIONS MORALES du P. Quesnel sur le Nouveau Testament (*suite*).

« mettre à la tête du livre (1). »

L'auteur ayant travaillé à cette continuation, l'ouvrage parut en 1671 (2) sous ce titre : *Abrégé de la Morale de l'Evangile, ou Pensées chrétiennes sur le texte des quatre Evangiles, pour en rendre la lecture et la méditation plus faciles à ceux qui commencent à s'y appliquer.* Paris, Pralard, 1671, 1 vol. in-12.

En 1679, il en fut fait une « troisième édition augmen- tée ». Paris, 3 volumes in-12.

Obligé, par l'archevêque de Harlay, de quitter Paris au mois de novembre 1681 (3), le Père Quesnel se retira à Or- léans, où il demeura jusqu'au mois de février 1685, époque à laquelle il se réfugia à Bruxel- les (4). Ce fut là qu'il continua à augmenter l'ouvrage et « qu'il « acheva ses *Réflexions morales* « sur le reste du Nouveau Tes-

(1) *Histoire du Livre des Réflexions morales*, tome I, page 5, col. 1 et 2.

(2) Le Père Quesnel avait alors 37 ans.

(3) Moréri, Grand Dictionn. histor., édition de 1759, t. VIII, p. 679, col. 2.

(4) Louail, Hist. du Livre des Ré- flex. mor., t. I, p. 3, col. I.

REF

RÉFLEXIONS MORALES du P. Quesnel sur le Nouveau Testament (*suite*).

« tament ; elles furent impri-
« mées pour la première fois
« en 1687, jointes aux *Réfle-*
« *xions* sur les quatre Evan-
« giles qui avaient paru dès
« 1671 » (1) sous le titre que
nous avons indiqué plus haut
à cette date : *Abrégé de la Mo-*
rale de l'Evangile ou Pensées
chrétiennes, etc. Ces « Pensées »
de 1671 étaient fort courtes,
l'auteur « les revit et leur don-
« na plus d'étendue, pour les
« rendre proportionnées aux
« dernières qu'il avait faites
« (en 1687), sur les Actes, les
« Epîtres des apôtres et l'Apo-
« calypse (2). » Ce fut alors
(1692, car il y a des exemplaires qui portent cette date), que
l'ouvrage parut achevé, et qu'il
fut imprimé sous le titre suivant : *Le Nouveau Testament*
en français, avec des Réflexions
morales sur chaque verset, pour
en rendre la lecture et la médi-
tation plus faciles à ceux qui
commencent à s'y appliquer.
Augmenté de plus de la moitié
dans les Evangiles en cette der-
nière édition. Imprimé par l'or-
dre de Monseigneur l Evêque et
Comte de Châlons, Pair de
France. Qui estoit sous le titre de

(1) Moréri, t. VIII, p. 680, col. 1.
(2) Moréri, t. VIII, *ibid*.

RÉFLEXIONS MORALES du P. Quesnel sur le Nouveau Testament (*suite/*.

« *Morale de l'Evangile et des*
Epîtres de Saint-Paul ». *A Pa-*
ris, chez André Pralard, 1692 ;
4 volumes in-8°. — Des exemplaires de cette édition portent
les dates différentes de 1693,
1694 et 1695. — Elle fut approu-
vée le 23 juin 1695, par M. de
Noailles, successeur de M.
Vialart, comme évêque de Châlons.

En 1699, il en parut une
« édition revisée » par les ordres et sous la direction du
même M. de Noailles, devenu
archevêque de Paris, et qui fut
cardinal l'année suivante ; il
faut noter que cette révision
fut faite sans la présence du
Père Quesnel, mais il faut
croire qu'on le consulta, car il
est dit « qu'il y apporta toute
la facilité possible ». L'édition
ainsi revue fut publiée à Paris,
c'est la plus ample de toutes
celles qui avaient paru jusqu'a-
lors.

Il résulte de ce qui précède
que l'ouvrage a été publié de
la manière suivante :

1° En 1668, en un volume
in-24, intitulé : *Les Paroles de*
la Parole incarnée, etc.

2° En 1671, en un volume
in-12 : *Abrégé de la Morale de*
l'Evangile, ou Pensées chrétien-
nes, etc.

RÉF

RÉFLEXIONS MORALES du P. Quesnel sur le Nouveau Testament (*suite*).

3° En 1679, en trois volumes in-12, toujours sur les Evangiles, édition fortement augmentée.

4° En 1687, en deux volumes in-12 (1), continuation sur les Actes, les Epîtres, l'Apocalypse.

5° En 1692, 1693, 1694 et 1695, en quatre volumes in-8°, c'est une même édition avec des dates différentes.

6° En 1699, en quatre volumes in-8°, avec les révisions du Cardinal de Noailles.

Il faut ajouter aux éditions précédentes celles qui suivent :

7° En 1702, en huit volumes in-12. Paris, Pralard.

8° En 1705, en quatre volumes in-8° et en huit volumes in-12. Paris, Pralard.

9° En 1727, édition posthume (le P. Quesnel était mort à Amsterdam, en 1719). Cette édition fut augmentée de toutes les additions faites par l'auteur lui-même sur son exemplaire ; c'est la plus complète de toutes. Elle parut à Amsterdam chez Nicolaï, avec cette mention : « Nouvelle édition

(1) Voir Barbier, Dict. des Anonymes, n° 58, à la note.

RÉF

RÉFLEXIONS MORALES du P. Quesnel sur le Nouveau Testament (*suite*).

corrigée et augmentée par l'auteur » et fut donnée en quatre volumes in-8° et en huit volumes in-12.

10° En 1736, en huit volumes in-12. Amsterdam, Nicolaï. C'est l'édition de 1727 à laquelle elle est conforme page pour page, seulement avec une date différente. Il n'a pas été fait de tirage depuis, 1736 est la date à laquelle le livre fut imprimé pour la dernière fois.

Telle est, croyons-nous, la bibliographie complète de l'ouvrage même, mais il en a été fait de nombreux extraits qui ont revêtu des formes aussi ingénieuses que variées. Voici leur nomenclature telle que nous avons pu l'établir d'après les mémoires, relations et traités spéciaux parus du temps de l'auteur et depuis ; ce sont comme autant de rameaux détachés de ce grand arbre.

Jour (Le) évangélique ou Trois cent soixante-six vérités tirées du Nouveau-Testament ; pour servir de sujet de méditation chaque jour de l'année. Recueillies par J. B..., abbé de Rolduc, de l'Ordre de Saint-Augustin. Paris, Charles Osmont, 1700 ; 1 vol. in-12.

Instructions chrétiennes et Elé-

RÉF

RÉFLEXIONS MORALES du P. Quesnel sur le Nouveau Testament (*suite*).

vations à Dieu sur la Passion, avec les Octaves de Pâques, de la Pentecôte, du Saint-Sacrement et de Noël. Tirées des Réflexions morales sur le Nouveau Testament, par le P. Quesnel, prêtre de l'Oratoire. Paris, André Pralard, 1702; 1 vol. in-12.

Epistres (Les) et Evangiles pour toute l'année, imprimés par l'ordre de Monseigneur l'Evêque et Comte de Châlons, Pair de France, et approuvés par Son Eminence Monseigneur le Cardinal de Noailles, Archevêque de Paris. Paris, André Pralard, 1705; 3 vol. in-12.

Pensées pieuses tirées des Réflexions morales du Nouveau-Testament. Paris, Pralard, 1711; 1 vol. in-18.

Instructions chrétiennes et Prières à Dieu sur les Epîtres et Evangiles pour tous les jours de l'année, composées par l'ordre de Messeigneurs les Evêques et Comtes de Châlons, Pairs de France. Quatrième édition. Paris, Pralard, 1716; 1 vol. in-12. L'auteur y avait joint des réflexions sur les leçons de l'Ancien Testament qui se trouvent dans le Missel Romain, mais le manuscrit s'étant perdu entre Bruxelles et Paris, elles n'ont pu être publiées,

REL

RÉFLEXIONS MORALES du P. Quesnel sur le Nouveau Testament (*suite*).

Instructions chrétiennes et Prières à Dieu pour tous les jours de l'année, tirées des Réflexions morales, etc. Paris, Pralard, 1701; 1 vol. in-12 de 420 pages.

RELATIONS des RELIGIEUSES de PORT-ROYAL (Recueil des), in-4° (Sur le).

Voir dans Guilbert, Mém. histor. et chronol., III° partie, t. VII, pp. 435 à 437.

Relation de ce qui s'est passé à Port-Royal le 24 septembre 1664; — Dans les Relations in-4° de 1724, VIII° Relat. pp. 32 à 35.

RELIGIEUSES DE PORT-ROYAL (Listes des).

Liste alphabétique des Religieuses de P.-R., par les noms de baptême et de religion, tant de chœur que converses, depuis la réforme; — Dans Clémencet, Histoire générale de Port-Royal, t. X, pp. 366 à 380.

Liste alphabétique des Religieuses de P.-R. des Champs, depuis la réforme jusqu'à la destruction, par les noms de leurs familles; — Ibid., ibid., pp. 381 à 395.

Liste alphabétique des Religieuses et des Dames les plus

REL

RELIGIEUSES DE PORT-ROYAL (Liste des) (*suite*).

distinguées, dont il est parlé dans leur histoire ; — Dans Besoigne, Hist. de l'abbaye de P.-R , t. III, pp. 287 à 293.

Liste de quelques anciennes Religieuses de Port-Royal, des premiers temps de cette Abbaye ; — Dans les « Mém. histor. et chronol. » de Guilbert, Iʳᵉ Pⁱᵉ, t. I, pp. 160 à 168.

Liste des Religieuses, Converses, Novices, Postulantes, Pensionnaires qui étaient dans les deux Maisons de P.-R. à Paris et aux Champs, lors de la persécution qui commença dans le mois d'avril 1661 ; — Dans l'Histoire des Persécutions (Ville-Franche), pp. x à xiii ; — Déjà insérée dans les Relations in-4º de 1724, 2ᵉ Relat., pp. 1 et 2.

Noms des Religieuses des deux Maisons de Port-Royal dont on a rapporté les Interrogatoires ; — Dans l'Hist. des Persécutions (Ville - franche), pp. 186 et 187.

Noms des Religieuses qui étaient à Port-Royal lors de la persécution de 1664, et qui signèrent les Requètes ; — Ibid., pp. 309 et 310.

Voyez : Abbesses de Port-Royal (Liste des).

Voyez : Enlèvement ; — Noms

REL

RELIGIEUSES DE PORT-ROYAL (Liste des) (*suite*).

des Religieuses enlevées le 26 août 1664.

Dispersion (Leur) ; — 22 Religieuses furent dispersées en 1709 ; 15 de chœur et 7 converses. Noms des Religieuses mortes et de celles vivantes en 1716 ; — Guilbert, Mém. histor. et chronol , IIIᵉ Partie, t. VII, pp. 231 à 235.

Esprit, conduite, désintéressement des Religieuses deP.-R., — Ibid., ibid., pp. 484 à 489.

Charité, union parfaite, confiance en leurs Mères ; — Ibid., ibid , pp. 490 à 495.

Fuite des charges et dignités ; Ibid., ibid., pp. 496 à 498.

Occupations, prières, travail, silence ; — Ibid., ibid., pp. 498 à 501.

Fuite des conversations inutiles ; — Education des enfants ; — Ibid., ibid., pp. 507 à 511.

Eloignement (Leur) de toute curiosité ; dans les Mém. histor. et chronol. de Guilbert, Ibid., ibid., pp. 515 à 519.

Prière publique (De la) et des Offices ; — Ibid., ibid., pp. 527 à 533.

Écrits d'elles :

Lettre à M. l'Evêque d'Alet ; décembre 1664 ; — Dans le « Recueil de Pièces sur le formu-

REL

RELIGIEUSES DE PORT-ROYAL (*suite*).

Ecrits d'elles (*suite*) :

laire », 1754 ; pp. 364 à 367 ; précédemment insérée dans les « Relations » in 4º de 1724, VIIIᵉ Relation, pp. 110 à 112.

Lettre à M. de Sᵗᵉ Marthe ; 10 mai 1665 ; — Dans le « Recueil de Pièces sur le formulaire », 1754 ; pp. 376 à 380.

Lettre à M l'Evêque d'Aleth, mai 1665 ; — Ibid., pp. 381 à 385.

Acte d'opposition à la nomination de la sœur Dorothée Perdreau ; dans D. Clémencet, Hist. génér. de P -R., t. VI, pp. 490 à 494.

Lettre des Religieuses des Champs à leurs sœurs de Paris sur la nomination de la sœur Dorothée Perdreau ; dans le même volume, pp. 495 à 500.

Lettre des mêmes aux mêmes pour les inviter à se réunir à elles ; — Dans le même volume, pp. 502 à 506.

Un grand nombre de Lettres, Actes et Requêtes des Religieuses de P.-R. des Champs dans l'Histoire de la dernière persécution, par l'abbé Pinault, et dans les Mémoires sur la destruction de l'Abbaye de P.-R., par Fouillou ; — il serait superflu de les énumérer ici.

Lettre des Religieuses de

REL

RELIGIEUSES DE PORT-ROYAL (*suite*).

Écrits d'elles : — (*suite*).

P.-R. d. C. au Pape ; — Dans D. Clémencet, Hist. génér. de P.-R., t. VIII, pp. 483 à 487.

Requête des mêmes au Roi ; Dans le même volume, pp. 487 à 492.

Prière à Jésus-Christ ; — Dans l'Hist. des Perséc., pp. 259 et 260 ; — Et dans les Relat. in-4º de 1724, 2ᵉ Relat., p. 51.

Relation contenant les Lettres que les Relig. de P.-R. ont écrites pendant les dix mois qu'elles furent renfermées sous l'autorité de la Mère Eugénie ; — Dans les Relat. in-4º de 1724, 8ᵉ Rel., pp. 1 à 207.

Lettre à la Mère Abbesse ; — Dans les Relations in-4º de 1724, VIIIᵉ Relat., p. 11.

Lettres à M. l'Archevêque ; — Ibid., p. 27, 55

Déclaration touchant leurs Actes qui ont été imprimés ; — Ibid., pp. 49 à 51.

Relation de ce qui s'est passé à P.-R. [de Paris] le 24 septembre 1664 ; — Ibid , pp. 32 à 35.

Désaveu de toute signature extorquée par violence dans un état de captivité ; — Ibid., p. 69 ; surprise à l'heure de la mort, p. 185.

REL

RELIGIEUSES DE PORT-ROYAL (*suite*).

Écrits d'elles : — (*suite*).

Procès-verbal de la rétractation de la sœur Melthide Thomas du Fossé ; — Dans les « Relations » in-4º de 1724, VIIIᵉ Relation, p. 86.

Procès-verbal de l'enlèvement de trois Religieuses, savoir : Sœur Françoise-Claire (Soulain), Madeleine Melthide (Thomas Du Fossé), et Anne-Marie de Sainte Eustoquie (de Flescelles de Brégy) ; — Dans les « Relations » in-4º de 1724, VIIIᵉ Relation, pp. 93 à 97.

Acte de renoncement à tout ce qui pourrait être fait à l'avenir dans la Maison, qui ressentirait l'intérêt ou l'avarice ; — Ibid., p. 100.

Procès-verbal de l'enlèvement de la sœur Madeleine-Christine Briquet ; — Ibid., pp. 107 à 110.

Lettre des Sœurs Converses de Port-Royal de Paris, aux Sœurs Converses de P.-R. des Champs ; — Ibid., p. 129.

Réponse des Sœurs Converses des Champs ; — Ibid., p. 130.

Communauté (La) [de Paris] à la Mère [du Fargis], Prieure des Champs ; — Ibid., p. 136.

Communauté (La) [de Paris] à la Mère [du Fargis], Prieure des Champs, 12 mai 1665 ; — Ibid., p. 176.

REL

RELIGIEUSES DE PORT-ROYAL (*suite*).

Écrits d'elle : — (*suite*).

Communauté (La) à M. de Sainte Marthe ; — Dans les « Relations » in-4º de 1724 ; p. 187.

Lettres de la M. Agnès ; — Ibid., pp. 201, 202, 203.

Relation touchant la visite de M. le Grand-Vicaire et de M. Chamillart, et ensuite de M. de Pàris du lendemain dimanche 28 juin [1665] ; — Ibid., pp. 203 à 207.

Extrait de la Donation faite par les Religieuses de Port-Royal aux Ursulines de Bazas ; — dans le Supplément au Nécrologe de P. R., pp. 33 et 34.

Lettres des Religieuses de Port-Royal des Champs, exilées à Malnoue, à Mʳ..., sur la proposition qu'il leur faisait de venir à Port-Royal de Paris ; — dans le Supplément au Nécrologe de Port-Royal, pp. 269 et 270.

Lettre des mêmes au P. Quesnel, pour lui demander son avis sur cette même proposition ; — Ibid., pp. 270 à 272.

RELIGIEUSES de PORT-ROYAL.

Voyez :
Tables.
Abbesses.
Vie des Religieuses.

REL

RELIGIEUSES DE PORT-ROYAL (*suite*).

Voyez :
Destruction de P.-R.
Démolition de P.-R.
Dispersion des Religieuses.
Enlèvement.
Exil.
Captivité.
Persécution.

REMARQUES sur l'Histoire des premiers temps de Port-Royal, et sur la suite des Abbesses qui ont gouverné ce Monastère depuis sa fondation jusqu'à sa destruction.

Dans les « Vies intéress. et édif. des Relig. de P.-R. », t. III, pp. 467 à 488.

RENAUDOT (Eusèbe), Clerc tonsuré, de l'Académie Française et des Inscriptions et Belles-Lettres.

Notices :

Cerveau, Nécrol. des pl. célèbres Défens., t. II, p. 59 ; t. IV, p. 287.

Labelle, Nécrol. des Appelants et Oppos., p. 140.

Barral, Appelants célèbres, p. 21.

Son portrait, voir le P. Lelong, Biblioth. histor. de la France, t. IV, p. 256.

Écrit de lui :

Mémoire que feu M. l'Abbé Renaudot a écrit quelques jours avant sa mort ; — Dans le Supplém. au Nécrol. de P.-R., pp. 204 à 206.

RET

RÉPONSE sur la Proposition faite aux Religieuses de P.-R. des Champs, depuis leur dispersion.

Dans le Supplém. au Nécrol. de P.-R., pp. 275 à 279.

RESCHT et GUILLEMANS.

Notice sur eux :

D. Clémencet, Hist. littér de P.-R., t. I, pp. 150 à 153.

RÉSISTANCE des Religieuses de P.-R.

- Le fameux passage de Baronius ; — dans Guilbert, Mém. histor. et chronol., III° Partie, t. VI, pp. 249 à 252.

RÉTABLISSEMENT de PORT-ROYAL,
Voyez : Port-Royal.

RETARD (François), Docteur de Sorbonne, Curé de Magny.

Notices sur lui :

Mlle Poulain, Vies choisies de MM. de P.-R., t. III, pp. 101 et 102.

Et dans :
Besoigne, Hist. de l'Abbaye de P.-R., t. V, pp. 131 et 132.

Mémoire sur sa maladie et sa mort, le 30 mars 1663 ; — Supplément au Nécrol. de P.-R., pp. 87 à 90, et 508.

Notice ; — Nécrol. de P.-R., pp. 132 à 134.

RET

RETARD (François), Docteur de Sorbonne, Curé de Magny (*suite*).

Notice sur lui : — *suite.*

Cerveau, Nécrol. des pl. célèbres Défens., t. I, p. 89.

Note sur lui ; — Mém. p. serv. à l'Hist. de P.-R., 1742, t. III, pp. 53 et 54, à la note.

Écrits de lui :

Relation de deux entretiens qu'il avait eus avec la M. Angélique ; — Dans les « Mémoires et Relations », 1716, 1 vol. in-12, pp. 240 à 259.

Cette Relation a été reproduite dans les « Mémoires » de 1742, t. II, pp. 601 à 610, et t. III, pp. 43 à 54.

Lettre au sujet de la guérison de Mademoiselle Garnier par l'intercession de la M. Angélique, avec la Relation qu'en a faite cette Demoiselle elle-même ; — Dans les « Mém. p. servir à l'Hist. de Port-Royal » 1742, t. II, pp. 205 à 212.

Relation d'un Entretien qu'il eut avec la Mère Angélique, sur quelques mauvaises coutumes assez communes dans les Monastères ; — Dans les « Mémoires p. serv. à l'Hist. de P.-R. », 1742, t. III, pp. 43 à 54.

RIV

RICHARD (Jean). Docteur de Sorbonne et Curé de Triel.

Notice :

Cerveau, Nécrol. des pl. célèbres Défens., t. I, p. 224 ; t. IV, p. 288.

Écrits de lui :

Lettre à la M. Agnès, Ancienne Abbesse de Port-Royal (3 Mars 1669) ; — Dans le « Recueil de Pièces sur le Formulaire », 1754, pp. 525 à 527.

RICHER (Nicolas), Avocat.

Clémencet, Hist. génér. de P.-R., t. III, pp. 429 à 435.

Fontaine, Mém., t. II, pp. 73 à 84.

RITUEL D'ALET.

Une *Note* sur le livre célèbre, voir dans Lancelot, Mémoires, t. II, p. 404, à la note.

RIVIÈRE (Pierre de Pertuis d'Eragni de La).

Relation de la mort ; — Pinault, Hist. de la dern. perséc., t. III, pp. 385 à 389.

Mlle Poulain, Vies choisies de MM. de P.-R., t. III, pp. 130 à 133.

Et dans :
Besoigne, Hist. de l'Abbaye de P.-R., t. IV, pp. 46 à 48.

RIV

RIVIÈRE (Pierre de Pertuis d'Eragni de La) (*suite*).

Nécrol. de P.-R., pp. 128 et 129 ; — et dans le Supplém. au Nécrol. de P.-R., pp. 496 et 497.

Cerveau, Nécrol. des plus célèbr. Défens , t, I, p. 108.

Fontaine, Mém., t. II, pp. 14, 351.

ROANNÈS (Artus Gouffier, Duc de).

Notices sur lui :

Dans Besoigne, Hist. de l'Abbaye de P.-R., t. IV, pp. 517 et 518.

Cerveau, Nécrol. des plus célèbr. Défens., t. I, p. 390.

Clémencet (Dom), Hist. génér. de P.-R., t. III, p. 436 et 437.

ROANNÈS (Mlle de), depuis Duchesse de La Feuillade.

Besoigne, Hist. de l'Abbaye de P.-R., t. I, pp. 389 à 393.

Clémencet, Hist. génér. de P.-R., t. III, p. 437 à la note ; — t. VIII, pp. 3 à 7.

ROYNETTE (Simon de la), Prêtre, Docteur en Théologie, Supérieur de Port-Royal.

Clémencet, Hist. génér. de P.-R., t. VIII, pp. 319 et note 31, 320 à 326, 401 et 402.

RUT

RUFFIN (Le R. P. Nicolas-Marie), dit le P. DENIS, Prêtre de l'Oratoire.

Cerveau, Nécrologe des plus célèbres Défenseurs et Confesseurs de la Vérité, t. II, pp. 276 et 277.

Nouvelles ecclésiastiques, du 16 juin 1736.

RUTH-D'ANS (Paul-Ernest), Prêtre et Solitaire à Port-Royal.

Notices sur lui :

Mlle Poulain, Vies choisies de MM. de P.-R., t. IV, pp. 238 à 248.

Et dans :

Besoigne, Hist. de l'Abbaye de P.-R., t. V, pp. 28 à 41.

Supplém. au Nécrol. de P.-R., pp. 434 à 444.

Cerveau, Nécrol. des plus célèbr. Défens., t. II, p. 112.

Labelle, Nécrol. des Appelants et Oppos., p. 339.

S

SAB

SABLÉ (Madelaine de Souvré, Marquise de).

Clémencet, Hist. génér. de P.-R., t. VII, pp. 300 et 301.

SACREMENT (Saint), *Voyez* : Institut du S. Sacrement.

SACI (Isaac-Louis Le Maistre de), Confesseur de Port-Royal. (*)

Oraison funèbre (Son) prononcée à Port-Royal des Ch., le 10 janvier 1684 ; — Dans les « Vies intéress. et édif. des Relig. de P.-R., t. IV, pp. 21 à 49.

Nécrologe de M. de Sacy ; — Dans le même volume, pp. 49 à 58.

Epitaphe (Son) ; — Dans le même volume, pp. 66 à 68.

Vers sur lui et note sur sa mort ; —Dans le même volume, pp. 69 et 70.

Lettres et Documents sur sa Vie et sa mort ; — Dans le même volume, pp. 70 à 306, 388 à 411, 415 à 448.

____

(*) Pour l'orthographe du nom **Saci**, voir *Port Royal et ses Solitaires,* par H. Moulin, p. 56, note.

SAC

SACI (Isaac-Louis Le Maistre de), Confesseur de Port-Royal (*suite*).

Mort (Sa) et transport de son corps ; — Guilbert, Mém. histor. et chronol., IIIe Partie, t. II, pp. 550 à 560.

Notices sur lui :

Dans la Nouvelle Histoire abrégée de l'Abbaye de Port-Royal [par Mlle Poulain], t. IV, pp. 1 à 30.

Relation de sa captivité ; — Dans D. Clémencet, Hist. génér. de P.-R., t. VIII, pp. 420 à 452.

Dans Racine (l'abbé), Hist. ecclésiast., t. XII, pp. 164 à 172.

Lettre de M. de Ste-Marthe, sur l'emprisonnement de M. de Sacy ; — Dans le Supplém. au Nécrol. de Port-Royal, pp. 130 à 133.

Nécrol. de P.-R., pp. 6 à 14, et dans le Supplém. au Nécrol. de P.-R., pp. 296 et 297.

Cerveau, Nécrol. des plus célèbres Défens., t. I, p. 198 ; t. IV, p. 258.

Fontaine (Nicolas),Mémoires, 2 vol.; voir à la table de chaque

SAC

SACI (Isaac-Louis Le Maistre de), Confesseur de Port-Royal) (*suite*).

Notices : — (*suite*).

volume, et pour ainsi-dire partout.

Clémencet, Hist génér. de P -R., t. II, pp. 78, 79, 140 à 145; t. III, pp. 91 à 107, 127 à 129, 171 à 176, 201 à 207, 426 à 428. — T. IV, pp. 23 et 24. — T. VII, pp. 116 et 117, 198, 436 et 437. — T. VIII, pp. 9 à 21, 420 à 452.

Besoigne, Hist. de l'Abb. de P.-R., t. IV, pp. 523 à 583.

M. de Sacy fait la traduction de l'Ancien Testament à la Bastille. — Du Fossé, Mém., t. II, p. 296; — Fontaine, Mém., t. II, p. 361.

Il avait déjà traduit le Nouveau Testament. — Fontaine, Mém., t. II, p. 361.

Du Fossé, Mém., t. IV, voir la table générale.

Son portrait, voir le P. Lelong, Biblioth. histor. de la France, t. IV, p. 224.

Un portrait, sans nom de graveur, dans Dom Gerberon, Histoire générale du Jansénisme, t. III, page 270.

Du Pin (Louis-Ellies), Bibliothèq. des Auteurs Ecclésiast. du XVIIe siècle, IIe P^{ie}, p. 434 et 435.

SAC

SACI (Isaac Louis Le Maistre de), Confesseur de Port-Royal (*suite*).

Écrits de lui :

Discours sur la mort de M. d'Andilly, prononcé le 10 octobre 1674; — Dans les « Vies intéress. et édif. des Relig. de P.-R. », t. IV, pp. 1 à 18

Lettre sur la mort de la Mère de Ligny, du 13 mai 1675; — Dans le même ouvrage, t. II, pp. 105 à 107.

Lettre à M. l'Evêque d'Aleth, sur ce qui se passa dans sa prison lorsqu'il demanda les sacrements, 1668; — Dans le même ouvrage, t. IV, pp. 61 à 66.

Lettre à M. l'Evêque d'Aleth, contre la promesse de ne plus écrire aux Religieuses de Port-Royal, qu'on lui proposait comme un moyen de sortir de la Bastille; — Dans le même volume, pp. 239 à 248.

Lettre aux Religieuses de Port-Royal; — dans les « Vies intéress. et édif. des Relig. de P.-R. », t. IV, pp. 341 à 344.

Lettres (Quinze) à divers; — dans le même volume, pp. 351 à 388.

Lettre à M. Thomas de Bosroger; — dans le même volume, pp. 463 et 464.

SAC

SACI (Isaac-Louis Le Maistre de), Confesseur de Port Royal (*suite*).

Écrits de lui : — (*suite*).

Lettre à Mme de Bosroger ; — dans les « Vies intéress. et édif. des Relig. de P.-R. », t. IV, pp. 465 et 466.

Lettre à la même ; — dans le même volume, pp. 467 à 469.

Lettres (Cinq) à la même ; - dans le même volume, pp. 469 à 472, 509, 510, 515 à 517.

Lettres (Quatre) à M. Thiboût ; — dans le même volume, pp. 473 et 474, 520 à 525.

Lettre au même ; — dans le même volume, pp. 474 et 475.

Lettre à la Sœur Marie Angélique de Ste Thérèse ; — dans le même volume, pp. 496 à 498.

Lettres (Trois) à la même ; — dans le même volume, pp. 498 à 502, 510 à 512.

Lettre à la Sœur Marie-Magdelaine de Ste Thérèse (Arnauld d'Andilly) ; — Dans les « Vies intéress. et édif. des Relig. de P.-R. », t. IV, pp. 507 et 508.

Lettre à la Mère Angélique de St Jean ; — Dans le même volume, pp. 512 à 515.

Lettre ; — Dans le même volume, pp. 517 à 519.

Entretien de M. de Sacy et de M. Pascal sur les philosophes Epictète et Montaigne ; — Dans Dom Clémencet, Hist. génér. de P.-R., t. IV, pp. 532 à 550.

SAI

SAINT-AMOUR (Louis Gorin de), Docteur de Sorbonne.

Notices sur lui ; - Dans :

Racine (l'Abbé), Histoire ecclésiast., t. XII, pp. 222 à 224.

Monitoire contre le Journal de Saint-Amour ; — Dans le Supplément au Nécrol. de P.-R., pp. 129 et 130.

Cerveau, Nécrol. des pl. célèbres Défenseurs, t. I, p. 240, et t. IV, p. 189.

Son portrait, voir le P. Lelong, Biblioth. histor. de la France, t IV, p. 262.

SAINT-ANGE (Raphaël le Charron d'Epinoy de).

Notices sur lui :

Mlle Poulain, Vies choisies de MM. de P.-R., t. III, pp. 234 à 238.

Et dans :

Besoigne, Hist. de l'Abbaye P.-R., t. IV, pp. 339 à 341.

Cerveau, Nécrol. des pl. célèbres Défens., t. I, p. 162.

Nécrol. de P.-R., p. 83.

Lancelot, Mém., t. I, p. 338, à la note.

Fontaine, Mém., t. II, pp. 436 à 441.

SAI

AINT-CLAUDE (de), pseudonyme de M. Claude LE NOIR, q. v.

AINT-CYRAN (Abbaye de), au diocèse de Bourges.

Clémencet, Hist. génér. de .-R., t. VII, p. 292, note 72.

Du Fossé, Mém., t. I, pp. 163, 47, 297 à 311, 316, 317 ; t. II, 10, 114, 115.

AINT-CYRAN ; — *Voyez* : DU VER-GER DE HAURANNE et BARCOS.

AINT-ELME (Jean Le Maistre de).

Fontaine, Mém., t. I, pp 120 122.

Moulin (H.), Port-Royal et es Solitaires, pp. 67 et 68, note.

INTE EPINE (Miracle de la). — *Voyez :* Miracles à Port-Royal.

INTE-MARTHE (Mr Claude de), Con-fesseur de Port-Royal.

Idée de Mr de Sainte-Marthe ; · Dans les « Vies intéressan-s et édif. des Relig. de P.-R. », I, pp. 45 à 48.

Epitaphe (Son), même vo-me, pp. 49 à 51.

otices sur lui :

Mlle Poulain, Vies choisies : MM. de P.-R., t. IV, pp. 79 84.

dans :

SAI

SAINTE-MARTHE (M. Claude de), Con-fesseur de Port-Royal (*suite*).

Notices sur lui : — (*suite/***.**

Besoigne, Hist. de l'Abbaye de P.-R., t. IV, pp. 211 à 218.

Racine (L'abbé), Hist. ecclé-siast., t. XI, pp. 307 à 314.

Nécrol. de P.-R., pp. 399 à 403.

Cerveau, Nécrol. des pl. cé-lèbres Défens., t. I, p. 255 ; t IV, p. 293.

Clémencet, Hist. génér. de P.-R., t. VIII, pp. 221 à 227.

Fontaine, Mém., t. II, pp. 354, 552.

Du Fossé, Mém., t. III, pp. 143 à 147.

Apprécié par la M. Angéli-que : Mém. p. serv. à l'Hist. de P.-R , t. III, p. 34.

Son portrait, Desrochers, sculp., in-4º.

Du Pin, Bibliothèque des Auteurs ecclésiastiques du XVIIe siècle, IIe partie, pp. 436 à 440.

Du Pin, Bibliothèque des Auteurs ecclésiast. du XVIIIe siècle, t. I. p. 404 à 411.

Goujet (L'abbé). Bibliothèque des Auteurs ecclésiastiq. du XVIIIe siècle, t. I, pp. 293 à 298.

16

SAI

SAINTE-MARTHE (M. Claude de), Confesseur de Port-Royal (*suite*).

Ecrits de lui :

Lettre à la Communauté de P.-R. *(*du 9 août 1661) ; — Dans les « Mém. p. serv. à l'Hist. de P.-R. », 1742, t. II. p. 166.

Lettres (Six).

Petit Traité sur les excommunications injustes.

Petit Ecrit. Il vaut mieux tomber entre les mains des hommes, etc.

Extrait d'un passage de Saint Bernard.

Petit Ecrit sur la privation de la communion.

Réflexions sur ce passage de l'Evangile : où il y aura deux ou trois personnes assemblées en mon nom ; — tout ce qui précède, dans les « Vies intéressantes et édifiantes des Relig. de P.-R. », t. I, pp. 54 à 125.

Extrait de l'Ecrit sur la foi humaine ; — Dans le même volume, pp. 162 à 171.

Relation touchant la Sœur Marie-Louise de Sainte Fare de la Bonnerie, qui fit profession à Port-Royal en 1660 : — Dans les « Vies intéress. et édif. des Relig. de P.-R. », t. III, pp. 118 à 120.

La même Relation, précé-

SAÏ

SAINTE-MARTHE (Mr Claude de). Confesseur de Port-Royal) (*suite*).

Ecrits de lui (*suite*).

demment insérée dans les « Relations » in-4° de 1724, VIII Relation, p. 185.

Lettre à la M. Angélique de St Jean, sur la mort de M. de Sacy ; — Dans les « Vies intéress. et édif. des Relig. de P. R. », t. IV, pp. 144 à 147.

La même lettre, précédemment insérée dans le Supplément au Nécrologe de Port-Royal, pp. 213 et 214.

Lettre à M. de Luzancy, sur le même sujet ; — Dans le Supplément au Nécrologe de P.-R. pp. 214 et 215.

La même, reproduite dans les « Vies intéress. et édif. des Relig. de P.-R. », t. IV, pp. 147 à 149.

Lettre à la Sœur Marie-Angélique de Sainte Thérèse Arnauld d'Andilly, sur le même sujet ; — Dans le Supplément au Nécrologe de P.-R., pp. 216 à 219.

La même, reproduite dans les « Vies intéress. et édif. des Relig. de P.-R. », t. IV, pp. 149 à 154.

Lettre à Mademoiselle de Vertus, au sujet des lettres qu'il avait écrites sur la mort de

SAI

SAINTE-MARTHE (Mʳ Claude de), Confesseur de Port-Royal (*suite*).

Écrits de lui : — (*suite*).

M. de Sacy ; — Dans les « Vies intéress. et édif. des Relig. de P.-R. », t. IV, pp. 155 à 159.

Lettres (Quatre) aux Religieuses de P.-R. ; — Dans le même volume, pp. 347 à 351.

Lettre sur l'emprisonnement de M. de Sacy ; — Dans le Supplément au Nécrologe de P.-R., pp. 130 à 133.

La même, reproduite dans les « Vies intéress. et édif. des Relig. de P.-R. », t. IV, pp. 388 à 393.

Lettre sur la mort de la Mère Angélique de Saint Jean et de M. de Luzanci ; — Dans le même volume, pp. 434 à 437.

Lettres (Deux) sur les mêmes sujets ; — Dans le même volume, pp. 438 à 448.

Extrait de sa « Défense des Religieuses de Port-Royal et de leurs Directeurs » ; — Dans les « Mémoires » de Lancelot, t. I, pp. 532 à 547.

Réflexions sur la signature du Formulaire ; — Dans le « Recueil de Pièces sur le Formulaire », 1754, pp. 18 à 25.

Lettres (Sept) [sous le nom de M. du Vivier], à M. Arnauld, sur le même sujet ; — Ibid., pp. 195 à 265.

SAI

SAINTE-MARTHE (Mʳ Claude de), Confesseur de Port-Royal /*suite*/.

Écrits de lui : — (*suite*).

Lettre à M. de Péréfixe, en faveur des Religieuses de P.-R., juin 1664 ; — Dans le Supplément au Nécrologe de P.-R., pp. 197 à 204.

La même, reproduite dans l'Histoire des Persécutions, Ville-franche, pp. 225 à 229.

Lettres (Deux) ; — Dans le « Recueil de Pièces sur le Formulaire », pp. 309 à 318, 354.

Lettre à un de ses amis, sur la persécution qu'on faisait souffrir aux Religieuses de P.-R. ; — Dans l'Histoire des Perséc. (Ville-franche), pp. 187 à 190.

Billet envoyé à Alet avec une Relation ; — Dans les Relations in-4° de 1724, VIIIᵉ Relat., p. 185.

Raisons de l'Institution des Petites Ecoles de Port-Royal ; — Dans le Supplém. au Nécrol. de P.-R. pp. 48 à 51.

Discours à l'occasion de la mort de M. de St-Gilles d'Asson ; — Ibid., pp. 72 à 78.

Lettre à la R. M. Marie de Ste Madeleine du Fargis, sur la mort de M. Le Tourneux en 1686 ; — Ibid., pp. 78 à 82.

Lettres (Neuf) à diverses per-

SAI

SAINTE-MARTHE (Mr Claude de), Confesseur de Port-Royal (*suite*).

Ecrits de lui : — (*suite*).

sonnes ; — Dans le Supplément au Nécrol. de P.-R , pp. 213 à 229 et 231 à 236.

Préface et premier chapitre de la première partie de l'Apologie pour les Religieuses de Port-Royal ; — Dans les œuvres d'Ant. Arnauld, édition in-4º, t. XXIII, pp. 167 à 194.

SAINTE-MARTHE (MM. de), Auteurs de la *Gallia Christiana*.

Écrit d'eux :

Eloge de Messire Jean Du Vergier de Hauranne, Abbé de St-Cyran ; — Dans les « Mémoires » de Lancelot, t. I, pp. 424 à 434.

SAVREUX (Charles), Libraire.

Nécrologe de P.-R., p. 379.

Guilbert, Mém. histor. et chronol. de P.-R , IIIᵉ partie, t. I, p. 440.

Cerveau, Nécrol. des plus célèbres Défens. et Confess., t. I, p. 114.

SÉPULTURES des personnes ou amis de Port-Royal, y compris celles faites après la destruction de l'Abbaye des Champs, avec l'indication des Eglises et Cimetières où les corps furent inhumés.

SÉP

SÉPULTURES (*suite*).

PARIS

Saint-Jacques du Haut-Pas (Église de).

Du Verger de Hauranne, abbé de St-Cyran (Messire Jean)

Monceau, ancien confesseur de Port-Royal (M^r).

Hillerin (M^r), curé de Saint-Merri.

Pacori (M^r), diacre.

Le Maistre de Valmont (M^r).

Duchesse de Longueville (Le cœur de Mme la).

Port-Royal de Paris (Église de).

Angélique Arnauld (La Mère Marie).

Mère (La) des Anges Suyreau.

M. Singlin et M. Le Roi de la Potherie (dans le cimetière).

Saint-Médard (Église).

Nicole (Pierre)

Duguet (L'abbé Jacques-Joseph) ; les deux devant la porte du chœur).

Guillebert, ancien curé de Rouville.

Toussaint d'Alençon.

Akakia (Charles) et son frère, solitaire de P.-R.

Pàris (Le diacre), dans le petit cimetière de cette Eglise.

Saint-Étienne-du-Mont (Église).

Le Maistre (Antoine).

SÉP

SEP

SÉPULTURES (*suite*).

Saint-Étienne-du-Mont (Église) (*suite*).

Le Maistre de Sacy.
Pascal (Blaise).
Périer (Blaise), neveu de Pascal.
Fossé (Thomas du).
Périer (Mme) (Gilberte-Pascal), sœur de Pascal.
Racine (Jean).
Floriot (Pierre), Confesseur et Ecrivain de P.-R., dans le cimetière.

Magny-les-Hameaux (Dans l'Église).

Grenet (M^r), ancien curé de S.-Benoît et Confesseur de Port-Royal.
Potherie (L'abbé Le Roy de la).
Pont-Château (L'abbé de).
Coislin (Charles-César du Cambout de), neveu de M. de Pont-Château.

Saint-Lambert (Dans le cimetière).

Hamon (Mr Jean), Médecin et Solitaire de Port-Royal.
Un grand nombre de corps exhumés de P.-R. y ont été enterrés.

Palaiseau (Dans l'Église).

Agnès de St Paul Arnauld (La Mère).
Angélique de Saint Jean (La Mère).

SÉPULTURES (*suite*).

Palaiseau (Dans l'Église) (*suite*).

Arnauld d'Andilly (Messire Robert).
Arnauld de Luzancy (M^r).
Le cœur de la Mère Marie-Angélique, Réformatrice de P.-R.
Le cœur d'Antoine Arnauld.

SCOLASTIQUE DE Ste BARBE-GONIN (Sœur), Converse.

Interrogatoire (Son); — Hist des Perséc., p. 176.

SÉRICOUT (Simon Le Maistre de).

Interrogatoire que M. de Laubardemont fit subir au mois de juillet 1638, à M. de Séricourt; — Dans le « Recueil de pièces » 1740; pp. 15 à 17.

Notices sur lui :

Mlle Poulain, Vies choisies de MM. de P.-R., t. III, pp. 38 à 54.

Et dans :

Besoigne, Hist. de l'Abbaye de P.-R., t. III, pp. 550 à 552.

Nécrol. de P.-R., pp. 389 à 391.

Cerveau, Nécrol. des pl. célèbres Défens., t. I. p. 48.

Clémencet, Hist. génér. de P.-R., t. II, pp. 67 à 79, t. III, pp. 107 à 113.

SÉR

SÉRICOURT (Simon Le Maistre de) (*suite*).

Notices sur lui : — (*suite*).

Fontaine, Mém., t. I, voir la table ; — t. II, pp. 128, 129.

Moulin (H.)., Port-Royal et ses Solitaires, pp. 67 et 68, note.

Écrits de lui :

Lettre à M. l'Abbé de S. Cyran ; — Dans le Supplém. au Nécrol. de P.-R., p. 261.

Lettre à M. Le Maître ; — Ibid., pp. 262 et 263.

Lettre à M. Le Maître ; — Ibid., p. 264.

Testament (Son) ; — Ibid. et p. 265.

SERMON DE M***, prêché à la profession de la sœur [Claude] [Louise] de Ste Anastasie Du Mesnil, le dimanche de la Quinquagésime de l'an 1675.

Dans les « Vies intéress. et édifiantes des Relig. de P.-R. », t. III, pp. 442 à 452.

SÉVIGNÉ (René-Bernard, Chevalier de) ; le Supplém. au Nécrol. de P.-R., écrit : René-Renauld, Oncle par alliance de Mme de Sévigné.

Notices sur lui :

Mlle Poulain, Vies choisies de MM. de P.-R., t. III, pp. 229 à 234.

Et dans :

SIM

SÉVIGNÉ (René-Bernard, Chevalier de) (*suite*).

Notices sur lui : — (*suite*).

Besoigne, Hist. de l'Abbaye de P.-R., t. IV, pp. 291 à 295.

Nécrol. de P.-R., pp. 115 à 119 ; — Supplém. au Nécrol. de P.-R., pp. 466 et 467.

Cerveau, Nécrol. des pl. célèbr. Défens., t. I, p. 158.

Clémencet, Hist. génér. de P.-R., t. VII, pp. 247 à 253.

Fontaine, Mém., t. II, pp. 441 à 445.

Ecrit de lui :

Lettre ; — Dans les Relations in-4° de 1724, VIIIᵉ Relat., p. 57.

SIGNATURES DES RELIGIEUSES (Considérations générales sur les).

Voir dans :

Guilbert, Mém. histor. et chronol., IIIᵉ Partie, t. VI, pp. 300 à 331.

Histoire des signatures des Religieuses pendant leur captivité ; — Pinault, Hist. de la dern. perséc., t. III, pp. 1 à 174.

SIMEONO (Macaire), Professeur, Chanoine prémontré.

Notice (Courte), D. Clémencet, Hist. littér. de P.-R., t. I, p. 156.

SIN

SINGLIN (Mr Antoine), Confesseur de Port-Royal.

Vie (Sa), par l'abbé Goujet ; — En tête ses « Instructions chrétiennes », t. I. — La même, isolée, dans un Recueil séparé.

Mémoire sur lui, par Marguerite Périer ; — Dans le « Recueil de plusieurs Pièces », 1740, pp. 166 à 173.

Notices sur lui :

Mlle Poulain, Vies choisies de MM. de P.-R., t. III, pp. 109 à 120.

Et dans :

Besoigne, Hist. de l'Abbaye de P.-R., t. IV, pp. 160 à 206.

Racine (l'abbé). Hist. ecclésiast., t. XI, pp. 303 à 307.

Nécrol. de P.-R., pp 160 à 162.

Arnauld (Antoine), Œuvres, t. XXI, cxix, cxxv, cxxvi ; XXIII, 111, 309 ; I, 55, 56, 471, 472.

Supplém. au Nécrol. de P.-R., pp. 563 à 565.

Cerveau, Nécrol. des pl. célèbres Défens., t. I, p. 90 ; t. IV, p. 293.

Fontaine, Mém., t. I et II, voir la table de chaque volume.

Clémencet, Hist. génér. de Port-Royal. t. I, p. 260.

Ibid., t. II, pp. 11 et 12.

SIN

SINGLIN (Mr Antoine), Confesseur de Port-Royal (*suite*).

Notices sur lui : — (*suite*).

Clémencet, Histoire génér. de Port-Royal, t. III, pp. 79 à 91, 101 à 104, 482 à 484.

Ibid., t. IV, pp. 50, 142 à 150, 297 à 309.

Du Fossé, Mémoires, édition Bouquet, t. IV, voir la table générale.

Son portrait a été peint par Ph. de Champagne ; — gravé par Petit, in-4°, et par Jean-Georges Will, in-f°.

Écrits de lui :

Lettre, — que la privation des Sacrements est comme la privation de Dieu aux âmes du Purgatoire. Conduite à garder dans cet état (1666) ; — Dans les « Vies intéressantes et édif. des Relig. de P.-R. », t. I, pp. 342 et 343.

Lettres (cinq) à la Mère Marie des Anges Suireau ; — Dans la Vie de la M. Marie des Anges, Edition de 1754, pp. 569 à 584.

Lettre sur la mort de la sœur de Ste Euphémie Pascal ; — Dans l'Hist. des Perséc. (Villefranche), pp. 31 et 32.

SIN

SINGLIN (Mr Antoine), Confesseur de Port-Royal (*Suite*).

Ecrits de lui : — (*suite*).

Et dans :

Clémencet, Hist. génér. de P.-R., t. IV, pp. 180 à 183.

Lettre à Mme la Marquise de Crèvecœur ; — Hist. des Persécutions, Villefranche, pp. 191 à 194.

Lettre à M. Le Maître, contenant des avis sur la Communion ; — Fontaine, Mém., t. I, pp. 251 à 256.

SINNICH (Jean-Baptiste), Docteur et Professeur.

Vie (Sa) et ses écrits ; — Dans D. Clémencet, Hist. littér. de de P.-R., t. I, pp. 164 à 193.

Supplém. au Nécrol. de P.-R., pp. 608 à 613.

Cerveau, Nécrol. des pl. célèbres Défens., t. I, p. 99 ; t. IV, p. 293.

SOANEN (Jean), Evêque de Senez.

Cerveau, Nécrol. des pl. célèbres Défens., t. II, p. 421.

Barral, Appelants célèbres, p. lxij.

Son portrait, Crépy, in-4º ; peint par Raoux, gravé par N., in-fº.

Gauthier (J.-B.), Vie de Messire Jean Soanen, évêque de Senez ; Cologne, 1750, 1 vol. in-12, et in-4º.

SUS

SŒUR*.**

Ecrit d'elle :

Lettre (1668) ; La nouvelle de la paix remplit d'épouvante et de frayeur les Religieuses de Port-Royal ; — Dans le « Recueil de Pièces sur le Formulaire », 1754 ; pp. 497 à 499.

STOCKMANS (Pierre), Docteur.

Vie (Sa) et ses écrits ; — Dom Clémencet, Hist. littér. de P.-R., t. I, pp. 194 à 209.

SUZANNE de SAINT PAUL des MOULINS (Sœur).

Relation de la manière dont elle a été reçue à Port-Royal et y a vécu ; — Dans les « Vies intéress. et édif. des Relig. de P.-R. », t. II, pp. 306 à 311.

SUSANNE DE SAINTE CÉCILE ROBERT (Sœur), sœur de la Sœur Marie de Ste Euphrasie.

Relation de sa vie et de ses vertus.

Dans les « Mém. p. servir à l'hist. de Port-Royal », 1734, édition de l'abbé Goujet, t. II, p. 275 à 346.

Reproduite dans les « Vies intéress. et édif. des Relig. de Port-Royal », t. II, pp. 203 à 246.

SUS

SUSANNE DE SAINTE CÉCILE ROBERT (Sœur) *(suite)*.

Mlle Poulain, Vies choisies des Relig. de P.-R.; t. II, pp. 152 à 158.

Et dans :

Besoigne, Hist de l'Abbaye de P.-R., t. III, pp. 3 à 11.

Nécrol. de P.-R., pp. 425 et 426.

Cerveau, Nécrol. des pl. célèbres Défens., t. I, p. 115.

Clémencet, Hist. génér., de P.-R. t. VI, pp. 481 et 482.

Fontaine, Mém., t II, pp. 255 et 256.

Mém. p. serv. à l'hist. de P.-R., 1742, t. II, pp. 402 et 403.

Écrit d'elle :

Interrogatoire (Son) ; — Hist. des Perséc , pp. 113 et 114.

THE

SUZANNE DE Ste JULIENNE OLIER (Sœur). Clémencet écrit Ollier.

Relation la concernant ; — Dans les « Vies intéress. et édif. des Relig. de P.-R. », t. II, pp. 436 à 438.

Cerveau, Nécrol. des pl. célèbres Défens., t. IV, p. 14.

Clémencet, Hist. génér. de P.-R., t. VIII, pp. 415 à 418.

Écrits d'elle :

Interrogatoire (Son) ; — Hist. des Perséc., p. 172.

Entretien (Son) avec M. de Préfixe ; — Ibid., pp. 461 et 462.

SUZANNE FRANÇOISE ISSALI, Novice de Port-Royal.

Clémencet, Hist. génér. de P.-R., t. X, p. 18, note 10.

T

TAC

TACONNET (M.), Chanoine régulier de St-Victor, Supérieur de Port-Royal

Nécrologe de Port-Royal, p. 387, au 2 octobre.

Clémencet, Hist. génér. de P.-R., t. VIII, pp. 89 à 93.

THE

THÉODORE (St), Studite.

Lettre à une communauté de 30 religieuses qui demeurèrent attachées à la vérité ; — Clémencet, Hist. de P.-R., t. IV, pp. 473 à 476.

THI

THIBOUT (Nicolas), Chanoine de St. Thomas du Louvre.

Notices sur lui :

Dans Besoigne, Hist. de l'Abbaye de P.-R.; t. V, pp. 14 et 15.

Nécrol. de P.-R., pp. 106 à 108 ; — Supplément au Nécrol. de P.-R.. pp. 450 et 451.

Cerveau, Nécrol. des pl. célèbr. Défens., t. I, p. 241.

Clémencet, Hist. génér. de P.-R., t. VIII, pp. 150 à 153.

Fontaine, Mém., t. II, pp. 421 à 423.

Écrit de lui :

Petit écrit ; — Dans le Supplément au Nécrol. de P.-R., p. 2.

THOMAS DU FOSSÉ, *Voyez :* **DU FOSSÉ** (Thomas).

TILLEMONT (Sébastien Le Nain de), Prêtre, Confesseur de Port-Royal.

Notices sur lui :

Mlle Poulain, Vies choisies de MM. de P.-R., t. IV, pp. 177 à 186.

Et dans :

Besoigne, Hist. de l'Abbaye de P.-R., t. V, pp. 73 à 101.

Racine (l'Abbé), Hist. ecclésiast., t. XII, pp. 207 à 222.

Nécrol. de P.-R., pp. 18 à 23, et dans le Supplém. au Nécrol. de P.-R., pp. 301 et 302.

TIL

TILLEMONT (Sébastien Le Nain de), Prêtre, Confesseur de Port-Royal (*Suite*).

Notices sur lui : — (*Suite*).

Cerveau, Nécrol. des pl. célèbres Défens., t. I, p. 303 ; t. IV, p. 263.

Clémencet, Hist. génér. de P.-R., t. VIII, pp. 343 à 362.

Fontaine, Mém., t. II, voir la table.

Du Fossé, Mém., t. IV, voir la table générale.

Son portrait, voir le P. Lelong, Biblioth. hist. de la France, t. IV, p. 239.

Du Pin, Biblioth. des Auteurs Ecclés. du XVII⁰ siècle, 4⁰ partie, pp. 306 à 343.

Tronchay (Michel), Vie de M. Le Nain de Tillemont, Cologne, 1711 ; in-12.

Ecrits de lui :

Lettre à la M. Angélique de Saint-Jean, sur la mort de M. de Sacy ; — Dans les « Vies intéress. et édif. des Relig. de P.-R. », t. IV, pp. 73 à 75.

Lettre à M. de Luzanci, sur le même sujet ; — Dans le même volume, pp. 116 à 118.

Lettre sur la mort de M. de Sacy et de la Mère Angélique de Saint-Jean ; — Dans le même volume, pp. 415 à 418.

TOU

TOUCHES (Des), *Voyez* : PELLETIER (Le).

TOURNEUX (Nicolas Le), Prêtre, Confesseur de Port-Royal.

Vie (Sa) et sa mort ; — Dans les « Mém. histor. et chronol. » de Guilbert, IIIᵉ Partie, t. III, pp. 26 à à 33.

Il est nommé Confesseur de P.-R., 11 octobre 1681 ; — Ibid., t. II, pp. 466 à 468.

Notices sur lui :

Mlle Poulain, Vies choisies de MM. de P.-R., t. IV, pp. 35 à 45.

Et dans :
Besoigne, Hist. de l'Abbaye de P.-R., t. V, pp. 101 à 117.

Et dans :
Racine (l'Abbé), Hist. ecclésiast., t. XII, pp. 180 à 185.

Supplém. au Nécrol. de P.-R., pp. 78 à 87.

Nécrol. de P.-R., pp. 443 et 444.

Cerveau, Nécrol. des pl. célèbres Défens., t. I, p. 227 ; t. IV, p. 295.

Clémencet, Hist. génér. de P.-R., t. VII, pp. 422 à 429, 441 à 453 ; t. VIII, pp. 114 à 120.

Fontaine (Nicolas), Mémoires, t. II, pp. 425 à 434.

TOURNEUX (Nicolas Le), Prêtre, Confesseur de Port-Royal (*Suite*).

Notices sur lui : — (*suite*).

Du Fossé, Mémoires, édition Bouquet, voir la table générale.

Son portrait, peint par Le Fove, gravé par Desrochers, in-4º.

Du Pin, Biblioth. des Auteurs Ecclés. du XVIIᵉ siècle, 4ᵉ partie, pp. 433 à 435.

Écrits de lui :

Vers sur M. de Sacy ; — Dans les « Vies intéress. et édif. des Relig. de P.-R. », t. IV, p. 69.

Lettre sur la mort de M. de Sacy ; — Dans le même volume, pp. 72 et 73.

Lettre à M. l'abbé de La Vaux ; — Supplém. au Nécrol. de P.-R , pp. 83 à 87.

TOURNEUX (Mademoiselle Le).

Écrit d'elle :

Lettre à la M. Angélique de de St-Jean, sur la mort de M. de Sacy, et la persécution des Religieuses de l'Hôtel-Dieu de Beauvais ; — Dans les « Vies intéress. et édif. des Relig. de P.-R. », t. IV, pp. 113 et 114.

TOU.

TOURNUS (Louis-Firmin), prêtre.

Cerveau, Nécrol. des plus célèbr. Défens., t. II, p. 221.

Barral, Appelants célèbres, p. 71.

Son portrait peint par Restout, gravé par E. Mutel, in-f°.

TREUVÉ (Simon-Michel), Prêtre, Docteur en Théologie.

Courte Notice sur lui ; — Dans les « Mém. histor. et chronol. » de Guilbert, IIIᵉ Partie, t. VII, pp. 495 et 496.

Et dans :
Racine (l'abbé), Hist. ecclésiast , t. XII, pp. 195 à 197.

Suppl. au Nécrol. de P.-R., pp. 423 et 424.

Cerveau, Nécrol. des plus célèbr. Défens., t. II, p. 142 ; t. IV, p. 296.

Labelle, Nécrol. des Appelants et des Oppos., p. 446.

Clémencet, Hist. génér. de P.-R., t. VII, p. 421 à la note 46.

Goujet (l'abbé), Bibliothèque des Auteurs Ecclésiastiq. du XVIIIᵉ siècle, t. II, pp. 509 à 547.

TRIEST (Antoin), Evêque de Gand.

Notice (courte) sur lui ; — Dom Clémencet, Hist. littér. de P.-R., t. I, pp. 108 et 109.

TRO

TRONCHAY (Michel), Prêtre, ancien Chanoine de S. Michel de Laval.

Courte notice sur lui ; — Dans les « Mém. histor. et chronol. » de Guilbert, IIIᵉ Partie, t. VII, p. 526.
Cerveau, Nécrol. d. pl. célèbr. Défens., t. II, p. 217 ; t. IV, p. 297.
Écrits de lui :
Histoire abrégée de l'Abbaye de Port-Royal, depuis sa fondation en 1204, jusqu'à sa destruction en 1710 ; — Dans les « Mémoires » de Fontaine, en tête du 1ᵉʳ volume.
Dans les « Mém. sur la destruct. de P.-R., par Fouillou ».
Dans les « Gémissements de la destruction de Port-Royal. »
Sur cette « Histoire abrégée », *Voir* : Guilbert, Mém. histor. et chronol., IIIᵉ Partie, t. VII, pp. 472 à 476.
Pinault, Hist. de la dernière perséc., t. III, pp. 183 à 186.

TRONCHOY (M. du), Chanoine et depuis Curé.

Écrit de lui :
Lettres où il rapporte ce qui est arrivé à l'occasion d'une Lettre que la Mère Angélique avait écrite à Madame sa sœur.
—Dans les « Mém. p. servir à l'hist. de Port-Royal », 1742, t. II, pp. 212 à 216.

TROUX (Les). — Village et Château de S. Jean des Troux.

Du Fossé. Mém., t I, pp. 232, 260 ; t. II, pp. 49, 50.

V

VAL

VAL DE GRACE (Mme l'Abbesse du).

Écrit d'elle :

Lettre à la M. Angélique de St. Jean, sur la mort, de M. de Sacy ; — Dans les « Vies intéress. et édif. de P.-R. », t. IV, pp. 106 et 107.

VALLEMONT (Charles Le Maistre de).

Notices sur lui :

Mllc Poulain. Vies choisies de MM. de P.-R., t. III, p 33.

Et dans Besoigne : Hist. de l'Abbaye de P.-R., t. III, pp. 552 et 553.

Nécrol de P.-R., pp. 247 et 248.

Fontaine, Mém., t. I, pp. 120 à 122.

Moulin (H.), Port-Royal et ses Solitaires, pp. 67 et 68, note.

VARET (Alexandre), Grand Vicaire de Sens.

Notices sur lui :

Dans :

Besoigne, Hist. de l'Abbaye de P -R , t. V, pp. 136 à 142.

VAR

VARET (Alexandre), Grand Vicaire de Sens (suite).

Notices sur lui : — (suite).

Racine (L'Abbé), Hist. ecclésiast , t. XII, pp. 243 à 245.

Mémoire sur lui ; — Dans le Supplém. au Nécrologe de P.-R., pp. 103 à 108.

Nécrol. de P.-R., pp. 296 à 299.

Cerveau Nécrol. des pl. célèbres Défens., t. I, p. 161 ; t. IV, p. 298.

Clémencet, Hist. génér. de P.-R., t. VII, pp. 254 et 255.

Fontaine, Mém., t. II, pp. 435 et 436.

Son portrait gravé par Desrochers, in-4c.

Écrits de lui :

Lettre à M. Hersant, prêtre et Bachelier en théologie, du 10 juin 1660 ; — « Recueil de Pièces sur le Formulaire », 1754, pp. 1 à 13.

Lettre en forme de Mémoire à Messieurs les Grands-Vicaires de Paris, lorsqu'ils étaient prêts de donner leur premier

VAR

VARET (Alexandre), Grand-Vicaire de Sens (*Suite*).

Écrits de lui : — (*suite*).

Mandement en 1661 ; — Dans le « Recueil de Pièces sur le Formulaire », 1754, pp. 87 à 97.

Réflexions sur le même sujet ; — Dans le même volume, pp. 116 à 123.

Lettres (deux) sur le même sujet ; — Dans le même volume, pp. 133 à 163.

Lettre contre toute sorte de signature ; — Ibid., pp. 186 à 193.

VAUCEL (Louis Paul du), Prêtre, Théologal d'Alet.

Notices sur lui ; - Dans :

Besoigne, Hist. de l'Abbaye de P.-R., t. V, pp. 146 à 150.

Cerveau, Nécrol. des pl. célèbres Défens., t. II, p. 30 ; t. IV, p. 299.

VAUMURIER (Château de).

Dans les « Mém. histor. et chronol. » de Guilbert, IIIe Partie, t. II, pp. 514 et 515 à la note.

Du Fossé, Mém., t. I, pp. 218 à 225, 239 ; t. II, pp. 35, 134, 135.

VER

VERMEIL (François), Dominicain et Docteur.

Notice :

Dom Clémencet, Hist. littér. de P.-R , t. I, pp. 224 et 225.

VERTUS (Mlle Catherine-Françoise de Bretagne de).

Vie (Sa) et sa mort ; — Dans les Mém. histor. et chronol. de Guilbert, IIIe partie, t. III, pp. 141 à 147.

Mlle Poulain, Vies choisies des Relig. de P.-R., t. II, pp. pp. 284 à 286.

Nécrol. de P.-R., p. 438.

Besoigne, Hist. de l'Abbaye de P.-R., t. III, pp. 131 à 133.

Cerveau, Nécrol. des pl. célèbres Défens., t. I, p. 274.

Clémencet, Hist. génér. de P.-R., t. VII, pp. 114 et 115, 433 à 436 ; t. VIII, pp. 249 à 254.

Fontaine, Mém., t. II, pp. 271 à 274, 296, 385 et 386, 491 et 492.

Du Fossé, Mém., t. IV, voir la table générale.

Ecrit d'elle :

Lettre à Madame de Themericourt Menilles, sur la mort de M. de Sacy ; — Dans les « Vies intéress. et édif. des Relig. de P.-R., t. IV, p. 104.

VIA

VIALART DE HERSE (Félix), Évêque de Châlons (sur Marne).

Notices sur lui :

Dans Racine (L'Abbé), Hist. ecclésiast., t. XII, pp. 465 à 480.

Supplém. au Nécrol. de P.-R., pp. 644 à 667.

Cerveau, Nécrol. des pl. célèbr. Défens., t. I, p. 183 ; t. IV, p. 302.

Clémencet, Hist. génér. de P.-R., t. VII, p. 271 à la note 60 jusqu'à la page 274.

Son portrait, voir le P. Lelong, Biblioth. histor. de la France, t. IV, p. 281.

Goujet (L'Abbé), La Vie de Messire Félix Vialart de Herse, Evêque et Comte de Châlons en Champagne, Pair de France. Nouvelle édition, revue, corrigée, augmentée. Utrecht, 1739 ; in-12.

Écrits de lui :

Certificat de M. Vialart, Evêque de Châlons ; — Dans Dom Clémencet, Hist. génér. de P.-R., t. VI, pp. 501 et 502.

Lettre à Antoine Arnauld ; — Dans les Œuvres d'Ant. Arnauld, édition in-4º, t. XXVIII, p. 601.

VIS

VIE DES RELIGIEUSES DE P.-R. depuis la Réforme jusqu'à la destruction ; (Idée abrégée de la) et Description de cette Abbaye.

Dans les « Mém. histor. et chronol. » de Guilbert, Ire partie, t. II, pp. 499 à 525.

VINCENT DE PAUL (Saint).

Notice :

Remarques sur son sujet ; — Clémencet, Hist. génér. de P.-R., t. IV, pp. 146 et 147 à la note.

Écrit de lui :

Témoignage (Son) sur le sujet de M. l'abbé de S: Cyran, des 31 mars, 1 et 2 avril 1639 ; — Dans les « Mémoires » de Lancelot, t. II, pp. 493 à 501.

Reproduit dans Besoigne, Hist. de l'Abbaye de P.-R., t. VI, pp. 250 à 257.

VISAQUET (Clémencet écrit Visaguet).

Notices (Courtes) sur lui :

Dans Besoigne, Hist. de l'Abbaye de P.-R., t. IV, pp. 49 et 50.

Clémencet, Hist. génér. de P.-R., t. II, pp. 442 et 443.

VIT

VITART (Madame) et sa fille Nicole-Magdelaine, veuve de M. Antoine de Saci, Avocat au Parlement.

Fontaine, Mém. t. II, pp 199 à 222.

Cerveau, Nécrol. des plus célèbr. Défens. et Confess., t. I, p. 124.

Guilbert, Mémoires histor. et chronol. (III° partie), t. I, p. 498.

VUES extérieures et intérieures de Port-Royal des Champs.

Vue extérieure de l'Abbaye de P.-R.; — Dans les Conférences de la M. Angélique de St Jean, sur les Constitutions de Port-Royal, sur chacun des titres des trois volumes.

Vue intérieure du Réfectoire des Religieuses; — Sur le titre des « Entretiens ou Conférences de la R. M. Angélique Arnauld, Abbesse et Réformatrice de P.-R. »

Vue extérieure de l'Abbaye; — Sur le titre des Mémoires de Du Fossé.

Vue allégorique de la destruction de P.-R.; — Sur le titre du tome I de l'Hist. de la Dern. Perséc., par Pinault.

Vue de l'enlèvement des Religieuses; — Sur le titre du tome II du même ouvrage.

VUE

VUES extérieures et intérieures de Port-Royal des Champs (*suite*).

Vue extérieure de l'Abbaye; — En tête du tome Ier du Nécrologe des plus célèbres Défenseurs de la Vérité, par Cerveau.

Figures (Quatre) allégoriques En tête des tomes II, III, V et VI du « Nécrologe des plus célèbres Défenseurs et Confesseurs de la Vérité », par Cerveau.

13 vues extérieures et intérieures de l'Abbaye, sur le titre et en tête de chaque mois du Nécrologe de Port-Royal. — On trouve l'explication de ces vues dans les « Mémoires » de Pierre Thomas Du Fossé; édition Bouquet, t. IV, pp. 430 à 437.

Plan-Vue de l'Abbaye, gravé par Magdelaine Horthemels, reproduite dans le tome V du Port-Royal de Ste-Beuve, p. 121, et dans la Notice de M. Gazier.

Vue intérieure du Chapitre; — Dans les « Entretiens et Conférences » de la Rév. M. Angélique Arnauld, 1757, frontispice.

Vue extérieure de la « Solitude »; Dans les Conférences de la M. Angélique de St Jean sur les Constitutions du Monastère de P.-R., t. I, II et III, frontispices.

VUE

VUE

VUES extérieures et intérieures de Port-Royal des Champs (*suite*).

Plan de l'Abbaye de Port-Royal des Champs, gravé par Magdeleine Hortemels.

Vue perspective de l'Abbaye de Port-Royal des Champs, gravé par la même (vue prise du Nord, du côteau où se trouve la maison des Granges).

Vue de l'Abbaye de Port-Royal des Champs du côté l'Occident, gravé par la même.

Vue de l'Abbaye de Port-Royal des Champs du côté l'Orient, gravé par N.

Vue de l'Abbaye de Port-Royal des Champs du côté du Midi, gravé par N.

Vue intérieure de l'Abbaye de Port-Royal (de l'Eglise), gravé par Magd. Hortemels.

Vue de l'Avant-Chœur et de l'Autel des Reliques de Port-Royal des Champs, gravé par Magd. Hortemels, (quelquefois Horthemels).

Vue de l'Autel de l'Eglise de Port-Royal des Champs, gravé par N.

Vue du Chœur de Port-Royal des Champs, gravé par Magd. Hortemels.

Vue du Chœur de Port-Royal des Champs (les stalles), gravé par N.

Procession des Religieuses de Port-Royal à la fête du S.

VUES extérieures et intérieures de Port-Royal des Champs (*suite*).

Sacrement, gravé par Magd. Hortemels.

Cloître de Port-Royal des Champs, gravé par Magd. Hortemels.

Dortoir des Religieuses de Port-Royal des Champs, gravé par N.

Cloître et Cimetière de Port-Royal des Champs, gravé par N.

Chapitre de Port-Royal des Champs, gravé par Magd. Hortemels.

Réfectoire de Port-Royal des Champs, gravé par Magd Hortemels.

Religieuses (Les) de Port-Royal des Champs faisant la conférence dans la Solitude, gravé par Magd. Hortemels.

Distribution des Aumônes de Port-Royal des Champs gravé par N.

Religieuses (Les) de Port-Royal des Champs pansant les malades, gravé par Mgd. Hortemels.

Administration (L') du Saint Viatique, gravé par Magd. Hortemels.

Enterrement (L') des Religieuses de P.-R. des Champs, gravé par Magd. Hortemels.

A Jésus-Christ, véritable médecin. (Marguerite Périer et Claude Baudrän) agenouillées

VUE

VUES extérieures et intérieures de Port-Royal des Champs (*Suite*).

aux deux côtés d'un reliquaire de la Sainte Epine, gravé par N.

Ces différentes estampes existent en divers formats, grand in-4°, petit in-4°, in-8° et in-12.

Dans le *Nécrologe de l'Abbaye de Port-Royal*, on les a reproduites en partie et en réduction à la tête de chaque mois.

On retrouve des vues-minia-

WAL

VUES extérieures et intérieures de Port-Royal des Champs (*Suite*).

ture sous forme de cartouche sur les titre des *Conférences* de la Mère Angélique de Saint-Jean des *Mémoires* de Thomas Du Fossé, et des *Entretiens et Conférences* de la Mère Angélique.

Voir sur ces estampes les notes de M. Bouquet, dans son édition des Mémoires de Thomas Du Fossé, tome IV, pp. 422 à 427.

W

WAL

WALLON (Alexandre), Oblat de la Trappe.

Supplém. au Nécrol. de P.-R., p. 689.

WALLON (Guillaume), Marchand de Beauvais, neveu de M. de Beaupuis.

Ecrit de lui :

Mémoire sur les Petites Ecoles de Port-Royal, où il avait été élevé ; — Dans le Supplém. au Nécrologe de P.-R., pp. 58 à 61, et 625.

WALLON (Nicolas), « Laïc d'une grande piété ».

Supplém. au Nécrol. de P.-R., pp. 468 à 471.

WAL

WALLON de BEAUPUIS (Charles), Prêtre, Directeur des Ecoles de Port-Royal.

Mémoires sur sa Vie ; — Dans les « Vies intéress. et édif des Amis de Port-Royal, » pp. 1 à 362.

Et dans :

Besoigne, Hist. de l'Abbaye de P.-R., t. IV, pp. 14 à 22.

Supplém. au Nécrol. de P.-R., pp. 365 à 384.

Cerveau, Nécrol. des pl. célèbres Défens., t. IV, pp. 37 et 206.

Clémencet, Hist. génér. de P.-R , t. VII, p. 418 et la note 45.

Du Fossé, Mém., t. IV, voir la table générale.

VAL

WALLON DE BEAUPUIS (M.), prêtre, directeur des Ecoles de P.-R. (*suite*)

Ecrits de lui :

Lettre sur la mort d'une de ses nièces ; — Dans les « Vies intéress. et édif. des Relig. de P.-R. », t. II, 298 à 306. — Reproduite dans les « Vies intéress. et édif. des Amis de Port-Royal », pp. 348 à 362.

Relation abrégée de la vie de M. Manguelen ; — Ibid., pp. 438 à 472.

Lettre sur la mort de M. de Sacy ; — Ibid., pp. 472 à 476.

ZAM

WALLON DE BEAUPUIS (M.), prêtre, directeur des Ecoles de P.-R. (*suite*)

Écrits de lui : — (*suite*).

Règlement des Ecoles de P.-R., qui s'observaient dans l'Ecole du Chesnay ; — Dans le Supplém. au Nécrol. de P.-R., pp. 51 à 58.

Mémoire contenant quelques particularités remarquables des dernières années de la vie de M. Litolfi Maroni, Evêque de Bazas, mort le 22 mai 1645 ; — Ibid., pp. 61 à 67.

Z

ZAM

ZAMET (Sébastien), Évêque de Langres.

Voyez : Institut de St-Sacrement.

Dans les « Mém. histor. et chronol. » de Guilbert, Iᵉ partie, t. II, pp. 239 à 242, 355 à 357, 366 à 384.

Lancelot, Mém., t. I. pp. 377 à 424.

Œuvres d'Antoine Arnauld t. XXIX, xii, xiii, 342 à 390.

ZAM

ZAMET (Sébastien), Evêque de Langres, (*suite*).

Clémencet, Hist. génér. de P.-R., t. I, voir la table.

Du Fossé, Mém., t. I, pp. 26 à 28.

Son portrait, voir le P. Lelong, Biblioth. histor. de la France, t. IV, p. 285.

LISTE ALPHABÉTIQUE (*)

DES RELIGIEUSES DE PORT-ROYAL DES CHAMPS

depuis la réforme jusqu'à la destruction

PAR LES NOMS DE LEURS FAMILLES

Voici l'explication des lettres qui se trouvent à côté des noms :

P. Marque les religieuses qui composaient les deux maisons de P.-R. en 1664 lorsque M. de Péréfixe commença la cruelle persécution qui dura plus de quatre ans.

P*. Les religieuses qui furent arrachées de la maison par ce prélat pour être réduites en servitude dans des monastères étrangers.

S. Celles qui signèrent.

R. Celles qui après avoir signé se rétractèrent. On ne trouvera pas dans cette Liste les sept ou huit discoles, qui ayant abandonné la vérité et trahi leurs sœurs, se rendirent maîtresses de la maison de Paris, d'où est sortie cette racine amère qui a fait périr Port-Royal des Champs.

PP. Marque les religieuses du temps de la persécution de 1664, qui virent le commencement de la dernière persécution, et moururent avant la dispersion.

P.D.P. Les religieuses du temps de la persécution de 1664, qui vécurent jusqu'à la dispersion en 1709, et furent dispersées elles-mêmes.

D.p. Les religieuses dispersées en 1709.

(*) Extraite de *l'Histoire générale de Port-Royal* par Dom Clémençet.

A

ALLEMAND (Sœur Marie de Ste Ludgarde de St Benoît), morte le 23 mai 1650.

ANGENNES (*) (Sœur Marguerite de Ste Delphine d') (Voir le Nécrologe de Port-Royal, page 385.)

P. ANGENNES DU FARGIS, (Marie de Ste Madeleine d'), Abbesse de P.-R. des Champs, m. le 3 juin 1691.

P. ANIQUET (Sœur Michelle de Ste Mélanie), m. le 21 décembre 1666.

ANQUETIL DE RUVAL (Sœur Marie-Françoise de Ste Fare d'), m. le 18 septembre 1679.

ARNAULD (Sœur Anne de St Paul), cousine de la M. Angélique, m. le 12 septembre 1633.

ARNAULD (Sœur Catherine de St Jean) (Madame Le Maître), première fille de M. Arnauld, m. le 21 janvier 1651.

ARNAULD (Sœur Jacqueline-Marie-Angélique), Réformatrice de P.-R., seconde fille de M. Arnauld 1661.

P* ARNAULD (Sœur Jeanne-Catherine de Ste Agnès de St Paul), Abbesse de P.-R., troisième fille de M. Arnauld, m. 1671.

ARNAULD (Sœur Anne-Eugénie de l'Incarnation), quatrième fille de M. Arnauld, m. 1653.

(*) Omise par Dom Clémencet.

ARNAULD (Sœur Marie de Ste Claire), cinquième fille de M. Arnauld, m. 1642.

ARNAULD (Sœur Madeleine de Ste Christine), sixième fille de M. Arnauld, m. 1649.

ARNAULD (Sœur Catherine de Ste Agnès), première fille de M. d'Andilly, m. 1643.

P* ARNAULD (Sœur Angélique de St Jean), seconde fille de M. d'Andilly, Abbesse de P.-R., m. 1684.

P★S.R. ARNAULD (Sœur Marie-Charlotte de Ste Claire), troisième fille de M. d'Andilly, m. 1678.

P★S.R. ARNAULD (Sœur Marie-Angélique de Ste Thérèse), quatrième fille de M. d'Andilly, m. 1700.

ARNAULD (Sœur Anne-Marie de Ste Eugénie), cinquième fille de M. d'Andilly, m. 1660.

AUBRAY (Sœur Michelle de Ste Susanne), m. 1653.

AUVRI (Sœur Marie de Ste Albine), converse, m. 1690.

B

D.P. BARAT (Sœur Louise de Ste Justine), converse, m. le 5 décembre 1712.

BARON (Sœur Marie Madeleine de Ste Pauline), m. le 5 mars 1656.

BARRE (Sœur Marie de St Gabriel de la), m. le 29 février 1656.

BASTIER (Sœur Elisabeth de Ste Geneviève le), m. le 29 novembre 1691

P.P. BAUDRAND (Sœur Françoise Madeleine de Ste Julie) m. le 21 avril 1706

P. BEAUCLAIR (Sœur Antoinette-Catherine de St Joseph de St Cyr) m. le 8 août   **1669**

D. P. S. BÈGUE (Sœur Jeanne de Ste Appoline Le), m. le 1er juin   **1711**

BELLOI (Sœur Marie de Ste Elisabeth du), m. le 24 août   **1634**

BENOISE (Sœur Hélène de Ste Démétriade), m. le 19 avril   **1699**

BENOISE (Sœur Marie-Catherine de Ste Célinie), m. le 14 janvier   **1725**

BERGEVIN (Sœur Madeleine de Ste Monique), postulante converse, m. le 2 février   **1684**

BERNARD (Sœur Marie de St Louis), m. le 12 avril   **1657**

BERNARDIN (Sœur Marie de Ste Marcelle), converse, m. le 29 février   **1656**

BERNIÈRES (*Voyez* : Maignart de Bernières).

D. P. S. R. BERTRAND (Sœur Marie-Madeleine de Ste Cécile), m. le 25 décembre   **1727**

BLOND (Sœur Marie-Antoinette Le), m. le 6 janvier   **1654**

P. BOCHART DE CHAMPIGNI DE CHAZÉ (Sœur Liée-Madeleine de Ste Elisabeth), m. le 6 décembre   **1669**

P. Dᵉ P. BOISCERVOISE (Sœur Anne de Ste Cécile de), m. le 8 nov.   **1709**

P. BON (Sœur Anne de Ste Agathe Le), m. le 29 mars   **1679**

P. BONNERIE (Sœur Louise de Ste Fare de La), m. le 22 mars   **1690**

BOUCHER (Sœur Marguerite de Ste Gertrude),
m. le 15 avril   1625

BOULAI (Sœur Marguerite de St Benoît), converse, m. le 16 janvier   1657

BOULAI (Sœur Anne de Ste Geneviève du), m.
le 14 septembre   1686

P. P. BOULARD (Sœur Elisabeth de Ste Anne), m. le
20 avril   1706

Pᵉ BOULOGNE DE SAINT ANGE (Sœur Anne
de Ste Eugénie), m. le 13 décembre   1667

BOUTEROUE (Sœur Françoise de Ste Marthe),
converse, m. le 20 janvier   1675

BOYAU DE VITRY (Sœur Louise de Ste Madeleine), m. le 1ᵉʳ septembre   1692

Pᵉ BRIQUET (Sœur Madeleine de Ste Christine).
m. le 30 novembre   1689

BRÉGY (*Voyez* Flescelles de Brégy).

C

CAMUS de Bulloyer de Romainville (Sœur Louise
de Ste Madeleine le), m. le 15 janvier   1646

P. CAMUS de Bulloyer de Romainville (Sœur Fran-
çoise-Louise de Ste Claire le), m. le 17 mai 1679

PˢS.R. CERF (Sœur Madeleine de Ste Candide le), m. le
1ᵉʳ mars   1683

P. CHAMPAGNE (Sœur Catherine de Ste Suzanne),
m. le 16 mars   1686

P. CHAMPS DES LANDES (Sœur Jeanne de Ste
Aldegonde des), m. le 27 septembre   1676

CHAPELAIN (Sœur Marie-Anne le), m. le 10
août   1651

CHAPELAIN (Sœur Antoinette de Jésus le),
m. le 23 décembre   1635

CHARON (Sœur Marie-Madeleine de Ste Marthe), converse, m. le 2 mai   1670

CHATEAUNEUF (Sœur Isabelle de Ste Agnès),
m. le 4 juin   1626

CHERON (Sœur Françoise-Marthe de tous les
saints), converse, m. le 16 février   1656

CHEVALIER (Sœur Marie de Ste Léocade), postulante converse, m. le 11 novembre   1696

P. CHOART DE BUZENVAL (Sœur Marie Madeleine de Ste Agathe), m. le 24 avril   1692

P. S. R. CHOART DE BUZENVAL (Sœur Marie-Aimée
de Ste Pélagie), m. le 3 avril   1697

P* CHOUY DE PENSIÈRES (Sœur Agnès de la
Mère de Dieu), m. le 16 décembre   1687

COCHEREL (Sœur Madeleine de Ste Euphrasie),
m. le 20 juillet   1633

COMBES (Sœur Marie de Ste Hildegarde de),
m. le 20 février   1707

P* COMTE (Sœur Marie [Dorothée] de l'Incarnation
le), m. le 27 décembre.   1674

PP. CONHEAT-MAZUEL (Sœur Marie de Ste Elisabeth), converse, m. le 17 octobre   1708

CONSEIL (Sœur Gabrielle [Marie] de sainte Justine
de), m. le 21 mars   1664

CORBILLON (Sœur Catherine de St Théodore),
converse, m. le 2 avril.   1678

P. **COSSART DE FLAN** (Sœur Denise de Ste Anne),
m. le 26 décembre   1693

COSTEAUX (Sœur Catherine de Ste Fabronie
des), m. le 5 janvier   1704

COTTIER (Sœur Elisabeth de Ste Claire), postulante converse, m. le 20 juin   1707

COUTTEAU (Sœur Catherine de Ste Agnès), converse, m. le 22 avril   1660

D.P.S.R. **COUTURIER** (Sœur Marie de Ste Anne), m. le
16 juin   1729

COUTURIER (Sœur Jeanne-Antoinette de Ste
Azelle le), m. le 2 janvier   1702

P. S. R. **CREIL** (Sœur Marguerite de Ste Euphrosine de),
m. le 12 janvier   1686

CROIX (Sœur Madeleine Scholastique de la), m.
le 7 décembre   1629

CUVILLIER (Sœur Marie-Nicole de Ste Eugénie),
m. le 31 janvier   1689

D

DADESSO (Sœur Geneviève de Ste Domitille), m.
le 9 août   1625

D. P. **DAFLON** (Sœur Catherine de Ste Tharsile), m. le
5 décembre   1720

DARIE (Sœur Geneviève de Ste), postulante converse, m. le 22 mars   1695

DENIS (Sœur Anne de St Denis), converse, m. le
18 avril   1649

P. DESSEAUX (Sœur Marie de Ste Agathe), m. le
23 mars   1690

DESEMERETS (Sœur Thérèse de St-Denis), [ou
des Emerets], converse, m. le 22 octobre 1655

P. DUVAL (Sœur Geneviève de Ste Thérèse), m. le
23 janvier   1688

DRUY (*Voyez* : Marion de Druy).

F

FARGIS (Du), *Voyez* : d'Angennes du Fargis.

FATIÈRE (Sœur Françoise de Ste Catherine),
converse, m. le 1er janvier   1653

P. P. FÉRON (Sœur Élisabeth de Ste Agnès le), m. le
26 avril   1706

FERRIER (Sœur Anne de Ste Rhingarde), m. le
19 mars   1709

FEU (Sœur Marie des Anges de), m. le 21 octobre
                                                           1646

FEVRE (Sœur Marie de Ste-Luce le), m. le
1er mai   1656

FÈVRE CHANTEREAUX (Sœur Françoise de
St Paul le), m. le 27 mai   1676

D.P.S.R. FLESCELLES (Sœur [Marie] Madeleine de Ste
Sophie de) (1), m. le 27 janvier   1724

P* FLESCELLES DE BRÉGY (Sœur Anne-Marie
de Sainte Eustoquie), m. le 1er avril   1684

P. FOI (Sœur Françoise de Ste Béatrix), m. le
18 mars   1703

---

(1) Besoigne écrit Marie-Madeleine de Ste Sophie Flesselles.

P P. FONTAINE (Sœur Catherine de Ste Hildegarde),
m. le 21 septembre   1676

D. P. FORGET (Sœur Agnès de Sainte Blandine), converse, m. le 24 septembre   1738

FORTIER (Sœur Louise-Thérèse de l'Ascension),
converse, m. le 23 février   1642

FORTIER (Sœur Louise de St Barthélemy), converse, m. le 16 janvier   1670

P. FOUCHER (Sœur Marie de Ste Bénédicte), m. le
12 novembre   1693

FRESNOT (Sœur Marie de Ste Natalie), converse,
m. le 20 octobre   1625

FRIQUOT (Sœur Marie de Sainte Maxime), converse, m. le 29 mai   1700

FURET (Sœur Anne de Ste Ursule), converse,
m. le 24 mars   1704

G

GAI (Sœur Anne-Françoise de la Mère de Dieu),
m. le 30 avril   1650

P. GARNIER (Sœur Anne-Gertrude de St-Augustin),
m. le 21 novembre   1669

P. GARNIER (Sœur Marguerite de Ste Luce), m. le
29 janvier   1670

GENIN (Sœur Françoise-Scholastique de SteBarbe),
converse, m. le 30 janvier   1656

P.P. GIRARD (Sœur Louise de Ste Eugénie), M. le
11 août   1706

GIRARD DE HÉLIN (Sœur Marie-Augustine
de Ste-Geneviève), m. le 17 avril   1663

P. GIROUST DES TOURNELLES (Sœur Marguerite du Saint-Esprit), m. le 12 septembre 1692

P. S. R. GOULAS (Sœur Catherine de St-Paul), m. le
22 mai 1667

P. GRAILLET (Sœur Madeleine de Ste Scholastique),
m. le 28 octobre 1670

GRAILLET (Sœur Anne de Ste Christine), m. le
11 octobre 1689

GRANGE (Sœur Marguerite de Ste Blandine de la),
m. le 15 octobre 1624

GRANGE (Sœur Madeleine de St Alexis de la),
m. le 3 octobre 1641

GRIMOULT (Sœur Marie de St François), m. le
23 mars 1625

P. GROS (Sœur Antoinette-Euphrasie de St-Augus-
gustin le), m. le 8 décembre 1666

GROS (Sœur Marguerite de Ste Luce le), m. le
23 mars 1626

GUELLART (Sœur Catherine de Ste Eugénie),
converse, m. le 30 janvier 1664

GUERET (Sœur Jeanne-Ursule de St André), m.
le 26 février 1656

GUERIN (Sœur Jeanne de Ste Julienne), converse,
m. le 16 août 1669

GUILLARD (Sœur Catherine de l'Assomption),
m. le 4 juin 1657

P. GUIMAR (Sœur Marguerite de la Passion), m. le
5 octobre 1680

H

I

J

JOIGNY BOUTHEAUME (Sœur Marie-Angélique de St Bernard de), m. le 21 juin ... 1641

P. JOSSE (Sœur Marguerite de Ste Thècle), m. le 4 janvier ... 1691

D. P. S. R. JUGE (Sœur Françoise de Ste Agathe le), m. le 10 juillet ... 1728

L

D. P. LAIMÉ (Sœur Anne de Ste Marine), converse, m. le 18 janvier ... 1715

LAMOIGNON (Sœur Louise de Ste Praxède de), m. le 19 janvier ... 1638

LANCELOT (Sœur Marguerite de Ste Justine), postulante converse, m. le 29 décembre ... 1676

LANTERNIER (Sœur Catherine de la Passion), m. le 6 décembre ... 1633

LASNIER (Sœur Marie-Marthe de St Jérôme), m. le 18 août ... 1640

LE CONTE (*Voyez* : Comte (Le).

LE MAITRE (Mme), *Voyez* : Arnauld (Sœur Catherine de St Jean).

LEVI (Sœur Anne de Ste Lidie), converse, m. le 23 avril ... 1700

LEVI (Sœur Marguerite de Ste Romaine), converse, m. le 17 août ... 1709

P. LEVILLIER (Sœur Jeanne de Ste Colombe), m. le 2 août ... 1698

P* LIGNI (Révérende Mère Madeleine de Ste Agnès de), m. le 11 mai ... 1675

LIMOGES (Sœur Madeleine de Ste Eulalie de), converse, m. le 22 mars ... 1690

LOMBARD (Sœur Jeanne Radegonde de Ste Fare),
m. le 19 avril   1671

P. LOMBERT (Sœur Geneviève de Ste Dorothée),
m. le 21 novembre   1697

P. LORRAINE D'ELBŒUF (Sœur Catherine-Henriette de St Augustin de), m. le 22 octobre 1645

LORSONNE (Sœur Marie de St Joseph), converse, m. le 22 avril   1689

LOUVIÈRES (Sœur Madeleine-Marthe de), m. le
11 août   1623

M

P. P. MAIGNART DE BERNIÈRES (Sœur Françoise
de Ste Thérèse), m. le 14 avril   1706

MAITTELAND (Sœur Elisabeth de Ste Ludgarde
de), m. le 9 février   1656

MARION (Sœur Catherine de St Alexis), m. le
7 décembre   1634

MARION (Sœur Catherine de Ste Félicité, veuve
de M. Arnauld et mère de six filles religieuses),
m. le 28 février   1641

P. MARION DE DRUI (Sœur Madeleine des Anges),
m. le 17 avril   1671

P. MARLE DE LA FALAIRE (Sœur Angélique de
Ste Agnès de), m. le 9 octobre   1658

P. MARTHE (Sœur Françoise de Ste Agathe de
Sainte), m. le 6 septembre   1675

D. P. S. MARTHE (Sœur Françoise-Agnès de Sainte Marguerite de Sainte), m. le 8 avril   1716

MAURISSE (Sœur Claire de Ste Martine de), m.
le 13 janvier   1694

MAUROI (Sœur Marguerite-Agnès de la Trinité),
m. le 18 octobre   1644

D. P. MESNIL (Sœur Claude-Louise de Ste Anastasie
[du] de Courtiaux), dernière Prieure de Port-
Royal des Champs, m. le 18 mars   1716

MÉZIÈRES (Sœur Françoise de Ste Théodore de),
m. le 8 janvier   1627

MIDORGE (Sœur Marie de St Joseph), m. le
4 juin   1656

P. MIDORGE (Sœur Geneviève de Ste Thècle), m. le
15 décembre   1676

P. MIDORGE (Sœur Elisabeth-Madeleine de St Luc),
m. le 3 janvier   1702

D. P. MORIN (Sœur Jeanne de la Croix), m. le 18 septembre   1664

MOUCHOT (Sœur Marie de Ste Opportune), converse, m. le 18 octobre   1715

P. MOULINS (Sœur Susanne-Julienne de St Paul
des), m. le 20 juillet   1647

MUISSON (Sœur Anne-Catherine de St Joseph),
m. le 27 septembre   1686

MURAT (Sœur Isabelle-Marie de la Trinité), m. le
8 octobre   1634

N

NEUFBOURG (Sœur Marie de Ste Béatrix de),
m. le 18 mai   1633

NEUILLY (Sœur Marie de Ste Léocade de), converse, m. le 4 juillet   1675

NICOLAS (Sœur Geneviève-Euphémie de St
Joseph), m. le 21 février   1656

NICOLE (Sœur Anne de Ste Monique), converse,
m, le 3 janvier   1657

D. P. NOISEUX (Sœur Madeleine de Ste Aurélie), converse, m. le 25 septembre   1714

D. P. NOISEUX (Sœur Denise de Ste Basilisse), converse, m. le 11 octobre   1726

NOUVEAU (Sœur Catherine de Ste Gabrielle de),
m. le 22 mars   1627

O

ODIERNE (Sœur Elisabeth de Ste Ludgarde),
converse, m. le 27 novembre   1686

P. OLIER (Sœur Susanne de Ste Julienne), m. le
29 juillet   1705

P

PAILLETERIE (Sœur Suzanne-Thérèse de St.
Augustin de la), m. le 6 novembre   1691

PAJOT (Sœur Elisabeth-Ludgarde de St Alexis),
m. le 20 juin   1634

PASCAL (Sœur Jacqueline de Ste Euphémie), m.
le 4 octobre   1661

PASSART (Sœur Philippe de Ste Engracie), m. le
7 novembre   1630

PASSART (Sœur Catherine de Ste Flavie). (Omise
par Dom Clémencet).

S.R.D.P. PÉPIN (Sœur Marie-Marguerite de Ste Lucie), m.
le 25 février   1720

PERDREAU (Sœur Marie de Ste Dorothée).
(Omise par Dom Clémencet).

R

RENARD (Sœur Anne de St Paul), converse, m.
le 10 janvier   1670

RENAUDOT (Sœur Marie-Magdeleine de St Augustin), m. le 10 avril   1657

RICHER (Sœur Marie de Ste Geneviève), m. le
6 février   1659

P. ROBERT (Sœur Françoise de Ste Ludgarde), m.
le 7 septembre   1666

P. ROBERT (Sœur Susanne de Ste Cécile), m. le
6 novembre   1669

P. S. R. ROBERT (Sœur Anne de Ste Gertrude), m. le
9 octobre   1694

P. ROBERT (Sœur Louise de Ste Julienne), m. le
6 septembre   1701

P. D. P. ROBERT (Sœur Marie de Ste Euphrasie), m. le
26 avril   1712

RONSIÈRES (Sœur Isabelle de Ste Christine de),
m. le 16 novembre   1625

ROUSTEL (Sœur Madeleine de Ste Opportune),
converse novice, m. le 18 janvier   1670

ROUVET (Sœur Françoise de Ste Agnès), m. le
1er janvier   1663

RUBENTEL (Sœur Gabrielle de St François de),
m. le 5 octobre   1638

RUBENTEL (Sœur Marie de Ste Natalie de), veuve
de M. le Camus Seigneur de Bouloyer, m. le
29 juillet   1658

P. RUBENTEL (Sœur Marie de Ste Agnès de), m. le
3 septembre   1677

RUBLE (Sœur Madeleine Jésus-Christ du), m. le
5 février   1633

S

SAINT-ANGE (*Voyez* : Boulogne).

SAINTE-MARTHE *Voyez* : Marthe (Sainte).

SANDOINE (Sœur Marie de l'Annonciation), converse, m. le 14 avril   1657

P*. S. SAVONIÈRE (Sœur Hélène de Ste Agnès de),
associée à Port-Royal des Champs, renvoyée
après sa signature dans sa maison, où elle est
morte le 27 décembre   1681

P. SIMON (Sœur Charlotte de Saint Bernard de
Saint), m. le 20 janvier   1672

SIMONAIN (Sœur Françoise de Ste Catherine),
converse, m. le 25 mai   1676

P. SOULAIN (Sœur Françoise de Ste Claire), m. le
15 avril   1665

SOUPLET (Sœur Anne-Marie de Ste Agathe), m.
le 14 septembre   1657

SUEUR (Sœur Antoinette de St Robert le), m. le
5 juin   1642

SUEUR (Sœur Marguerite de Ste Claire le), m. le
16 février   1656

SUIREAU (Sœur Marguerite-Prisque de l'Ascension), m. le 3 février   1655

SUIREAU (la Révérende Mère Marie des Anges,
Abbesse de Maubuisson el de Port-Royal), m.
le 10 décembre   1658

T

V

VIALART (Sœur Madeleine de Ste Christine), m. le 28 janvier 1619

P* VILLUME DE BARMONTÉ (Sœur Françoise de la Croix de), m. le 8 juillet 1684

WALLON (Sœur Françoise de Ste Darie), converse, m. le 29 mars 1682

WALLON (Sœur Elisabeth de Ste Marcelline), m. le 12 décembre 1681

WALLON (Sœur Anne de Ste Agathe), n'était pas de Port-Royal où elle avait ses deux sœurs, elle appartenait au monastère de Liesse ; — *Voir* Guilbert, « Mémoires historiq. et chronolog. », IIIe partie, tome II, p. 508.

ADDENDA

BASSET (Pierre), *Docteur de Sorbonne, Vicaire de la Paroisse de St-Leu, à Paris.*

Cerveau, Nécrologe des plus célèbres Défenseurs et Confesseurs de la Vérité, t. IV, p. 115.

BOSSUET (Jacques-Bénigne), *Evêque de Troyes.*

Richard et Giraud, Bibliothèque sacrée, t. V, p. 200.

Jovy (Ernest), Une Biographie inédite de Jacques-Benigne Bossuet, Evêque de Troyes. Vitry-le-François, P. Tavernier, 1901 ; 1 vol. in-8°.

Bossuet (J.-B.), Evêque de Meaux, Œuvres complètes, tomes XLVIII et XLIX, édition in-8° de Gauthier, Lettres sur l'affaire du Quiétisme.

COLLARD (Paul), *Prêtre du Diocèse de Troyes.*

Cerveau, Nécrologe des plus célèbres Défenseurs et Confesseurs de la Vérité, t VII, pp. 174 à 177.

Mémoires pour servir à la vie de M. Collard, dans les *Lettres Spirituelles* de cet Ecclésiastique.

Jovy (Ernest), Une Biographie inédite de Jacques-Begnigne Bossuet, Evêque de Troyes, pp 105 à 117, 332 à 351. Voir surtout la page 339 notes 1 et 4.

LE CLERC (Pierre), *Sous Diacre de l'Eglise de Rouen.*

Nouvelles Ecclésiastiques du 23 Novembre 1733, pp. 191 et 192.

Migne, Dictionnaire des Jansénistes, colonnes 392 et 393, à la fin du tome II du Dictionnaire des Hérésies.

ERRATA

P. 101, colonne 1re, ligne 9, supprimez le II après Clémencet.

P. 134, colonne 1re, à l'article Denise de Ste-Anne Cosssart, substituez *Ecrits* à *Notice* et *Notice* à *Ecrits*.

P. 166, colonne 1re, ligne 13, après le mot Dans, placez les lignes 9 et 10 : Clémencet, Histoire, etc.

P. 179, colonne 1re, à la fin de l'article de Mme de Longueville, ajoujez : Bourgoing de Villefore, Vie de Madame de Madame de Longueville S l., 1736, 1 vol in-12.

P. 186, col 1re, ligne 23, après dern. Persée, ajoutez t. III.

GRANDE IMPRIMERIE DU CENTRE. -- HERBIN, MONTLUÇON